Herbert Weidner
Bernhard Stauß

Grafik und Animation in C

Aus dem Bereich
Computerliteratur

Effektiv Starten mit Turbo C++
von Axel Kotulla

Objektorientierte Programmierung mit Turbo Pascal
von Martin Aupperle

Parallele Programmierung mit Modula-2
von Ernst A. Heinz

Das Modula-2-Umsteigerbuch
von Rames Abdelhamid

Topspeed Modula-2 von A..Z
von Anton Liebetrau

Turbo Pascal-Wegweiser
von Ekkehard Kaier

Grafik und Animation in C
von Herbert Weidner und Bernhard Stauß

Referenzhandbuch Standard C
von P. J. Plauger und J. Brodie (Ein Microsoft Press/Vieweg-Buch)

Microsoft QuickPascal Programmierhandbuch
von Kris Jamsa (Ein Microsoft Press/Vieweg-Buch)

Turbo Pascal von A..Z
von Anton Liebetrau

Microsoft C Programmierhandbuch
von Kris Jamsa (Ein Microsoft Press/Vieweg-Buch)

Vieweg

H. WEIDNER / B. STAUSS

GRAFIK UND ANIMATION IN C

Mit einer Grafikbibliothek auf beiliegender Diskette

Die Deutsche Bibliothek – CIP-Einheitsaufnahme

Weidner, Herbert:
Grafik und Animation in C: Grafikbibliothek auf Diskette /
H. Weidner B. Stauss. – Braunschweig; Wiesbaden: Vieweg, 1991
  ISBN 3-528-05155-8
NE: Stauss, Bernhard:

Dieses Buch ist keine Original-Dokumentation zur Software der Microsoft GmbH.
Sollte Ihnen dieses Buch dennoch anstelle der Original-Dokumentation zusammen mit Disketten verkauft worden sein, welche die entsprechende Microsoft-Software enthalten, so handelt es sich wahrscheinlich um eine Raubkopie der Software.
Benachrichtigen Sie in diesem Fall umgehend Microsoft GmbH, Edisonstr. 1, 8044 Unterschleißheim.
Auch die Benutzung einer Raubkopie kann strafbar sein.
                                              Verlag Vieweg und Microsoft GmbH

Das in diesem Buch enthaltene Programm-Material ist mit keiner Verpflichtung oder Garantie irgendeiner Art verbunden. Die Autoren und der Verlag übernehmen infolgedessen keine Verantwortung und werden keine daraus folgende oder sonstige Haftung übernehmen, die auf irgendeine Art aus der Benutzung dieses Programm-Materials oder Teilen davon entsteht.

Der Verlag Vieweg ist ein Unternehmen der Verlagsgruppe Bertelsmann International.

Alle Rechte vorbehalten
© Friedr. Vieweg & Sohn Verlagsgesellschaft mbH, Braunschweig 1991

Das Werk einschließlich aller seiner Teile ist urheberrechtlich geschützt. Jede Verwertung außerhalb der engen Grenzen des Urheberrechtsgesetzes ist ohne Zustimmung des Verlags unzulässig und strafbar. Das gilt insbesondere für Vervielfältigungen, Übersetzungen, Mikroverfilmungen und die Einspeicherung und Verarbeitung in elektronischen Systemen.

Umschlaggestaltung: Schrimpf & Partner, Wiesbaden
Druck und buchbinderische Verarbeitung: W. Langelüddecke, Braunschweig
Printed in Germany

ISBN 3-528-05155-8

Vorwort

Dieses Buch entstand, um allen an Graphik aus dem Rechner Interessierten die Möglichkeit zu geben, selbst schöpferisch tätig zu werden. Dabei werden nicht sofort Kunstwerke entstehen – oder doch? In unserer heutigen modernen Kunstszene kann man auch das nicht ausschließen. Seit einigen Jahren werden PCs immer billiger und dabei immer leistungsfähiger. Naturgemäß geht damit einher eine explosionsartige Ausbreitung dieser kleinen grauen Kisten, die im wesentlichen Luft[1] enthalten und doch soviel können. Und folglich wächst auch die Zahl derer, die nicht nur passiv mit ihrem Rechner spielen möchten. Wer einmal anfängt, selbst Programme zu entwerfen – insbesondere solche, die schöne, möglichst farbige Bilder zeichnen – und dann erlebt, wie das Elektronengehirn seinen Befehlen gehorcht, der erliegt unweigerlich der Faszination dieser Kunst. Ja, es ist Kunst! Beobachten Sie, wie sich Linien, Flächen und Texte, Ihrem selbstgeschaffenen Rechenplan folgend, zu immer verflochteneren, schöneren Gebilden zusammenfügen, bis schlußendlich ein fertiges Bild den Bildschirm oder den Drucker ziert. Oder lassen Sie sich bezaubern von bewegten Bildern, Trickfilmen, auf Ihrem Bildschirm. Aus dem tiefsten Innern Ihres Rechners steigen die elektronischen Objekte empor und scheinen ein Eigenleben auf dem Graphikschirm zu führen. Doch Sie wissen es besser! Sie haben die unsichtbaren Fäden in der Hand, an denen diese Puppen tanzen, denn Sie haben sie mit Ihrem Programm erst zum Leben erweckt. Nichts ist faszinierender! Versuchen Sie es doch mal! Dieses Buch will Ihnen dabei helfen.

Sie haben es erkannt: Die Rede ist von *Komputergraphik*. Wie das Wort es schon nahelegt, brauchen Sie dafür zwei Dinge, nämlich 1. Komputer und 2. Graphik. Das Elektronengehirn, genauer: einen IBM-kompatiblen PC, XT oder AT, sollten Sie schon haben. Für die Graphik sorgt dieses Buch. Und zwar auf zweierlei Art und Weise:

- Zum einen gibt es Ihnen ein professionell gemachtes, ausgezeichnetes Entwicklungswerkzeug in die Hand: GuG, die *GeräteUnabhängige Graphik*. GuG ist eine auf PC-Verhältnisse optimierte Graphikbibliothek zur Benutzung mit Turbo oder Microsoft C. Der Leistungsumfang von GuG geht wesentlich über den jener Graphikbibliotheken hinaus, die mit diesen beiden C-Übersetzern mitgeliefert werden.

---

[1] die sie unüberhörbar umherblasen

- Zum anderen enthält es viele ausführliche, auch in der Praxis nutzbare Beispiele, etwa Unterprogramme für Geschäftsgraphiken (Balken- und Tortendiagramme) und 3D-Graphiken, einen graphischen Editor für Linienzüge usw., die die Anwendung von GuG sowie das Erstellen von Rechnergraphiken ganz allgemein illustrieren. Besonderen Wert legen wir auf das Programmieren von bewegten Graphiken – also *Trickfilmen*. Alle Programmbeispiele sind in C geschrieben und verwenden GuG.

Die Programmiersprache C haben wir gewählt, weil ihre Bedeutung im Bereich der Mikrorechner ständig zunimmt. Inzwischen gibt es für den PC zwar sehr leistungsfähige Übersetzer (z.B. die beiden obengenannten), aber doch noch längst nicht soviele Werkzeuge und Unterprogrammbibliotheken wie etwa für Turbo Pascal. Aber jetzt haben Sie ja GuG!

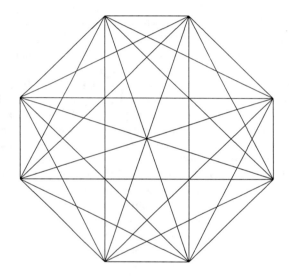

Aus wievielen Linien besteht dieses Kunstwerk? (Lösung auf S. 28 links oben)

Kommen wir nun zu einem ganz anderen Thema: der Sprache. Viele EDV-Bücher tendieren zu trockenem, lustlosen Dozieren und ermüden mit fortschreitender Seitenzahl selbst den gutwilligsten Leser. Freuen Sie sich! Sie besitzen ein seltenes Exemplar der Gattung „EDV-Buch" (*liber computeris*), das versucht, etwas lustig zu sein. Ein lockerer, humorvoller Stil ist keineswegs als Selbstzweck gedacht. Unseren Erfahrungen bei Kursen und Vorträgen zufolge, ist ein guter Witz zur rechten Zeit das wirkungsvollste Mittel gegen die Einschlafneigung der Zuhörer. Ein humorvoller Stil schärft die Aufmerksamkeit ungemein. Allein schon deshalb, weil man den nächsten Witz nicht verpassen möchte. Und für Bücher gilt nichts anderes. Lesen Sie also sorgfältig! Sonst könnte es sein, daß Sie einen Scherz nicht erkennen, weil Ihnen der Zusammenhang entgangen ist.

Und noch einmal zur Sprache, oder besser zum „Zeitgeist", der sich in der Sprache offenbart! Wenn wir heutzutage Bücher oder andere Druckerzeugnisse, die sich mit Themen aus dem Bereich der EDV beschäftigen, aufschlagen, packt uns oft das kalte Grausen. Nicht so sehr wegen des Inhalts, sondern wegen der Schlampigkeit, mit der allzuhäufig mit der deutschen Sprache umgesprungen wird. Einige Autoren meinen offensichtlich, ihre Fachkenntnisse unter Beweis stellen zu müssen, indem sie möglichst viele englische Wörter in ihrem Text unterbringen. Ausdrücke wie „das Display" und „der File" (*die*? File, *das*? File) sind alltäglich. Wie leicht könnte man stattdessen sagen: „der Bildschirm" bzw. „die Datei" (nicht *der* und nicht *das* Datei!). Sätze wie: „Der Initial Value eines Logical Input Device dient in erster Linie dazu, daß der Measure-Prozeß in der Betriebsart Sample..." gehen manchen Autoren flüssig von der Feder. (Sie haben richtig gezählt: von 10 Hauptwörtern sind 7 englisch. Die sich (nicht nur in der EDV-Literatur) epidemisch ausbreitende Apostrophitis[2] und die blindwütige „Übersetzung" englischer Wörter ins Pseudo-Deutsche[3] gehören da (leider) schon zu den harmlosen Alltäglichkeiten. Wir hoffen, nicht die einzigen zu sein, die solche Dinge stören. Wir wollen nicht mißverstanden werden: Sicher gibt es einige Fachausdrücke in der EDV, die sich nur sehr holprig aus dem Englischen übersetzen lassen. In solchen Fällen werden auch wir diese englischen Ausdrücke verwenden. Wir halten jedoch nichts davon, in jedem Fall und nur weil es „modern" ist, ein englisches Wort zu verwenden, wo ein mindestens gleich gutes oder gar besseres deutsches Wort zur Verfügung steht.

Großen Dank schulden wir dem Vieweg Verlag, insbesondere Herrn Dr. Reinald Klockenbusch, der es uns ermöglichte, Sie mit dem vorliegenden Buch zu erfreuen. Wir möchten auch nicht versäumen, Herrn Dr. Norbert Schröter und Herrn Dipl.-Ing. (FH) Harald Keller für die großzügige Hilfe bei der Drucklegung des Werkes sowie der Borland GmbH, München, und der Microsoft GmbH, Unterschleißheim, für die vielfältige Unterstützung, die wir von ihnen erhielten, zu danken.

Im Februar 1991   Bernhard Stauß und Herbert Weidner

---

[2] Die Symptome dieses Leidens äußern sich darin, daß Befallene grundsätzlich das deutsche Genitiv-s mit einem englischen Genitiv-Apostroph versehen: „Prof. Wirth's Sprachentwurf Pascal...". Bricht die Krankheit in verschärfter Form aus, so sind auch Mehrzahl-s nicht mehr vor dem Apostroph sicher: „Ein Netzwerk besteht aus mehreren PC's...".

[3] Einem Autor gefiel z. B. die englische Kapitelüberschrift „Miscellaneous" so sehr, daß er sie gleich in sein Buch übernahm, natürlich eingedeutscht: „Miszellaneen". Immerhin muß man ihm zugute halten, daß dieses Wort tatsächlich im Duden vorkommt! Es ist lateinischen Ursprungs und bedeutet laut Duden: „Vermischtes". Aber das ist ja zu einfach.

Inhaltsverzeichnis

1	**Einleitung**	**17**
1.1	Warum GuG?	19
1.2	Voraussetzungen	21
1.3	Installation	22
2	**Rahmen und Bilder**	**23**
2.1	Anfang und Ende	23
2.2	Einfacher geht's nicht	25
2.3	Haben Sie einen DIN-A4 Bildschirm?	28
2.4	Quadrato	31
2.5	Viermal Ausgabe, bitte!	31
2.6	Merk dir was!	34
2.7	Wir bauen ein Haus	38
2.8	Zeichnen mit Maß	38
3	**Variationen der Schrift**	**43**
3.1	Texte mit GuG	43
3.2	Textausgabe	44
3.3	Textmerkmale	45
3.4	Textausrichtung	48
4	**Farbe**	**51**
4.1	Farbmodelle	51
4.2	Farben mit GuG	55
5	**Als die Bilder laufen lernten**	**59**
5.1	Trickfilme aus dem Rechner	60
5.2	Ohne doppelten Boden	62
5.3	Mit doppeltem Boden	66
5.4	Rahmen für Filme	68
5.5	Quadratur im Kreis	73
5.6	Bilder im Fluß	77
5.7	Zeitsteuerung	78
5.8	Es bewegt sich was	79

5.9	DINO läßt grüßen	83
5.10	Wem die Stunde schlägt	86
5.11	Texte in Filmen	91

6 Geschäftsgraphik – Balken und Torten ... 93
6.1	Einfache Balken	94
6.2	Balken als Standbild und als Film	97
6.3	Balken mit 3D-Effekt	100
6.4	Kreise und Torten	102

7 Geometrische Transformationen im 3-dimensionalen Raum ... 107
7.1	Koordinaten und Transformationen	107
7.2	Skalierung	109
7.3	Verschiebung	111
7.4	Drehung	112
7.5	Reihenfolge der Transformationen	113
7.6	Funktionen für 3D-Bilder	113
7.7	Die fliegende Pyramide	115
7.8	Sichtbar oder verdeckt?	118

8 Filme schnell gemacht ... 123
8.1	Arithmetik	123
8.2	Übersetzer	127
8.3	Graphikmodus	127
8.4	GuG	128
8.5	Ganz andere Verfahren	129

9 Mausen will gelernt sein ... 133
9.1	Eingabe mit GuG	133
9.2	Linienzugeditor	134
9.3	Bedienung des Linienzugeditors	135
9.4	Led – das Programm	136

10 Schöne Kurven ... 143
10.1	Wie kriegen wir die Kurve?	143
10.2	Funktionsgleichungen	144
10.3	Polarkoordinaten	146
10.4	Parameterdarstellung	147
10.5	Der Kreis im Wandel	148
10.6	LISSAJOUS-Figuren	150
10.7	Miszellaneen – Mischmasch	151
10.8	Leise rieselt der Schnee	153
10.9	Mathematisches zur Schneeflocke	158

11 Beschreibung der Bibliothek ... 165
11.1	Verwendete Typen	166

11.2	Fehlermeldungen	167
11.3	G_Anfang	169
11.4	G_Ende	171
11.5	G_Karte	172
11.6	G_Massstab	173
11.7	G_Farbtabelle	174
11.8	G_Neues_Bild	176
11.9	G_Linien	177
11.10	G_Marken	178
11.11	G_Gebiet	179
11.12	G_Text	180
11.13	G_Text_Ende	181
11.14	G_Linien_Attr	182
11.15	G_Marken_Attr	184
11.16	G_Gebiet_Attr	186
11.17	G_Text_Attr	188
11.18	G_Fadenkreuz	193
11.19	G_Zeige_Seite	195
11.20	G_Schreibe_Seite	196

Bildverzeichnis

2-1	*Triangulum vulgaris*	26
2-2	Der Linienzug $P_1P_2P_3$ ist nicht geschlossen	27
2-3	Koordinaten des Punktes P	28
2-4	GuGs virtuelle Zeichenfläche	29
2-5	Quadrato	32
2-6	Linienzug, Füllgebiet und Marken	33
2-7	Merkmale für Linienzüge	34
2-8	Merkmale für Füllgebiete	36
2-9	Merkmale für Marken	37
2-10	GuG mal, was für ein hübsches Haus!	40
2-11	Weltrechteck wird auf Geräterechteck abgebildet	41
3-1	Ansatzpunkt, Schriftgröße, Endepunkt	44
3-2	Verschiedene Schriftarten	45
3-3	Verschiedene Schriftgrößen	46
3-4	Verschiedene Schriftbreiten	47
3-5	Verschiedene Schreibwinkel	47
3-6	Hallo, schräge Welt!	48
4-1	Das RGB-Modell – der Farbenwürfel	52
4-2	Das HLS-Modell – der Farbendoppelkegel	53
5-1	*Off line animation*	61
5-2	*On line animation*	62
5-3	Fängt DINO die Ente?	63
5-4	Koordinatensystem für *Schrumpfwachs*	64
5-5	Die zwei Seiten Ihres Bildspeichers	67
5-6	Die Quadratur im Einheitskreis	75
5-7	Die Kreisfunktionen: Sinus und Kosinus	76
5-8	*Schrumpfwachs*, ruckelig und fließend	78
5-9	Verschiebung und Streckung mit Streckzentrum $O = (0,0)$	79
5-10	Drehung mit Drehzentrum $O = (0,0)$	80
5-11	DINO, der lustige Dinosaurier, in verschiedenen Bewegungsstadien	82
5-12	DINO läuft einen Hügel hinauf	83
5-13	Es ist Fünf vor Zwölf	87

5-14	Wirbelnde Schriften	92
6-1	Ein einfaches Balkendiagramm	94
6-2	3D-Balkendiagramm	100
6-3	Tortendiagramm	103
7-1	3D-Koordinatensystem	108
7-2	Vertauschen von Transformationen. Obere Reihe: erst Verschieben, dann Verkleinern. Untere Reihe: erst Verkleinern, dann Verschieben.	113
7-3	Die ägyptische Pyramide	116
7-4	Die ägyptische Pyramide links herum gedreht (30° um die y-Achse) und nach vorne gekippt ($-15°$ um die x-Achse), in Zentralprojektion aus der Entfernung 3.	117
7-5	Die ägyptische Pyramide nach dem Entfernen unsichtbarer Seiten, links herum gedreht (30° um die y-Achse) und nach vorne gekippt ($-15°$ um die x-Achse), in Zentralprojektion aus der Entfernung 3.	121
10-1	Parabel $y = x^2$, $-3 \leq x \leq 3$	144
10-2	Oberer und unterer Halbkreis	145
10-3	Polar- und kartesische Koordinaten des Punktes P	146
10-4	Familie von Astroiden	148
10-5	Eine andere Kurvenfamilie	151
10-6	Lissajous-Figur: $k = 6$, $l = 5$, $a = 11$, $b = 8$	152
10-7	Lissajous-Figur: $k = 2$, $l = 3$, $a = 11$, $b = 8$	153
10-8	Maschennetz	154
10-9	Schmetterling	155
10-10	Eine Seite der Schneeflocke in den Rekursionsstufen 0, 1, 2	156
10-11	Schneeflocke der Rekursionsstufen 0, 1, 2, 3, 4 in verschiedenen Größen	159
10-12	Schneeflocke der Rekursionsstufe 4, nach innen geklappte Zacken	160
10-13	Höhe im Dreieck	161
10-14	SIERPINSKI-Kurven der Stufen 1, 2, 3, 4	163
11-1	G_Punkt und G_Rechteck	167
11-2	Linienmuster	182
11-3	Vielfalt der Marken	184
11-4	Gebiete: schraffiert und gemustert	186
11-5	Schriftarten und Textattribute	188
11-6	Kodierung des Zeichensatzes G_Grotesk	190
11-7	Kodierung des Zeichensatzes G_Antiqua	191
11-8	Kodierung des Zeichensatzes G_Schnell	192

Programmverzeichnis

2-1	Rahmen für GuG-Anwendungen	23
2-2	*zeichne_bild()* für das gemeine Dreieck	25
2-3	Geschachtelte Quadrate	31
2-4	Hausbau mit GuG	39
3-1	Hallo Welt!	45
3-2	Textmerkmale für schräge Welt	48
3-3	*Text_zentriert()*	49
4-1	Umrechnung von HLS- in RGB-Werte	54
4-2	Umrechnung von RGB- in HLS-Werte	55
5-1	*Schrumpfwachs*: periodisch schrumpfendes/wachsendes Quadrat	65
5-2	Erweiterter Rahmen für GuG-Filme	70
5-3	*Schrumpfwachs* mit Doppelpuffer	72
5-4	Das rotierende Quadrat	74
5-5	Dino jagt eine Ente	85
5-6	Die Echtzeituhr, Dateikopf und *film_init()*	89
5-7	Die Echtzeituhr, *film_bild()*	90
5-8	Das Textkarussell	91
6-1	*Balken_einfach()*, zeichnet einfaches Balkendiagramm	96
6-2	Aufruf von *Balken_einfach()*	97
6-3	Balkendiagramm als Film, Dateikopf und *film_init()*	98
6-4	Balkendiagramm als Film, *film_bild()*	99
6-5	Dateikopf und *Balken_3D()*	101
6-6	*Rand_3D()*	102
6-7	*Kreis()*, berechnet Punkte auf dem Einheitskreis	104
6-8	*Torte()*, zeichnet ein Tortendiagramm	105
7-1	Perspektivische Ansicht der ägyptischen Pyramide	118
7-2	Die ägyptische Pyramide wirbelt durch die Luft	119
7-3	Die ägyptische Pyramide wirbelt durch die Luft und zeigt nur ihre sichtbaren Seiten.	122

8-1	DINO jagt die Ente jetzt noch schneller	126
8-2	Farbtabellenanimation	130
9-1	Graphische Eingabe für Linienzüge	134
9-2	Dateikopf, globale Vereinbarungen für *Led*	137
9-3	Hauptprogramm des Linienzugeditors *Led*	138
9-4	*bild_zeichnen()* für *Led*	139
9-5	*lz_neu()* für *Led*	139
9-6	*such_naechsten()* für *Led*	139
9-7	*transformiere()* für *Led*	140
9-8	*mark_ein()* für *Led*	141
9-9	*speichere_linie()* und *hole_linie()* für *Led*	142
10-1	Sternkurven	149
10-2	Schildkrötengraphik: *kroete.h*	157
10-3	Schneeflocke: *zeichne_bild()* und *Seite()*	158
11-1	Makro *GUG* zum Überprüfen der Fehlerkodes	166
11-2	Die Typen von GuG	167
11-3	*Setze_Punkt()* für Rasterbilder	185

Kapitel 1

Einleitung

Zunächst ein Wort an Sie, lieber Leser. Sie sind Schüler, Student, Lehrer, Hobbyprogrammierer oder professioneller Hacker. Sie können grundsätzlich mit Ihrem Rechner umgehen („Mein Rechner versteht mich!"). Sie haben schon etwas Erfahrung im Programmieren (nicht unbedingt mit C). Sie sind der Meinung: „Graphik macht meine Programme erst richtig schön!", und eine der folgenden Behauptungen trifft auf Sie zu:

- Alle Leute erzählen Ihnen, wie schwierig es doch sei, Graphiken zu programmieren, aber Sie sind starrsinnig und glauben das nicht. Sie denken, es müßte doch möglich sein, mit verhältnismäßig geringem Aufwand schöne Bilder oder gar *Filme*, also bewegte Bilder, zu erzeugen. (Sie haben recht.)

- Sie glauben den Leuten tatsächlich. Sie denken Programmieren von Graphik sei sehr schwierig und kompliziert, weil man umständlich Koordinaten angeben muß und sich mit allen möglichen Arten von graphischen Ausgabegeräten herumschlagen muß, die alle unterschiedlich viele Bildpunkte[1], unterschiedlich große Darstellungsflächen, unterschiedlich viele Farben haben und überhaupt ganz verschiedenartig angesteuert werden.

- Sie haben schon mit einer im Lieferumfang ihres Lieblingssprachübersetzers enthaltenen oder Ihnen anderweitig zugänglichen Graphikbibliothek Bilder erstellt und sich darüber geärgert, daß a) Sie Ihre Koordinaten in Pixeln (auch wir halten uns für Fachleute) angeben mußten, die sich von Graphikkarte zu Graphikkarte unterscheiden, oder b) Ihre Bibliothek keine vernünftigen Funktionen zum Zeichnen mit allerlei Mustern gefüllter Flächen anbietet, oder c) Ihre Bilder zwar auf dem Bildschirm wunderschön aussehen, Ihre Bibliothek aber die Ausgabe auf Drucker oder Plotter nicht unterstützt und Sie so nicht in den Genuß kommen, das Ergebnis Ihrer harten Arbeit in hoher Auflösung auf Papier gedruckt zu sehen.

---

[1] Fachleute und solche, die sich dafür halten, sprechen gern von „Pixeln", das ist englisch.

Dann ist dieses Buch genau richtig für Sie! Es stellt die kompakte, leistungsfähige Graphikbibliothek GuG vor. Diese Bibliothek zur Verwendung mit Turbo oder Microsoft C befindet sich zusammen mit den C-Quelltexten aller Beispiele auf der beiliegenden Diskette. Das Referenzhandbuch für die Benutzung der Bibliothek finden Sie in Kapitel 11.

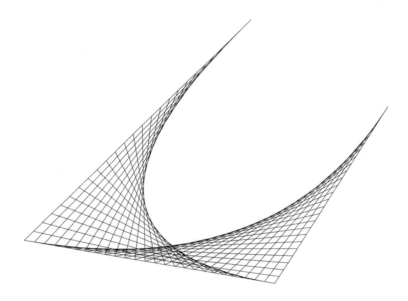

Das Buch bietet eine Einführung in die Graphikprogrammierung in C. Besonders ausführlich gehen wir auf das Erstellen von *Trickfilmen* auf dem PC ein. Wir legen dabei keinen übermäßigen Wert auf tiefschürfende theoretische Diskussionen, sondern wir zeigen Methoden, Tips und Tricks anhand zahlreicher Programmierbeispiele, die wir im Text vorstellen und erklären. Alle Beispiele gründen auf GuG. Um Ihnen ermüdendes Eintippen zu ersparen, befinden sich die Quelltexte der Beispiele zusammen mit GuG auf der beiliegenden Diskette. Nicht zuletzt sollen die umfassenden Beispiele auch allgemeingültige Einblicke in die Methoden der strukturierten Programmierung mit C verschaffen.

Das Buch wendet sich an alle, die Einblick in die wundersame Welt der Rechnergraphik gewinnen möchten. Es ist kein Lehrbuch für C. Davon gibt es viele – eine Auswahl davon finden Sie im Literaturverzeichnis. Wir gehen davon aus, daß Sie, lieber Leser, ungefähr wissen, was es bedeutet, wenn Sie ein Stück C-Programm sehen. Sie müssen jedoch kein C-Guru sein! Wir setzen keinerlei Erfahrungen auf dem Gebiet der Graphikprogrammierung voraus.

1.1 Warum GuG?

Sie als stolzer Besitzer von Turbo oder Microsoft C haben sich bestimmt schon die ganze Zeit gefragt: „Wozu eigentlich GuG?". Wo doch diese beiden C-Übersetzer für den PC ohnehin jeweils eigene Graphikbibliotheken im Lieferumfang enthalten.

Gerade darum! GuG ist selbst in C geschrieben und daher grundsätzlich für jeden C-Übersetzer verfügbar. Egal ob Sie Turbo- oder Microsoft-Fan sind: Ihre Quelltexte sind immer dieselben. Sie können also beliebig den Übersetzer wechseln. Fachmännisch gesprochen: Sie erhöhen die *Übertragbarkeit* (Portabilität) Ihrer Programme – in jeder C-Umgebung haben Sie *printf()* für Textausgabe, für Graphik haben Sie GuG. Und GuG bietet Ihnen viele weitere entscheidende Vorzüge:

- Dank GuG können Sie Ihre graphischen Anwendungen mit der *Maus* steuern. GuG erlaubt Ihnen, auf einfachste Weise ein Fadenkreuz mit der Maus auf dem Bildschirm umherzuschieben. Sobald Sie auf eine Taste drücken, wird die momentane Position des Fadenkreuzes in Ihre Anwendung übernommen. Ein graphischer Editor wird damit (fast) zum Kinderspiel. Das beweisen wir in Kapitel 9, in dem wir einen solchen Editor zur graphisch interaktiven Eingabe entwickeln.

  Sie haben keine Maus? Ärgern Sie sich nicht! Selbstverständlich läßt GuG, die geräteunabhängige Graphik, Sie nicht im Stich. Sie können das Fadenkreuz auch mit den Pfeiltasten Ihrer Tastatur verschieben. Über eine Tastatur sollten Sie allerdings verfügen. GuG ist bislang weder auf Sprach- noch auf Gedankeneingabe eingerichtet.

- GuG bietet Ihnen die Möglichkeit, Ihre Bilder auf einem Epson-kompatiblen Matrixdrucker (das sind fast alle Drucker) auszugeben. Sie können Ihre Kunstwerke also nicht nur auf dem Bildschirm bewundern, sondern auch auf Papier. Und zwar in Druckerauflösung!

- GuG unterstützt alle PC-üblichen Graphikkarten. Mit GuG brauchen Sie sich jedoch nicht um Bildpunkte oder Auflösungen zu kümmern – anders als in vielen anderen Graphikbibliotheken. Geben Sie Ihre Koordinaten in einem beliebigen, Ihnen genehmen Koordinatensystem, dem sogenannten *Weltkoordinatensystem* an. Den Rest erledigt GuG für Sie. Ihr Programm ist immer dasselbe, egal ob Sie Ihre Bilder auf einem Hercules-Bildschirm, einem VGA-Bildschirm oder einem Epson-Nadeldrucker zeichnen.

- GuG stellt Ihnen hochqualitative Zeichensätze zur Verfügung, damit Sie Ihre Bilder auch beschriften können. Sie können Texte beliebig vergrößern und drehen. Vor allem diese letzte Eigenschaft fehlt in vielen anderen Graphikbibliotheken. GuGs Textfähigkeiten beschreiben wir ausführlich in Kapitel 3.

Sie sehen also, GuG räumt auf mit Beschränkungen und Geräteabhängigkeiten. GuG ist eben die *geräteunabhängige* Graphik, aber das wissen Sie ja schon. Außerdem haben wir beim Entwurf und beim Schreiben von GuG nie aus den Augen verloren, für welche Klasse von Rechnern dieses Produkt gedacht ist. Nämlich für IBM-kompatible PCs mit (verglichen mit Großrechnern) mäßiger Geschwindigkeit, meist fehlender Hardware für Gleitkommarechnungen und sehr begrenztem Hauptspeicher. Wir haben daher versucht, die „innersten Schleifen" GuGs durch Ausnutzen spezieller Eigenschaften des PCs und der PC-Graphikkarten weitgehend zu optimieren. GuG verzichtet intern so weit wie möglich auf Gleitkommarechnungen. Damit kann die Verarbeitungsgeschwindigkeit wesentlich gesteigert werden (mehr dazu in Kapitel 8). Dies fällt besonders bei PCs ohne numerischen Koprozessor (und das sind wohl die meisten) ins Gewicht.

So kommt es, daß GuG mit der Geschwindigkeit der Übersetzerbibliotheken ohne weiteres mithält. Und das trotz Leistungsmerkmalen, die sich sonst nur in großen, in der Anwendung umständlichen und oft langsamen Graphikpaketen finden. Mit GuG werden Ihre Graphikprogramme auch besonders einfach und übersichtlich, da Sie sich nicht mit speziellen Eigenheiten irgendwelcher Ausgabegeräte herumplagen müssen.

Diese Eigenschaften bringen es mit sich, daß GuG sich besonders zum Programmieren bewegter Bilder eignet. Dem Entwickeln solcher *Trickfilme*[2], räumen wir

---

2   in Fachkreisen *on line animation* genannt

breiten Raum ein (Kapitel 5 und 8). Insbesondere gehen wir darauf ein, mit welchen Techniken man schnelle und vor allem *flackerfreie* Bildfolgen erzeugen kann.

1.2 Voraussetzungen

Wenn Sie die im Buch angeführten Beispiele selbst ausprobieren und von den Vorteilen der auf der Diskette befindlichen Graphikbibliothek GuG profitieren möchten, sollten Sie über folgende Ausstattung an Geräten und Programmen verfügen:

- Einen IBM-PC (oder einen dazu 100% kompatiblen Rechner) mit mindestens 256 KByte Hauptspeicher und einem $5\frac{1}{4}$-Zoll Diskettenlaufwerk (360 KByte oder 1,2 MByte).

- Ihr Rechner muß über eine der folgenden Graphikkarten (oder eine dazu 100% kompatible) und einen passenden Bildschirm verfügen:

    - Hercules[3]
    - CGA (*color graphics adapter*)
    - EGA[4] (*enhanced graphics adapter*)
    - VGA (*video graphics adapter*)

- Als Betriebssystem brauchen Sie MS-DOS oder PC-DOS ab Version 2.

- GuG liegt in Bibliotheken zur Benutzung mit Turbo C++ oder Microsoft C in den Versionen 5.0, 5.1, 6.0 vor.

- Wenn Sie die graphischen Eingabemöglichkeiten GuGs nutzen möchten, sollten Sie eine Microsoft (oder dazu kompatible) Maus haben. Das ist nicht unbedingt nötig, da GuG auch die Tastatur als graphisches Eingabegerät unterstützt. Aber eine Maus ist handlicher!

- Eine Tastatur sollten Sie jedoch Ihr eigen nennen.

- Falls Sie jetzt noch einen Epson FX80, einen Epson LQ500 oder einen dazu kompatiblen Drucker (das sind fast alle) besitzen, können Sie Ihre Bilder auch auf Papier bannen – in Druckerauflösung. Zum Beispiel können Sie einen IBM Graphics Printer als Epson FX80 betreiben, oder einen NEC P6 als Epson LQ500. Der Drucker muß an der ersten parallelen Schnittstelle des Rechners angeschlossen sein (*lpt1:*).

---

[3] für Filme mind. 64 KByte Bildspeicher
[4] mind. 128 KByte Bildspeicher, für Filme 256 KByte

1.3 Installation

Jetzt zittern Sie sicher schon am ganzen Leib vor Aufregung und können es kaum erwarten, Ihrer Kreativität mit GuG Ausdruck zu verleihen. Gemach! Nehmen Sie sich Zeit für eine Tasse Kaffee und lassen Sie es ruhig und gelassen angehen. Für ganz Eilige, die es nicht mehr ohne Rechner und Bildschirm aushalten und unbedingt alle Demos ausprobieren müssen, folgen nun die Anweisungen für die Installation von GuG:

1. Nehmen Sie die Diskette aus der Schutzhülle und legen Sie sie in ein passendes Laufwerk Ihres Rechners. Versuchen Sie bitte nicht, die $5\frac{1}{4}$-Zoll Diskette auf $3\frac{1}{2}$-Zoll zurechtzuschneiden, falls Sie nur ein solches Laufwerk haben!

2. Lesen Sie die Datei *liesmich*, die sich im Wurzelverzeichnis der Diskette befindet, und folgen Sie den dort stehenden Anweisungen.

Ganz einfach, nicht wahr?

Kapitel 2

Rahmen und Bilder

Jeder angehende Künstler hat als allererstes das handwerkliche Rüstzeug seiner Zunft zu erlernen. Der Komponist muß die Notenschrift kennen[1], der Bildhauer muß wissen, wie er den Meißel zu halten hat, damit er sich nicht auf den Daumen haut. Ebenso müssen auch wir mit unserem Handwerkszeug, der geräteunabhängigen Graphikbibliothek GuG, vertraut werden. In diesem Kapitel lernen wir daher die grundlegenden Funktionen GuGs anhand einiger einfacher, kleiner Beispiele kennen. Derart gewappnet, können wir uns später an erheblich vielfältigere – und schönere – Bilder machen.

2.1 Anfang und Ende

Wagen wir gleich den Sprung ins kalte Wasser und stürzen uns aufs erste Beispiel. Alle GuG-Anwendungen haben den folgenden gemeinsamen Aufbau:

Öffne GuG
Zeichne Bild
Schließe GuG

Genau dasselbe, nur formuliert in C, sehen Sie in Prg. 2-1.

```
#include <GuG.h>  /* Definitionen für GuG */
main()
{ G_Anfang (G_Karte());
  zeichne_bild ();
  G_Ende ();
} /* main */
```
Prg. 2-1 Rahmen für GuG-Anwendungen

---

1 Ausgenommen davon sind Schlagerkomponisten, wie kürzlich ein sehr erfolgreicher Vertreter dieser Gattung glaubhaft im Fernsehen versicherte (Name den Autoren bekannt).

Sie sehen, C ist auch nicht schwieriger. Der Rahmen bleibt grundsätzlich für alle GuG-Anwendungen gleich. Die einzelnen Anwendungen unterscheiden sich lediglich im Rumpf der Funktion *zeichne_bild()* voneinander. Schauen wir uns den Rahmen etwas genauer an, um uns die grundlegenden Eigenschaften GuGs vor Augen zu führen.

1. Die erste Anweisung lautet

    #include <GuG.h>

    Die Datei *GuG.h* muß von jedem Programm, das GuG verwendet, eingefügt werden. Sie enthält Definitionen von Konstanten und Typen, sowie Deklarationen der GuG-Funktionen.

2. Das Hauptprogramm *main()* ruft als erstes die GuG-Funktion *G_Anfang()* (s. 11.3) auf. Diese Funktion muß immer zuerst aufgerufen werden, bevor irgendeine andere Funktion von GuG verwendet wird. Sie *öffnet* und initialisiert das Graphikpaket. Sie hat einen Parameter. Er bestimmt das Ausgabegerät (Graphikkarte oder Drucker). Mit den Werten *G_Hercules*, *G_CGA*, *G_EGA*, *G_VGA* können Sie eine bestimmte Graphikbetriebsart zur Ausgabe auf den Bildschirm einstellen, vorausgesetzt Ihre Graphikkarte und Ihr Monitor unterstützen diesen Modus (s. 11.3). Mit der Funktion *G_Karte()* (s. 11.5) nimmt GuG Ihnen diese Arbeit ab, bestimmt selbständig Ihre Graphikkarte und stellt dafür die bestmögliche Betriebsart ein. „Bestmöglich" bedeutet dabei: die höchste Auflösung und die meisten Farben (in dieser Reihenfolge, s. Tabelle Seite 25). *G_Anfang()* sorgt auch dafür, daß die Zeichenfläche leer ist, also der Bildschirm gelöscht wird.

    Haben Sie Ihre Zeichnungen eine Weile am Bildschirm bewundert, packt Sie mit Sicherheit der unwiderstehliche Wunsch, sie jetzt auch Schwarz auf Weiß gedruckt zu sehen. Nichts einfacher als das! Schreiben Sie einfach als Parameter für *G_Anfang()* den Wert *G_FX80_60* bzw. *G_FX80_120* (Epson-kompatibler 8-Nadeldrucker, 60 · 72 dpi^2 bzw. 120 · 144 dpi) oder *G_LQ500* (Epson-kompatibler 24-Nadeldrucker, 180 · 180 dpi) hin. Alsbald wird sich Ihr Drucker lautstark an die Arbeit machen – falls Sie nicht vergessen haben, ihn einzuschalten. Die Druckausgabe geht direkt an die erste parallele Schnittstelle Ihres Rechners (*lpt1:*).

3. *main()* ruft anschließend *zeichne_bild()* auf. Diese Funktion kann beliebige GuG-Funktionen verwenden, um ein Bild (oder auch mehrere Bilder) zu zeichnen. Während der hier vorgestellte Rahmen in allen GuG-Anwendungen derselbe ist, hat jede Anwendung ihr eigenes *zeichne_bild()*.

4. Am Ende steht *G_Ende()* (s. 11.4). Das klingt nicht nur logisch, sondern ist es auch. Denn *G_Ende()* *schließt* das Graphikpaket. Insbesondere schaltet die Funktion die Graphikkarte von der graphischen in die textuelle Betriebsart zurück. Damit verschwindet natürlich auch Ihre Zeichnung vom Schirm.

---

2   *dots per inch*, Bildpunkte pro Zoll. 1 Zoll = 2,54 cm.

Nach *G_Ende()* dürfen Sie keine GuG-Funktionen mehr verwenden. Das heißt, keine, außer einer! Sie wissen, welche? Natürlich: Mit *G_Anfang()* können Sie GuG erneut öffnen. Erlaubt ist dann wieder was beliebt. Frönen Sie Ihrer Zeichenlust bedenkenlos – bis zum nächsten *G_Ende()*.

Bei Ausgabe auf Drucker sollten Sie beachten, daß der Drucker erst dann zu zeichnen beginnt, wenn das Bild abgeschlossen ist. Das bedeutet, der Druck beginnt erst beim Aufruf von *G_Ende()* oder von *G_Neues_Bild()* (das ist die Funktion zum Löschen des Bildschirms, s. 11.8).

Betriebsart	Punkte $x \cdot y$	Farben	VGA	EGA	CGA	Hercules
G_VGA	640 · 480	16	×	—	—	—
G_EGA	640 · 350	16	×	×	—	—
G_CGA	640 · 200	2	×	×	×	—
G_Hercules	720 · 348	2	(×)	—	—	×

Tabelle der von GuG *unterstützten Betriebsarten Ihrer Graphikkarte. Die vier rechten Spalten geben an, welche Graphikkarten welche Betriebsarten unterstützen. Bei den meisten VGA-Karten wird ein Programm mitgeliefert, mit dem man die Karte explizit in einen Hercules-kompatiblen Modus schalten kann. Die VGA-Karte verhält sich dann genau so wie eine Hercules-Karte. Allerdings verkraftet nicht jeder Monitor jede Betriebsart der Graphikkarte (s. Abschnitt 11.3).*

2.2 Einfacher geht's nicht

Ein Rahmen ohne Bild ist manchmal besser als ein Bild ohne Rahmen – das kommt auf das Bild an. Da unser Thema jedoch Graphik mit und aus dem Rechner ist, wollen wir diesen Gedanken nicht weiter spinnen. Füllen wir unseren Rahmen also frohgemut mit Inhalt, in Form von Zeichnungen! Dazu brauchen wir eine Funktion *zeichne_bild()*. Unser erstes Beispiel handelt von der einfachsten geschlossenen zweidimensionalen Figur. Seit der Schulzeit werden wir damit traktiert, und auch jetzt läßt es uns nicht los: Die Rede ist vom gemeinen Dreieck (*triangulum vulgaris*). Die zugehörige Funktion *zeichne_bild()* finden Sie in Prg. 2-2.

```
#include <GuG.h>  /* Definitionen für GuG */
zeichne_bild()
{ static G_Punkt Dreieck[] = {{ 0,0}, {24,0}, {12,18}, {0,0}};
    G_Linien (4, Dreieck);
    getch (); /* warte auf Tastendruck */
} /* zeichne_bild */
```

Prg. 2-2 *zeichne_bild()* für das gemeine Dreieck

Übersetzen Sie das Beispiel, und führen Sie es aus. Es zeichnet ein Dreieck über den ganzen Bildschirm. Wenn Sie sich daran sattgesehen haben, drücken Sie irgendeine Taste. Daraufhin beendet sich das Programm.

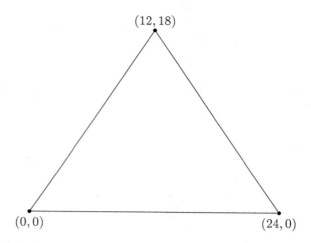

Bild 2-1 *Triangulum vulgaris*

Zugegeben, vom ästhetischen Standpunkt aus gesehen, reißt uns dieses Bild nicht vom Hocker. Obwohl auch und gerade in der Schlichtheit Schönheit liegt! Jedoch hat dieses unser erstes Beispiel den unstreitigen Vorzug, so ziemlich das einfachste GuG-Programm zu sein, das etwas Sichtbares auf den Bildschirm malt. Einfacher geht's wirklich nicht!

So wie vorhin den Rahmen, wollen wir jetzt auch *zeichne_bild()* Punkt für Punkt besprechen:

1. Die Variable *Dreieck* wird als Feld des Typs *G_Punkt* angelegt und gleich statisch (zur Übersetzungszeit) mit Werten gefüllt. Der Datentyp *G_Punkt* ist in *GuG.h* definiert als

    typedef struct {float X, Y;} G_Punkt;

    Ein Punkt wird also bestimmt durch ein Wertepaar (x, y). Das sind die Koordinaten des Punktes in einem rechtwinkligen Koordinatensystem. Mehr über Koordinaten und Wertebereiche erfahren Sie in Abschnitt 2.3.

2. Innerhalb von *zeichne_bild()* dürfen Sie beliebige GuG-Aufrufe tätigen, um Bilder zu zeichnen. Toben Sie sich nach Herzenslust aus! In unserem ersten Beispiel allerdings verwenden wir, der Einfachheit halber, aus dem reichen Schatz GuGs nur *G_Linien()* (s. 11.9). Diese Funktion bekommt als Parameter die Anzahl der Punkte des Linienzugs und ein Feld mit den Koordinaten der Punkte selbst. Das Feld muß mindestens soviele Punkte enthalten, wie der erste Parameter angibt. *G_Linien()* zeichnet dann einen *Linienzug*, d.h. eine gerade Linie von einem Punkt zum nächsten. Als aufmerksamer Leser werden Sie sicher festgestellt haben, daß unser Punktfeld *Dreieck* aus *vier* Punkten besteht. Anderslautenden Gerüchten zum Trotz, liegt das nicht

2.2 Einfacher geht's nicht

daran, daß die Autoren dieses Buches nicht bis drei zählen können. Vielmehr besteht ein (gezeichnetes) Dreieck ja nicht aus drei Punkten, sondern aus drei *Linien*. Und um die in einem Zug (einem *Linien*zug) zu zeichnen, brauchen wir nun mal vier Punkte, wobei der letzte Punkt identisch mit dem ersten ist. So wird der Linienzug geschlossen (s. Bild 2-2).

3. Einer besonderen Erwähnung bedarf der Aufruf von *getch()* am Ende. Diese Funktion liest ein Zeichen von der Tastatur. Bei diesem Befehl hält das Programm an und wartet, bis Sie irgendeine Taste drücken. So können Sie Ihr Kunstwerk voller Stolz in aller Ruhe begutachten, solange Sie möchten. Fehlt *getch()*, dann läuft das Programm einfach durch, und Sie sehen gar nichts, außer einem kurzen Aufblitzen des Bildschirms. *getch()* ist nicht Bestandteil von GuG, sondern in den Laufzeitbibliotheken von Turbo C und Microsoft C enthalten. Gegenüber der ANSI-C-Funktion[3] *getchar()* hat *getch()* den Vorteil, daß es kein Echo des eingetippten Zeichens auf dem Bildschirm erzeugt. Ein Textecho, während sich der Bildschirm in der graphischen Betriebsart befindet, bringt nämlich äußerst unschöne Effekte hervor.

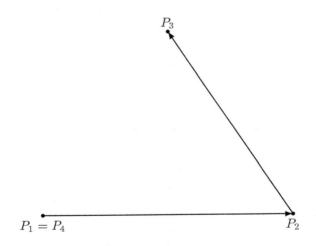

Bild 2-2 Der Linienzug $P_1 P_2 P_3$ ist nicht geschlossen

Dieses erste Programm können Sie fortan als Muster für alle Ihre GuG-Programme heranziehen. Ersetzen Sie nur den obigen Aufruf von *G_Linien()* durch Ihre eigenen Zeichenbefehle. Lassen Sie Ihrer Kreativität freien Lauf! GuG macht Graphik zum Kinderspiel.

---

[3] ANSI (American National Standards Institute) ist der amerikanische Normenausschuß, vergleichbar dem deutschen DIN.

2.3 Haben Sie einen DIN-A4 Bildschirm?

Schon ARCHIMEDES sagte: „Gebt mir einen Punkt, und ich hebe die Welt aus den Angeln!". Zum Glück hat er diesen Punkt nicht bekommen. Wir aber brauchen viele Punkte, um Bilder zu zeichnen. Wir wollen ja auch nicht die Welt aus den Angeln heben, sondern diese Punkte z. B. mit Linien verbinden, um eine schöne Zeichnung zu erhalten. Wir müssen uns also, woher auch immer, Punkte beschaffen.

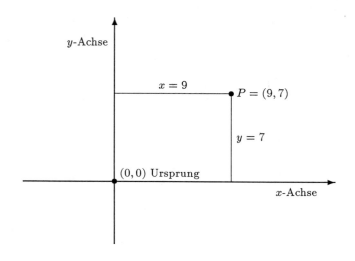

Bild 2-3 Koordinaten des Punktes P

(Mathematische) Punkte haben immer etwas Geheimnisvolles, Unwirkliches an sich. Sie haben die Dimension 0, d.h. keinerlei Ausdehnung, sind also gar nicht vorhanden. Eigentlich besteht ein Punkt aus überhaupt nichts, außer seiner Lage. Dennoch rechnen die Mathematiker ganz munter und vergnügt mit Punkten, als ob es das Selbstverständlichste der Welt wäre. Um sie packen und mit ihnen rechnen zu können, versehen die Mathematiker sie gewissermaßen mit einem Henkel: den *Koordinaten*. Die Koordinaten eines Punktes beschreiben seine Lage. Das geht ganz einfach. Nehmen Sie sich ein Blatt Papier, und zeichnen Sie zwei zueinander senkrechte Linien darauf. Nennen Sie die eine Linie *x-Achse* und die andere *y-Achse*, wie in Bild 2-3. Kreuzen Sie dann einen beliebigen Punkt auf Ihrem Papier an, und nennen Sie ihn P. Jetzt messen Sie mit einem Lineal die Entfernung von P zur x-Achse. Das ist die y-Koordinate des Punktes. Die Entfernung von P zur y-Achse ist seine x-Koordinate. Die Koordinaten eines Punktes werden in der Mathematik als Zahlenpaar (x, y) angegeben. Der Schnittpunkt der beiden Achsen hat logischerweise immer die Koordinaten $(0, 0)$ und wird demzufolge *Nullpunkt* oder *Ursprung* des Koordinatensystems genannt (Bild 2-3).

2.3 Haben Sie einen DIN-A4 Bildschirm?

Um Bilder mit GUG zu zeichnen, müssen wir wissen, in welchem Koordinatenbereich sichtbare Punkte liegen. Viele Graphikbibliotheken machen sich das einfach und verlangen Koordinaten in geräteabhängigen Einheiten, meist Bildpunkten, die natürlich auf jedem Gerät andere Wertebereiche und Abmessungen haben.

GUG dagegen macht es nicht sich leicht, sondern Ihnen! GUG zeichnet intern grundsätzlich auf eine sogenannte *virtuelle Zeichenfläche*. Virtuell (ein beliebtes Wort unter EDV-lern) ist die Zeichenfläche deshalb, weil sie völlig unabhängig vom tatsächlich gewählten Ausgabegerät ist. Egal, ob Sie Ihr Bild auf einem Hercules- oder einem VGA-Bildschirm oder einem Drucker zeichnen möchten, Ihr Programm, einschließlich aller Koordinatenangaben, ist immer dasselbe. Die virtuelle Zeichenfläche hat folgende Eigenschaften:

- Koordinaten sind Gleitkommazahlen. Sie sind unabhängig vom Ausgabegerät.
- x-Koordinaten beginnen bei 0 und enden bei 24.
- y-Koordinaten beginnen bei 0 und enden bei 18.

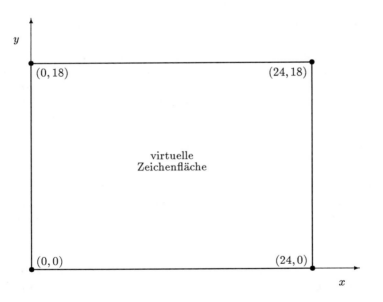

Bild 2-4 GUGs virtuelle Zeichenfläche

Sie geben Ihre Koordinaten also als Gleitkommazahlen in den obengenannten Wertebereichen an. GUG besorgt für Sie die Abbildung der virtuellen Zeichenfläche auf die reale Zeichenfläche des Ausgabegeräts. Diese Abbildung ist natürlich geräteabhängig, d. h. von Ausgabegerät zu Ausgabegerät verschieden. Deshalb haben Sie ja auch nichts damit zu tun. Auf dem Bildschirm läuft die x-Achse von links nach rechts und die y-Achse von unten nach oben, wie in der Mathematik üblich (s. Bild 2-4). Der Nullpunkt liegt in der linken unteren Ecke des Bildschirms.

Weshalb gerade die Bereiche $[0, 24]$ bzw. $[0, 18]$? Nun, wenn Sie die Zahlen als Angaben in Zentimetern auffassen, dann entsprechen diese Werte in etwa der nutzbaren Breite bzw. Höhe üblicher PC-Bildschirme. Außerdem kann man mit etwas gutem Willen darin die Abmessungen eines DIN-A4 Blattes erkennen (mit etwas Platz am Rand), was fürs Zeichnen auf Drucker interessant ist. Denken Sie sich also die Koordinaten einfach als Angaben in Zentimetern. Auf dem Drucker läuft die x-Achse von oben nach unten (Richtung des Papiervorschubs) und die y-Achse von links nach rechts (Bewegungsrichtung des Druckkopfes).

GuGs Koordinatensystem ist nicht nur rechtwinklig, sondern sogar kartesisch[4]. In einem kartesischen Koordinatensystem stehen die Achsen nicht nur rechtwinklig aufeinander, sondern eine Strecke der Länge 1 ist in x-Richtung genau so lang wie in y-Richtung. Das ist keineswegs selbstverständlich! Stellen Sie sich vor, Sie müßten Ihre Koordinaten in Bildpunkten angeben (so wie Sie es bei Verwendung vieler anderer Bibliotheken tatsächlich tun müssen). Nehmen wir weiter an, Sie haben eine CGA-Karte mit $640 \cdot 200$ Bildpunkten. Wenn Sie jetzt ein Quadrat der Seitenlänge 100 Bildpunkte zeichnen, dann ist Ihr „Quadrat" 3,75 cm breit und 9 cm hoch (unter der stillschweigenden Annahme, daß Ihr Bildschirm die Standardmaße $24 \cdot 18$ cm aufweist). Zeichnen Sie einen Kreis, wird er eher einem Osterei ähneln. Diese Verzerrungen sind der Tatsache zuzuschreiben, daß Ihr Bildschirm in x-Richtung eine andere *Auflösung* als in y-Richtung hat. „Auflösung" bezeichnet die Anzahl der Bildpunkte pro Längeneinheit. Im Beispiel mit der CGA-Karte beträgt die Auflösung in x-Richtung $640/24 \approx 26{,}67$ Bildpunkte pro Zentimeter (BP/cm), in y-Richtung dagegen nur $200/18 \approx 11{,}11$ BP/cm.

GuG kennt Ihre Graphikkarte so gut, daß es das *Auflösungsverhältnis* (das ist nichts Unanständiges, sondern das Verhältnis der x-Auflösung zur y-Auflösung) von sich aus berücksichtigt. Zeichnen Sie also beruhigt Kreise und Quadrate auf der virtuellen Zeichenfläche GuGs, und seien Sie sicher, daß auch Kreise und Quadrate auf Ihrem Bildschirm oder Drucker erscheinen!

Haben Sie Daten, die sich in einem anderen Wertebereich als $[0, 24] \times [0, 18]$ bewegen, so brauchen Sie nicht zu verzweifeln. Die Funktion *G_Massstab()* (s. 11.6) gestattet Ihnen, einen beliebigen Wertebereich auf das GuG-interne 24×18 Rechteck abzubilden. GuG unterstützt also voll das Konzept von *Weltkoordinaten*, die nur von der Anwendung abhängen. Darauf kommen wir in Abschnitt 2.8 noch einmal ausführlich zu sprechen.

---

[4] Nach RENÉ DESCARTES (lat. CARTESIUS), (1596–1650), frz. Mathematiker, Naturforscher und Philosoph.

2.4 Quadrato

Natürlich sind Koordinaten erst richtig schön, wenn man sie per Programm berechnet. Da wir die Komplexität unserer Beispiele allmählich steigern wollen, zeichnen wir nicht mehr Dreiecke, sondern Vierecke, und davon gleich mehrere auf einmal. Wir wollen eine Folge von ineinandergeschachtelten Quadraten zeichnen. Wir gehen von einem Ursprungsquadrat aus. Jedes Folgequadrat wird aus dem aktuellen Quadrat berechnet. Dazu werden die Mittelpunkte der vier Seiten des aktuellen Quadrats bestimmt. Diese Mittelpunkte sind die Eckpunkte des Folgequadrats. Den zugehörigen Rechenplan[5] finden Sie in Prg. 2-3.

```
#include <GuG.h>  /* Definitionen für GuG */
static G_Punkt Quadrat[ ]={{3,0}, {21,0}, {21,18}, {3,18}, {3,0}};
#define ANZ_PKT (sizeof(Quadrat)/sizeof(Quadrat[0]))
#define ANZ_HALB 10 /* Anzahl der Halbierungen */
zeichne_bild()
{ int i, j;
  for (i = 0; i < ANZ_HALB; i++)
  { G_Linien (ANZ_PKT, Quadrat); /* aktuelles Quadrat zeichnen */
    getch();
    for (j = 0; j < ANZ_PKT−1; j++)
    { /* neues Quadrat aus altem Quadrat berechnen: */
      Quadrat[j].X = 0.5*(Quadrat[j+1].X+Quadrat[j].X);
      Quadrat[j].Y = 0.5*(Quadrat[j+1].Y+Quadrat[j].Y);
    } /* for j */
    Quadrat[ANZ_PKT−1] = Quadrat[0]; /* Linienzug schließen */
  } /* for i */
} /* zeichne_bild */
```

Prg. 2-3 Geschachtelte Quadrate

Testen Sie dieses Beispiel. Wenn Sie alles richtig gemacht haben, sehen Sie nun das Kunstwerk „Quadrato" (Bild 2-5) auf Ihrem Bildschirm. Die Anweisung *getch()* nach dem Zeichnen jedes Quadrats dient dazu, wie in unserem ersten Beispiel, das Programm bis zum nächsten Tastendruck anzuhalten, damit Sie sich das bis dahin entstandene Bild in Ruhe anschauen können.

2.5 Viermal Ausgabe, bitte!

Sicher haben Sie schon erkannt, daß *G_Linien()* in unseren bisherigen Beispielen die einzige Funktion ist, die Sichtbares auf dem Bildschirm erzeugt. Es handelt

---

[5] *Rechenplan* ist das Wort, das KONRAD ZUSE in seinem 1945 entwickelten *Plankalkül*, der ersten höheren Programmiersprache der Welt, benutzte. Es trifft sehr anschaulich den Kern der Sache. Erst später wurde es durch das keineswegs bessere „Programm" verdrängt.

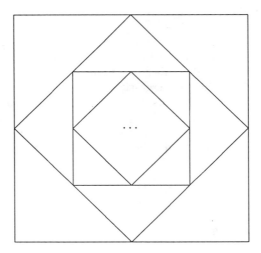

Bild 2-5 Quadrato

sich dabei um eine sogenannte *Ausgabefunktion*. GuG hat insgesamt vier Ausgabefunktionen. Drei davon, darunter G_Linien(), haben jeweils die gleiche Aufrufschnittstelle: Der erste Parameter gibt die Anzahl der Punkte in dem Feld an, das als zweiter Parameter übergeben wird. Das Feld muß mindestens so viele Punkte enthalten, wie der erste Parameter festlegt. Bei so viel Gemeinsamkeit erhebt sich die Frage, worin sich die drei Funktionen denn überhaupt unterscheiden? Das ist schnell beantwortet: 1. im *Namen* und 2. in der *Bedeutung*.

- *G_Linien()* (s. 11.9) kennen wir schon. Die Funktion zeichnet einen *Linienzug*, also eine gerade Linie von jedem Punkt des übergebenen Feldes zum nächsten.

- *G_Gebiet()* (s. 11.11) zeichnet ein *Füllgebiet*. Die übergebenen Punkte sind die Ecken eines Linienzugs, der den Rand des zu füllenden Gebiets festlegt. Das bedeutet, die vom Linienzug umschlossene Fläche wird mit Farbe gefüllt. Zum Füllen können Sie verschiedene *Muster* bzw. *Schraffuren* verwenden. Falls nötig, schließt GuG den Linienzug selbsttätig.

- *G_Marken()* (s. 11.10) zeichnet an jedem Punkt des übergebenen Feldes eine *zentrierte Marke* (z. B. ein ‚+'), ohne die Punkte mit Linien zu verbinden. Das können Sie etwa verwenden, wenn Sie eine Kurve zeichnen und dabei die Stützpunkte besonders hervorheben möchten.

Diese drei Funktionen haben, wie gesagt, identische Parameterlisten. Wenn Sie *G_Gebiet()* und *G_Marken()* also ausprobieren möchten, dann ersetzen Sie in unseren bisherigen Beispielen einfach den Namen *G_Linien* durch *G_Gebiet* oder *G_Marken*.

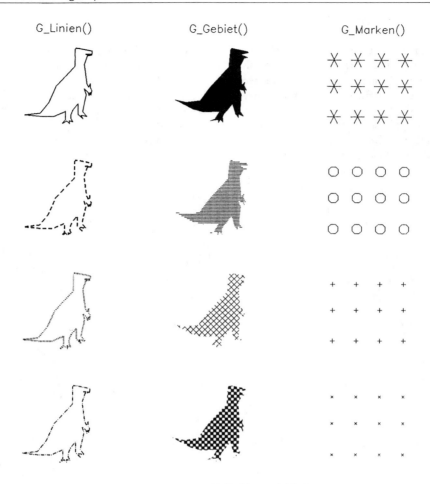

Bild 2-6 Linienzug, Füllgebiet und Marken

Mit der vierten Ausgabefunktion, *G_Text()* (s. 11.12), können Sie an einer beliebigen Stelle Ihres Bildes eine Zeichenkette ausgeben. Die Anweisung

    G_Text (Textpos, "Hallo");

schreibt das Wort „Hallo" (Typ *char* ∗) an die Stelle *Textpos* (Typ *G_Punkt*). GuG stellt zu diesem Zweck hochqualitative Vektorzeichensätze[6] bereit. Texte können ohne Qualitätseinbuße beliebig vergrößert und gedreht werden. Ausführlich stellen wir die Textfähigkeiten GuGs in Kapitel 3 vor.

---

6 „Vektorzeichensatz" bedeutet, daß die Zeichen über Stützpunkte definiert sind und im Prinzip genauso wie ein Linienzug mit *G_Linien()* gezeichnet werden (aber viel, viel schneller).

2.6 Merk dir was!

Damit nicht genug. Zu jeder der Ausgabefunktionen gibt es einen Satz von *Merkmalen*, auch *Attribute* genannt. Merkmale legen fest, mit welcher Farbe Linienzüge, Gebiete usw. gezeichnet werden, welche Strichmuster für Linienzüge und welche Schraffuren für Gebiete zu verwenden sind. Merkmale können Sie für jede Ausgabefunktion getrennt einstellen. GuG sieht zum Setzen der Merkmale eine weitere Klasse von Funktionen vor, die *Merkmalsfunktionen*. Zu jeder Ausgabefunktion gibt es genau eine zugehörige Merkmalsfunktion, mit der Sie die Merkmale für diese Ausgabefunktion setzen können.

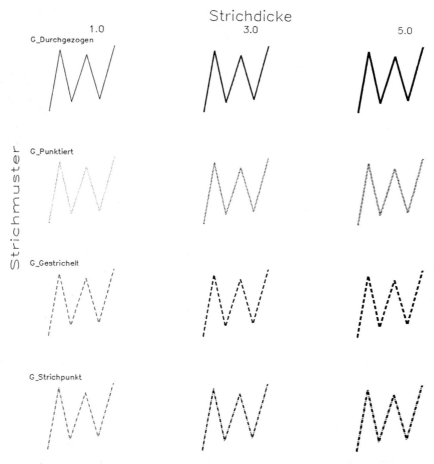

Bild 2-7 Merkmale für Linienzüge

2.6 Merk dir was!

Wenn Sie ein Merkmal auf einen bestimmten Wert setzen, sagen wir die Strichdicke für Linienzüge auf 2, dann merkt sich GuG mal diesen Wert und benutzt ihn hinfort für jede Ausgabe von Linienzügen mittels *G_Linien()*. Dies gilt solange, bis Sie a) entweder einen neuen Wert für das Merkmal einstellen oder b) GuG mittels *G_Ende()* beenden. GuG zeichnet alle Ausgaben stets mit den augenblicklich für diese Ausgabefunktion gültigen Merkmalswerten.

„Halt!" ruft da der aufmerksame Leser. Sie hoffentlich auch. „In unserem Beispiel, dem gemeinen Dreieck, haben wir ja gar keine Merkmale eingestellt. Und trotzdem haben wir ein Bild gesehen!?".

Recht haben Sie. Des Rätsels Lösung liegt in der Funktion *G_Anfang()*, von der wir bereits wissen, daß sie GuG initialisiert. In dieser unscheinbaren Aussage versteckt ist unter anderem die Tatsache, daß alle Ausgabemerkmale mit „vernünftigen" Werten vorbelegt werden, so z. B. das Strichmuster mit dem Wert *G_Durchgezogen* und die Strichdicke mit 1.

Nun wollen wir uns die einzelnen Merkmalsfunktionen etwas genauer anschauen:

- *G_Linien_Attr()* (s. 11.14, Bild 2-7). Für Linienzüge können Sie die Merkmale *Farbe, Strichdicke* und *Strichmuster* einstellen.Diese Merkmale wirken auf alle Ausgaben mit *G_Linien()*. Beispiel:

    G_Linien_Attr (9, G_Durchgezogen, 2.0);

    Das bedeutet: Ab sofort werden alle Linienzüge mit Farbe Nr. 9, der Strichdicke 2 und dem Strichmuster „durchgezogen", also ohne Lücken, gezeichnet. Die Farbe wird – wie bei den anderen Merkmalsfunktionen auch – als Index (Typ *int*) in eine *Farbtabelle* angegeben. Die GuG-interne Farbtabelle hat 16 Einträge, die Sie über die Nummern 0–15 ansprechen können. Wieviele verschiedene Farben tatsächlich auf Ihrem Bildschirm dargestellt werden können, hängt von Ihrer Graphikkarte ab (s. Tabelle Seite 25). Voreingestellt für Linienzüge ist der Farbindex 14 (entspricht normalerweise der Farbe Gelb). Näheres zu Farben, Farbtabellen und Voreinstellungen finden Sie in Kapitel 4.

    Die Strichdicke ist ein *float*-Wert und gibt an, wie dick die Linie werden soll (als Vielfaches der normalen Liniendicke). Die normale Liniendicke ist auf dem Bildschirm 1 Bildpunkt. Voreingestellt ist die Strichdicke 1.

    Das Strichmuster gibt an, ob die Linie durchgezogen, punktiert, strichpunktiert usw. gezeichnet werden soll. In *GuG.h* sind für die verschiedenen Strichmuster Namen definiert (ebenso wie für Füllmuster und Markentypen), die Sie beim Aufruf verwenden können. Voreingestelltes Strichmuster ist der Wert *G_Durchgezogen*.

Muster und Schraffuren

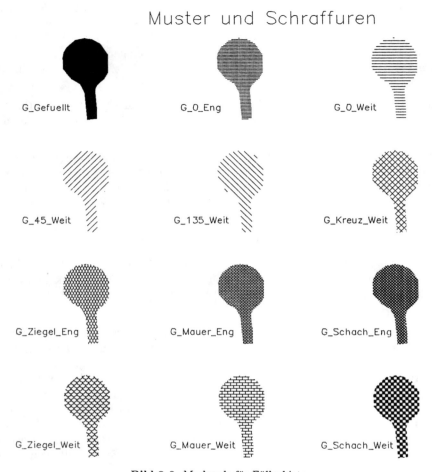

Bild 2-8 Merkmale für Füllgebiete

- *G_Gebiet_Attr()* (s. 11.16, Bild 2-8). Gebiete haben die Merkmale *Farbe* und *Füllmuster*. Diese Merkmale wirken auf alle Ausgaben mit *G_Gebiet()*.

    G_Gebiet_Attr (7, G_Mauer_Eng);

bedeutet: Ab sofort werden alle Füllgebiete mit der Farbe 7 und dem Muster *G_Mauer_Eng* (das sieht aus wie eine Backsteinmauer) gefüllt. Voreingestellt sind für Füllgebiete der Farbindex 14 und das Füllmuster *G_Gefuellt*, d.h. das ganze Gebiet wird vollständig gelb ausgemalt.

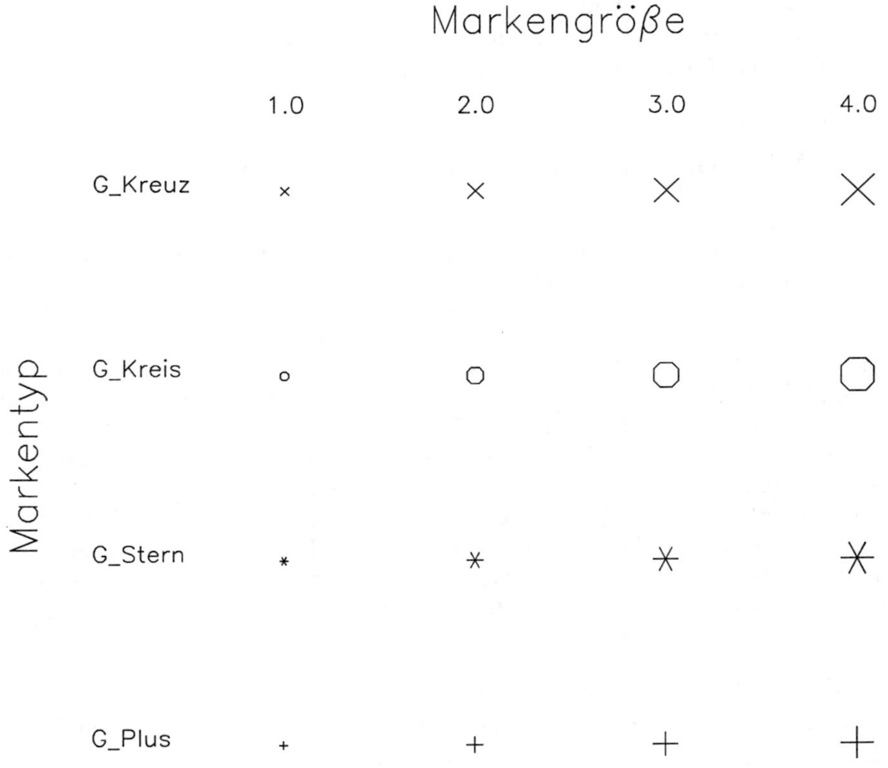

2.6 Merk dir was! 37

Markengröße

	1.0	2.0	3.0	4.0
G_Kreuz	×	×	×	×
G_Kreis	○	○	○	○
G_Stern	*	*	*	*
G_Plus	+	+	+	+

Markentyp

Bild 2-9 Merkmale für Marken

- *G_Marken_Attr()* (s. 11.15, Bild 2-9). Marken haben die Merkmale *Farbe, Markentyp, Markenvergrößerungsfaktor*. Sie wirken auf alle Ausgaben mit *G_Marken()*.

    G_Marken_Attr (12, G_Stern, 2.0);

bedeutet: Ab sofort werden Marken vom Typ *G_Stern* (das ist ein sechszackiger Stern) in der Farbe Nr. 12 mit der doppelten Normgröße gezeichnet. Jede Marke hat eine gewisse „natürliche" Größe. Der Markenvergrößerungsfaktor (Typ *float*) ist ein relativer Faktor, mit dem die natürliche Größe (ein hundertstel der Bildhöhe) der Marke multipliziert wird, um die tatsächliche Größe zu erhalten. Die Markengröße ist unabhängig vom eingestellten Maßstab (s. Abschnitt 2.8). Voreingestellt sind für Marken der Farbindex 14, der Typ *G_Stern* und der Vergrößerungsfaktor 1. Das ergibt kleine gelbe Sternchen.

- *G_Text_Attr()* (s. 11.17). Für Texte gibt es außer der *Farbe* (voreingestellt ist natürlich die Farbe 14, also Gelb) noch viele weitere spezifische Merkmale. Diese besprechen wir genau in Kapitel 3. Diese Merkmale wirken auf alle Ausgaben mit ... Raten Sie mal!

2.7 Wir bauen ein Haus

Da wir nun eine ganze Menge über Ausgabefunktionen und Merkmale wissen, ist es an der Zeit, einmal ein etwas größeres Beispiel für Linienzüge und Füllgebiete zu machen. Wir wollen ein Haus bauen. Werfen Sie dazu einen Blick in Prg. 2-4.

Zu so einem Haus gehört natürlich eine ganze Menge. Zum Beispiel eine Tür, ein Fenster, ein Dach (damit es nicht hereinregnet) und ein Kamin. Das Haus hat auch einen Garten mit einem großen Baum. Diese wichtigen Bestandteile definieren wir in Prg. 2-4 alle brav der Reihe nach und erhalten damit eine ganze Menge von unterschiedlich langen Punktfeldern. Beim Zeichnen dieser Punktfelder mit *G_Linien()* oder *G_Gebiet()* müssen wir ja immer angeben, wieviele Punkte so ein Feld enthält. Weil Zählen aber anstrengend (und fehleranfällig) ist, definieren wir uns – faul wie wir sind – gleich ein Vorprozessormakro, das uns diese Arbeit abnimmt. Es hört auf den Namen *LEN* und bekommt einen Parameter, nämlich den Namen eines C-Feldes:

```
#define LEN(v)     (sizeof((v))/sizeof((v)[0]))
```

Wenn *v* ein Feld (von beliebigem Elementtyp) ist, ist *LEN(v)* die Anzahl der Elemente, die in *v* Platz finden. Jeder C-Guru kann es Ihnen bestätigen.

Nachdem wir so den anstrengendsten Teil der Arbeit erfolgreich auf den C-Übersetzer abgewälzt haben, steht dem künstlerischen Teil des Programms nichts mehr im Wege. Wir können also damit loslegen, Merkmale einzustellen und Gebiete und Linienzüge zu zeichnen. Heraus kommt ein wunderschönes Häuschen mit einem großen Baum daneben (Bild 2-10).

Zu erwähnen bleibt noch der Aufruf der Funktion *G_Karte()*. Diese Funktion tüftelt heraus, ob eine VGA- oder EGA-Karte in Ihrem Rechner steckt. In diesem Fall werden die einzelnen Teile des Bildes mit verschiedenen Farben hinterlegt, und Sie erhalten ein noch hübscheres, farbenprächtigeres Haus. In einer nur zweifarbigen Darstellung (CGA, Hercules) wird dann jedoch alles nur gleichmäßig weiß (oder grün), was den Bildeindruck wahrlich nicht verbessert.

2.8 Zeichnen mit Maß

In Abschnitt 2.3 haben wir erfahren, daß die x-Koordinaten der Punkte auf der virtuellen Zeichenfläche GuGs im Bereich $[0, 24]$ und die y-Koordinaten im Bereich $[0, 18]$ liegen (Bild 2-4). „Prima!", denken Sie. „Ich habe aber eine Reihe

2.8 Zeichnen mit Maß

```
#include <GuG.h>  /* Definitionen für GuG */
#define LEN(v) (sizeof((v))/sizeof((v)[0]))
static G_Punkt Haus [ ] = {{ 2, 2},{ 2,10},{15,10},{15, 2}};
static G_Punkt Dach [ ] = {{ 2,10},{ 5,13},{12,13},{15,10}};
static G_Punkt Kamin [ ] = {{ 3,11},{ 3,14},{ 4,14},{ 4,12}};
static G_Punkt Fenster[ ] = {{ 3, 4},{ 3, 8},{ 9, 8},{ 9, 4},{ 3, 4}};
static G_Punkt Tuer [ ] = {{10, 2},{10, 8},{14, 8},{14, 2}};
static G_Punkt Stamm [ ] = {{20, 2},{20,10},{18,13},{20,11}
                            ,{22,14},{21,10},{21,2}};
static G_Punkt Krone [ ] = {{20, 9},{16,10},{15,15},{20,18}
                            ,{22,16},{24,11},{21,9}};
static G_Punkt Textpos = {5.0 , 0.2 };
zeichne_bild ()
{ int karte = G_Karte();
  if ((karte==G_VGA) || (karte==G_EGA)) /* -> Bild wird farbenprächtiger */
  { G_Gebiet_Attr (G_Hellgrau, G_Gefuellt); G_Gebiet (LEN(Haus), Haus);
    G_Gebiet_Attr (G_Rot, G_Gefuellt); G_Gebiet (LEN(Dach), Dach);
    G_Gebiet_Attr (G_Hellrot, G_Gefuellt); G_Gebiet (LEN(Kamin), Kamin);
    G_Gebiet_Attr (G_Braun, G_Gefuellt); G_Gebiet (LEN(Stamm), Stamm);
    G_Gebiet_Attr (G_Gruen, G_Gefuellt); G_Gebiet (LEN(Krone), Krone);
  } /* if egavga */
  G_Gebiet_Attr (G_Dunkelgrau, G_Mauer_Eng); G_Gebiet (LEN(Haus), Haus);
  G_Gebiet_Attr (G_Hellrot, G_Ziegel_Eng); G_Gebiet (LEN(Dach), Dach);
  G_Linien_Attr (G_Hellrot, G_Durchgezogen, 1.0); G_Linien (LEN(Dach), Dach);
  G_Gebiet_Attr (G_Weiss, G_Mauer_Eng); G_Gebiet (LEN(Kamin), Kamin);

  G_Gebiet_Attr (G_Helltuerkis, G_Gefuellt); G_Gebiet (LEN(Fenster), Fenster);
  G_Linien_Attr (G_Schwarz, G_Durchgezogen, 3.0);
  G_Linien (LEN(Fenster), Fenster);
  G_Gebiet_Attr (G_Hellblau, G_Gefuellt); G_Gebiet (LEN(Tuer), Tuer);
  G_Linien_Attr (G_Schwarz, G_Durchgezogen, 3.0); G_Linien (LEN(Tuer), Tuer);

  G_Gebiet_Attr (G_Hellrot, G_Punkte_Eng); G_Gebiet (LEN(Stamm), Stamm);
  G_Gebiet_Attr (G_Braun, G_Punkte_Weit); G_Gebiet (LEN(Krone), Krone);

  G_Text_Attr (G_Gelb, G_Alt_Schrift, 0.6, 1.0, 0.0);
  G_Text (Textpos, "Stilleben: Haus und Baum");
  getch();
} /* zeichne_bild */
```

Prg. 2-4 Hausbau mit GuG

von Meßwerten aus einer Blutdruckmessung, die ich in einem Diagramm über der Zeit darstellen möchte. Die x-Achse soll dabei die Zeitdauer des Versuchs in Sekunden anzeigen (0–300 Sekunden), die y-Achse die Meßwerte selbst (im Bereich 50–150 mmHg)!".

Natürlich wissen Sie, wie Sie dieses Problem lösen könnten. Sie könnten alle Ihre Zeit- und Meßwerte in den Bereich $[0, 24] \times [0, 18]$ umrechnen (der Fachmann spricht

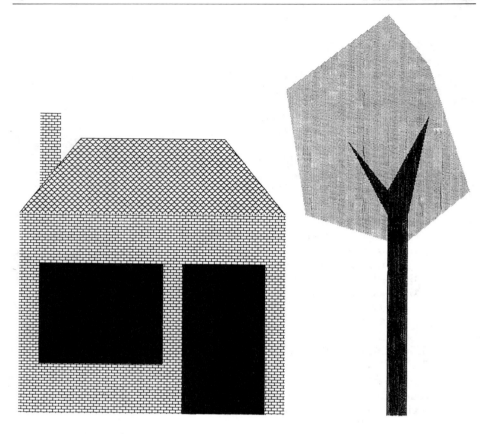

Stilleben: Haus und Baum

Bild 2-10 GuG mal, was für ein hübsches Haus!

von *Skalierung*). Es geht jedoch auch einfacher. Sie können diese Arbeit nämlich zur Gänze GuG überlassen. Für solche Bereichstransformationen stellt GuG die Funktion *G_Massstab()* (stimmt, mit drei s!) zur Verfügung (s. 11.6). Der Aufruf lautet:

    G_Massstab (welt, geraet);

Dabei sind *welt* und *geraet* zwei Variablen vom Typ *G_Rechteck*, der in *GuG.h* definiert ist als:

    typedef struct {float Links, Rechts, Unten, Oben;} G_Rechteck;

Diese beiden Rechtecke legen eine Abbildungsvorschrift fest. GuG bildet das *Weltrechteck welt* auf das *Geräterechteck geraet* ab. Betrachten Sie dazu Bild 2-11. In

2.8 Zeichnen mit Maß

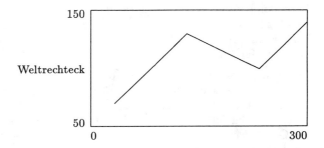

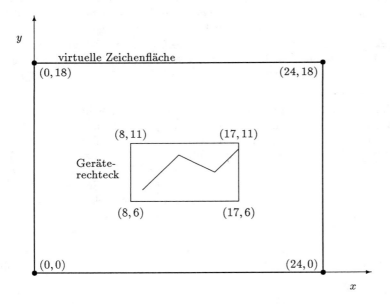

Bild 2-11 Weltrechteck wird auf Geräterechteck abgebildet

diesem Beispiel bilden wir das Weltrechteck $[0, 300] \times [50, 150]$ auf das Geräterechteck $[8, 17] \times [6, 11]$ ab. Die zugehörigen GUG-Anweisungen lauten:

welt.Links = 0.0; welt.Rechts = 300.0; welt.Unten = 50.0; welt.Oben = 150.0;
geraet.Links = 8.0; geraet.Rechts = 17.0; geraet.Unten = 6.0; geraet.Oben = 11.0;
G_Massstab (welt, geraet);

Das Geräterechteck muß stets vollständig *innerhalb* der virtuellen Zeichenfläche GUGs liegen, also innerhalb des Rechtecks $[0, 24] \times [0, 18]$. Das Weltrechteck ist dagegen frei wählbar und legt fest, in welchem Bereich sich die sogenannten *Weltkoordinaten* bewegen. GUG transformiert alle Punkte beim Zeichnen mit

G_Linien(), *G_Gebiet()*, *G_Marken()* und *G_Text()* gemäß dieser Vorschrift. In Bild 2-11 wird nur ein Teil der virtuellen Zeichenfläche GUGs genutzt. Der freie Platz rund um das Blutdruckdiagramm kann zur Darstellung von Skalen, Zeitachsen und Menüleisten verwendet werden.

Häufig wird man dagegen als Geräterechteck $[0, 24] \times [0, 18]$ einstellen, also die gesamte virtuelle Zeichenfläche. Das führt dazu, daß das Weltrechteck größtmöglich auf die virtuelle Zeichenfläche GUGs abgebildet wird. Im Beispiel mit der Blutdruckmessung führt somit die Wahl des Weltrechtecks $[0, 300] \times [50, 150]$ und die des Geräterechtecks $[0, 24] \times [0, 18]$ dazu, daß Ihre Meßwerte so groß wie möglich auf dem Bild erscheinen.

Am Weltrechteck wird nicht geklippt. Das bedeutet, auch Punkte, die außerhalb des Weltrechtecks liegen, werden von GUG gemäß der mit *G_Massstab()* eingestellten Transformation abgebildet und auch gezeichnet. Nur Zeichnungsteile, die nach der Transformation aus der virtuellen Zeichenfläche GUGs hinausragen, werden abgeschnitten. Die Einstellung zu Beginn nach *G_Anfang()* ist: Sowohl Welt- als auch Geräterechteck sind mit der gesamten virtuellen Zeichenfläche $[0, 24] \times [0, 18]$ identisch.

Beachten Sie, daß die Abbildung zu Verzerrrungen führt, falls die beiden Rechtecke *welt* und *geraet* nicht *ähnlich* sind, also ihre Seitenlängen nicht dasselbe Verhältnis zueinander haben. (Wir haben also in diesem Fall die etwas paradoxe Situation, daß die mit *G_Massstab()* eingestellte Abbildung nicht maßstabstreu ist.) Beim Weltrechteck $[0, 300] \times [50, 150]$ haben Sie z. B. ein Seitenverhältnis (Breite zu Höhe) von 3:1; beim Geräterechteck $[0, 24] \times [0, 18]$ beträgt das Seitenverhältnis dagegen nur 4:3. Bei der Abbildung von Welt- auf Geräterechteck wird das Bild nun in x-Richtung gestaucht und in y-Richtung gedehnt. Wollen Sie das vermeiden, müssen Sie das Geräterechteck so wählen, daß es dasselbe Seitenverhältnis wie das Weltrechteck hat (hier z. B. $[0, 24] \times [5, 13]$). Als Konsequenz wird allerdings die Zeichenfläche u. U. nicht vollständig genutzt.

Selbstverständlich können Sie *G_Massstab()* auch verwenden, um eine Lupe zu simulieren. Ein Verkleinerung des Geräterechtecks bedeutet eine Verkleinerung des Bildes, eine Vergrößerung des Geräterechtecks bewirkt eine Vergrößerung des Bildes. Der Bildlupe durch Vergrößerung des Geräterechtecks sind allerdings Grenzen gesetzt, da das Geräterechteck nicht größer als die virtuelle Zeichenfläche werden darf. Den Lupeneffekt können Sie jedoch auch durch Ändern des Weltrechtecks erzielen. Nur geht es hier umgekehrt. Eine Verkleinerung des Weltrechtecks bedingt eine Vergrößerung des Bildes, eine Vergrößerung des Weltrechtecks eine Verkleinerung des Bildes. Auf ganz ähnliche Weise können Sie das ganze Bild verschieben. Verschieben Sie das Weltrechteck nach links, so verschiebt sich das Bild nach rechts und umgekehrt.

Kapitel 3

Variationen der Schrift

Komputergraphik befaßt sich mit frei gestalteten Flächen und Formen, nicht in erster Linie mit Schriftsatz. Dennoch sind Texte hilfreich, in Diagrammen und Schaubildern sogar unabdingbar. Insbesondere wünschen wir uns für schöne Schaubilder auch schöne Schriften. Wir verraten kein Geheimnis, wenn wir sagen:

Schrift ist nicht gleich *Schrift.*

Was meinen wir damit? Texte können kunstvoll aussehen (wie in einem nach allen Regeln der Typographie[1] gestalteten Buch) oder auch nur lesbar sein (wie aus einem Schnelldrucker, z. B. auf einem Kontoauszug von der Bank). Und gerade Komputergraphiksysteme, mit denen man tolle Zeichnungen oder gar fotorealistische Bilder machen kann, bieten oftmals keine Unterstützung zum Zeichnen von Texten mit typographischen Qualitäten. Dabei sind sie von der graphischen Auflösung her dazu bestens in der Lage.

3.1 Texte mit GuG

Die Graphikbibliothek GuG enthält drei Funktionen zur Textverarbeitung. Genauso wie für Linienzüge oder Füllgebiete gibt es auch für Texte eine Funktion, die Text an einem bestimmten Ort zeichnet, und eine weitere, die die Merkmale (Farbe usw.) festlegt, mit denen die Zeichen generiert werden. Und dies liefert uns ein weiteres Schlagwort[2] aus dem Bereich der graphischen Datenverarbeitung: *Zeichengenerator.* Das ist ein Programm, das Zeichen (Buchstaben, Ziffern usw.) graphisch darstellt. GuG verwendet einen sogenannten *Software-Vektor-Zeichengenerator.* Was nichts anderes bedeutet, als daß die Zeichen per Software (von einem Programm) aus Vektoren, d. h. aus einzelnen, geraden Linien, zusammengesetzt werden. GuG zeichnet ein Zeichen mithin genauso wie

---

1 Typographie ist die Kunst des Schriftsatzes und der ästhetischen Gestaltung von Texten. Sie beschäftigt sich mit der Anordnung der Buchstaben zu Wörtern, Absätzen, Kapiteln und Büchern.
2 Schlagwort heißt es, weil wir es Ihnen jetzt um die Ohren schlagen, rein bildlich natürlich.

einen Linienzug. So können wir Texte in hoher Qualität malen. Die einzelnen Zeichen besitzen dabei viele Merkmale, die wir nach Belieben vorgeben können, z. B. Farbe, Schriftgröße, Schreibrichtung, Schriftart usw.

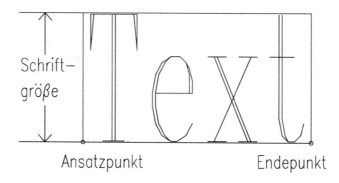

Bild 3-1 Ansatzpunkt, Schriftgröße, Endepunkt

3.2 Textausgabe

Nach dieser langen Vorrede wollen wir nun endlich sehen, wie wir einen Text mit GUG zeichnen. Dazu brauchen wir den Punkt auf der Zeichenfläche (natürlich in Weltkoordinaten), wo der Text anfangen soll. Außerdem brauchen wir den Text selbst. Im Programm sieht das dann so aus:

   G_Text (Pkt, Zch);

(s. 11.12), wobei *Pkt* eine Variable vom Typ *G_Punkt* ist und die Koordinaten der linken unteren Ecke des ersten Zeichens enthält (Bild 3-1). Das ist der Ansatzpunkt des Textes. *Zch* ist eine Zeichenkette (*string*). Eine Zeichenkette wird in der für C typischen Art angegeben. Dafür gibt es zwei Möglichkeiten:

- Ein konstanter Text, der in doppelte Hochkommata eingeschlossen ist.

- Ein Zeiger (*pointer*) auf eine Folge von Zeichen (Byte), deren Ende mit dem Byte '\0' angezeigt wird.

Wir können nun das berühmt-berüchtigte Beispiel „Hallo Welt!" auch mit GUG formulieren, nämlich so wie in Prg. 3-1.

```
#include <GuG.h>
zeichne_bild ()
{ G_Punkt Pkt;
  Pkt.X = 2; Pkt.Y = 8;
  G_Text (Pkt, "Hallo Welt!");
  getch ();
} /* zeichne_bild */
```

Prg. 3-1 Hallo Welt!

3.3 Textmerkmale

Und nun zum Einstellen der Merkmale fürs Schriftzeichnen. Dafür bietet GuG die Funktion *G_Text_Attr()* (s. 11.17). Wie für die übrigen graphischen Ausgaben, kann man auch für Texte die Farbe als Index in die Farbtabelle angeben. Die weiteren Parameter sind spezifisch für Texte: die Schriftart, die Größe der Zeichen, ein Faktor für das Breite-zu-Höhe-Verhältnis der Buchstaben sowie der Winkel für die Schreibrichtung.

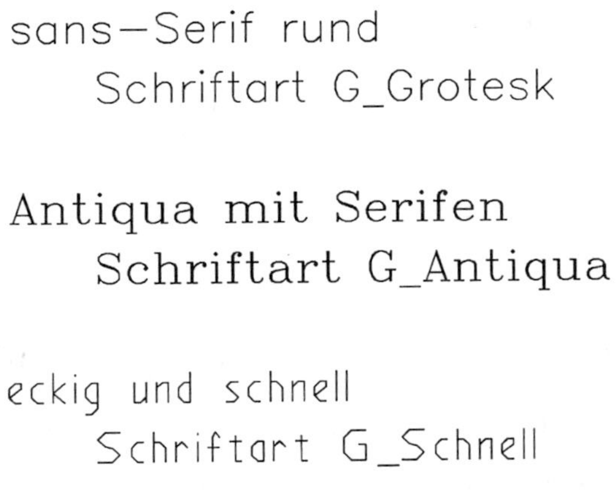

sans—Serif rund
Schriftart G_Grotesk

Antiqua mit Serifen
Schriftart G_Antiqua

eckig und schnell
Schriftart G_Schnell

Bild 3-2 Verschiedene Schriftarten

Schriftart (Bild 3-2). Dieser Parameter kann die Werte *G_Grotesk*, *G_Antiqua* oder *G_Schnell* annehmen und bestimmt, welche Schriftart (*font*) verwendet wird. Die Schriftart *G_Grotesk* ist eine serifenlose Linearantiqua mit schönen Rundungen (in der Typographie auch *Grotesk* genannt). Der Zeichensatz *G_Antiqua* ist ein klassischer Schriftschnitt mit Serifen, der bei den Setzern *Antiqua* heißt. Die Zeichen dieser beiden Zeichensätze sind aus ziemlich vielen Linienstücken zusammengesetzt, was natülich einigen Rechenaufwand beim Schreiben verursacht. Im Gegensatz dazu steht der dritte Zeichensatz, *G_Schnell*, der die Buchstaben, Ziffern und Sonderzeichen aus möglichst wenigen Linienstücken zusammensetzt und daher bei vergrößerten Buchstaben recht eckig aussieht. Dieser Zeichensatz ist für kleine Schriftgrößen optimiert, wie man sie z. B. für seitliche Menüleisten in graphischen Dialoganwendungen benötigt. Er ist immer dann von Vorteil, wenn Sie *lesbare* Schrift in kleinen Größen auf dem *Bildschirm* darstellen oder das Letzte an Geschwindigkeit bei der Textausgabe herausholen wollen, z. B. in Filmen.

Bild 3-3 Verschiedene Schriftgrößen

Größe (Bild 3-3). Sie legt die Höhe der Zeichen fest. Die Größe wird in Weltkoordinaten (vgl. Abschnitt 2.8) angegeben und bestimmt die Höhe der Versalien (so heißen die Großbuchstaben im graphischen Gewerbe), s. Bild 3-1. Manche Zeichen sind etwas höher, z. B. die runden Klammern.

Breitefaktor (Bild 3-4). Dieser Faktor gibt an, wie breit die Buchstaben im Verhältnis zu ihrer Höhe sein sollen, d. h. ob Sie eine schmale oder eine breite Schrift haben möchten. Als Werte sind hier Gleitkommazahlen (> 0) zulässig. Zum Beispiel bedeutet der Wert 0,5, daß die Schrift nur halb so breit wie normal ist. Der Wert 3,0 besagt, daß die Schrift 3 mal so breit ist wie üblich. Ihre Normalbreite erhalten die Buchstaben mit einem Breitefaktor von 1,0. Für diesen Wert sind sie entworfen worden, und so sehen sie deshalb auch am ansehnlichsten aus.

Schreibwinkel (Bild 3-5). Dieser Winkel legt die Richtung fest, in der die Buchstaben nebeneinander gesetzt werden. Bei normalem Text, der von links nach rechts auf einer waagrechten Linie geschrieben wird, geben Sie als Schreibwinkel 0 Grad an. Soll die Schreiblinie von links unten schräg nach rechts

3.3 Textmerkmale

Bild 3-4 Verschiedene Schriftbreiten

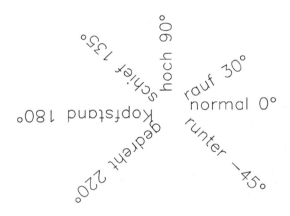

Bild 3-5 Verschiedene Schreibwinkel

oben verlaufen, wählen Sie z. B. einen Winkel zwischen 30 und 60 Grad. Der Winkel wird in mathematisch positiver Richtung, also entgegen dem Uhrzeigersinn, gemessen – Mathematik ist eben zeitlos.

Nun aber wieder ein Beispiel: Wir wollen einen Text auf der Bildschirmdiagonalen von links unten nach rechts oben mit Farbindex 4 (normalerweise Rot) und Schriftart *G_Grotesk* schreiben (Bild 3-6, Prg. 3-2). Die Zeichen sind 3 Einheiten hoch und haben nur 80% (0,8) ihrer normalen Breite. Der Schreibwinkel w ergibt sich aus dem Verhältnis von Höhe (18 cm) zu Breite (24 cm) des Bildschirms:

$$w = \arctan \frac{18}{24} \approx 37°.$$

Bild 3-6 Hallo, schräge Welt!

```
#include <GuG.h>
zeichne_bild ()
{ G_Punkt Pkt;
    Pkt.X = 0; Pkt.Y = 0;
    G_Text_Attr (G_Rot, G_Grotesk, 3.0, 0.8, 37.0);
    G_Text (Pkt, " Hallo Welt! ");
    getch ();
} /* zeichne_bild */
```

Prg. 3-2 Textmerkmale für schräge Welt

3.4 Textausrichtung

Wenn Sie bereits Erfahrungen mit Textverarbeitungsprogrammen gesammelt haben, dann ist Ihnen der Begriff *Textausrichtung* bestimmt schon begegnet. Vielleicht im Dunkeln, welches auch Ihr Handbuch nicht erhellen konnte. Verschaffen wir uns also Klarheit!

3.4 Textausrichtung

Jeder Text hat seinen Bezugspunkt. Beim Aufruf von *G_Text()* geben wir ihn als Parameter an. Die Textausrichtung legt fest, was der Bezugspunkt für die Textpositionierung bedeutet. GuG verwendet den Bezugspunkt immer als linke untere Ecke des Textes. Diese Textausrichtung heißt *linksbündig*. Häufig wissen wir jedoch überhaupt nicht, wo der Text anfangen soll, z. B. wenn bei einem Balkendiagramm die Beschriftung mittig über die Balken gesetzt werden soll. Da kennen wir nur den Mittelpunkt des Textes. Das ist unser Bezugspunkt. Um ihn wollen wir den Text zentriert zeichnen. Diese Textausrichtung nennt man sinnigerweise *zentriert*. Was die Textausrichtung *rechtsbündig* bedeutet, ist nun sonnenklar. Oder? (Der Bezugspunkt ist das rechte Ende des Textes.)

Da Sie nun sicher schon ganz begierig darauf sind, Ihre Texte auszurichten, verraten wir Ihnen jetzt, wie das geht. GuG selbst kennt, wie gesagt, nur die linksbündige Ausrichtung. Aber keine Sorge. GuG stellt Ihnen eine Funktion zur Verfügung, die Ihnen fast unbegrenzte Möglichkeiten eröffnet, Texte auszurichten: *G_Text_Ende()* (s. 11.13). Sie hat dieselben zwei Parameter wie *G_Text()* und noch einen dritten dazu: einen Zeiger auf den Endepunkt (s. Bild 3-1). *G_Text_Ende()* zeichnet jedoch nichts, sondern tut nur so und liefert als Ergebnis den Punkt, an dem der Text endet, falls Sie ihn mit den augenblicklich gültigen Textmerkmalen (Schreibrichtung, Größe ...) mit *G_Text()* zeichnen. Gäben Sie an diesem Punkt einen weiteren Text aus, schlösse er sich unmittelbar an den ersten an. Damit können Sie mehrere Texte leicht aneinandersetzen. Der Endepunkt hängt natürlich ab vom Anfangspunkt, den eingestellten Textmerkmalen und nicht zuletzt vom Text selbst.

```
#include <GuG.h>
Text_zentriert (Pkt, Text)
G_Punkt Pkt;
char *Text;
{ G_Punkt Endpunkt;
  G_Text_Ende (Pkt, Text, &Endpunkt);
  Pkt.X −= 0.5 * (Endpunkt.X − Pkt.X);
  Pkt.Y −= 0.5 * (Endpunkt.Y − Pkt.Y);
  G_Text (Pkt, Text);
} /* Text_zentriert */
```

Prg. 3-3 *Text_zentriert()*

Zur Demonstration (und zum alltäglichen Gebrauch) wollen wir nun eine Funktion entwickeln, die einen Text *zentriert* zeichnet (Prg. 3-3). Wir taufen sie daher auf den sinnigen Namen *Text_zentriert()* und geben ihr die gleichen Parameter wie der GuG-Funktion *G_Text()*, nämlich einen Punkt und einen Zeiger auf den zu zeichnenden Text. Zunächst bestimmen wir mit *G_Text_Ende()* den Endpunkt des Textes, der sich ergäbe, wenn wir den angegebenen Punkt (der ja die Textmitte festlegt) als Anfangspunkt des Textes verwendeten. Damit wissen wir, wie lang unser Text ist. Den Anfangspunkt bekommen wir, indem wir von der Mitte aus um die

Hälfte der Textlänge in Richtung zum Textanfang gehen (logisch, oder?). An dem so berechneten Anfangspunkt zeichnen wir den Text mit *G_Text()*.

Optimierungsfanatiker werden feststellen, daß bei Schreibwinkeln von 0° und 180° nur in x-Richtung, bei Schreibwinkeln von 90° und 270° nur in y-Richtung verschoben wird. Die Berechnung der jeweils anderen Koordinate ist in diesen Spezialfällen überflüssig. Diese Tatsache kann zur Geschwindigkeitssteigerung in Filmen genutzt werden.

Kapitel 4

Farbe

Was macht das Leben erst bunt und Graphiken schön? Farbe natürlich – aber was ist Farbe? Als Farbensinn bezeichnet man die Fähigkeit, Licht verschiedener Wellenlängen als Farben wahrzunehmen. Farbe ist eine durch Auge und Zentralnervensystem hervorgebrachte Empfindung. Beim Menschen löst der Wellenlängenbereich von 400–800 nm[1] die Farbempfindung aus. Die Farbenreihe des Regenbogens beginnt bei Violett (400 nm) und setzt sich über Indigo, Blau, Grün, Gelb, Orange fort, bis zu Rot (800 nm). Licht anderer Wellenlängen ist für uns unsichtbar. Der Mensch kann etwa 160 spektralreine und ungefähr 600 000 Mischfarben unterscheiden. Mischfarben entstehen, wenn Lichtwellen, die zu verschiedenen Spektralfarben gehören (also unterschiedliche Wellenlängen haben), auf dieselbe Stelle der Netzhaut treffen und sich überlagern. Dies nennt man additive Farbmischung.

4.1 Farbmodelle

Das bekannteste Farbmodell, das auch heutige Graphikgeräte und -pakete oft unterstützen, ist das RGB-Modell (R=Rot, G=Grün, B=Blau). Im RGB-Modell stellt man jede Farbe dar, als additive Mischung aus den drei Grundfarben Rot, Grün und Blau in verschiedenen Intensitäten. Die geometrische Veranschaulichung dieses Modells ist der Farbenwürfel (Bild 4-1). Stellen Sie sich vor, alle Farben sind in einem Würfel untergebracht, der nach vorne immer röter, nach rechts immer grüner und nach oben immer blauer wird. In einer Ecke des Würfels sind die Intensitäten aller drei Grundfarben gleich 0, dort ist Schwarz. Auf der räumlich gegenüberliegenden Ecke befindet sich Weiß. Dort sind alle drei Intensitäten gleich 1. Die Schwarz mit Weiß verbindende Raumdiagonale ist der geometrische Ort aller Grautöne. Diese sind dadurch gekennzeichnet, daß die Intensitäten der drei Grundfarben jeweils gleich groß sind.

---

[1] Nanometer, das ist ein milliardstel Meter oder ein millionstel Millimeter.

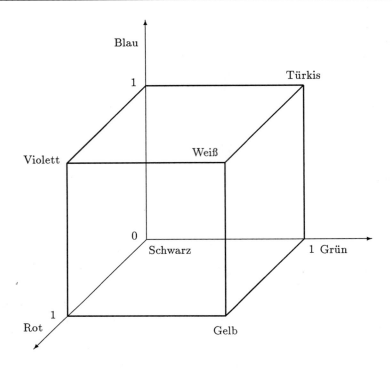

Bild 4-1 Das RGB-Modell – der Farbenwürfel

Dieses Modell hat den Nachteil, daß man sich den Ort einer konkreten Farbe meist nur schwer vorstellen kann. Oder wissen Sie vielleicht, welche Rot-, Grün- und Blauwerte Sie für ein blasses Hellbraun oder ein dunkles, sattes Ocker brauchen? Das RGB-Modell hat aber den Vorteil, daß es von existierenden Farbgraphikbildschirmen unterstützt wird, weil die Bildröhren rot-, grün- und blauleuchtenden Phosphor enthalten. Deshalb sehen auch viele Graphikpakete vor, Farben im RGB-Modell anzugeben. GuG macht dabei keine Ausnahme, wie Sie in Abschnitt 4.2 erfahren.

Dennoch, obwohl es von GuG nicht unmittelbar unterstützt wird, wollen wir Ihnen noch ein weiteres Farbmodell vorstellen: das HLS-Modell. Dieses ist der Anschauung näher, dafür aber weiter entfernt von der Hardware. Ebenso wie im RGB-Modell, in dem jede Farbe mittels dreier Zahlenwerte für die Intensitäten der Grundfarben Rot, Grün und Blau beschrieben wird, legt man auch im HLS-Modell jede Farbe mit Hilfe dreier Zahlenwerte fest. Diese Zahlenwerte bedeuten hier aber *Farbton* (engl.: *hue*), *Helligkeit* (engl.: *luminosity*) und *Leuchtkraft* (*Sättigung*, engl.: *saturation*). Das zugehörige geometrische Modell ist der Farbendoppelkegel (Bild 4-2).

4.1 Farbmodelle

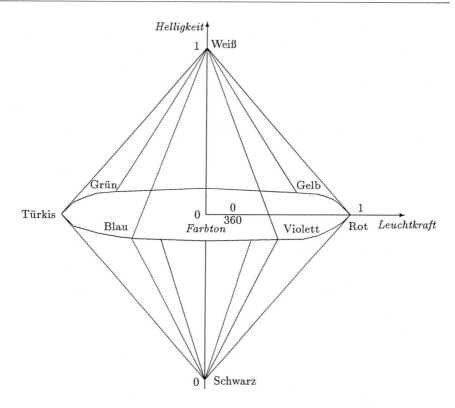

Bild 4-2 Das HLS-Modell — der Farbendoppelkegel

Der Farbendoppelkegel baut auf dem Farbenkreis auf. Auf seinem Rand befinden sich alle reinen Farbtöne. Von jeder reinen Farbe auf dem Rand des Kreises ziehen wir eine Linie zum Kreismittelpunkt. Entlang dieses Halbmessers sind die Abschattungen der Farbe angeordnet, die ohne den Farbton zu ändern, allmählich an Reinheit verlieren. In der Kreismitte selbst herrscht absolut neutrales Grau. Durch den Kreismittelpunkt denken wir uns eine senkrechte Achse. Verbinden wir den Kreisrand mit den Endpunkten dieser Achse, so erhalten wir den Farbendoppelkegel. Die beiden singulären Punkte dieses Kegels (seine Spitzen) sind der Ort des absoluten Schwarz (untere Spitze) und des absoluten Weiß (obere Spitze). Die sie verbindende Achse ist der geometrische Ort aller Grautöne. Am klarsten und kräftigsten sind die Farben auf dem Rand des zentralen Farbenkreises. Je mehr sich die Farben der oberen Kegelspitze nähern, desto heller werden sie; je mehr sie sich der unteren Kegelspitze nähern, desto dunkler werden sie. Je weiter sich die Farben ins Innere des Kegels zurückziehen, desto mehr sind sie vom „Grauschleier" behaftet; je näher sie der Oberfläche des Farbendoppelkegels sind, desto reiner sind sie.

Alles klar? Falls nicht, hier noch mal das Ganze zusammengefaßt: Der Farbton (die Farbe) ist der Winkel um die senkrechte Achse des Doppelkegels. Die Helligkeit ist die vertikale Höhe im Doppelkegel. Die Leuchtkraft ist die horizontale Entfernung von der senkrechten Kegelachse. Alle Grautöne haben die Leuchtkraft 0, liegen also auf der vertikalen Achse im Kegelinnern. Schwarz hat die Helligkeit 0 und Weiß die Helligkeit 1. Die kräftigsten Farben erhalten Sie mit Leuchtkraft = 1 und Helligkeit = 0,5. Das sind die Farben auf dem Rand des zentralen Farbenkreises. Mit zunehmender Helligkeit (Annäherung an die obere Kegelspitze) werden die Farben immer pastellartiger.

```
static float hilf_hls_nach_rgb (n1, n2, hue)
float n1, n2, hue;
{ if (hue > 360.0) hue -= 360.0;
  if (hue < 0.0) hue += 360.0;
  if (hue < 60.0) return (n1 + (n2-n1)*hue/60.0);
  else if (hue < 180.0) return (n2);
  else if (hue < 240.0) return (n1 + (n2-n1)*(240.0-hue)/60.0);
  else return (n1);
} /* hilf_hls_nach_rgb */

hls_nach_rgb (h, l, s, r, g, b)
float h, l, s, *r, *g, *b;
/*
    Eingabe: Farbe 0<=h<360, Helligkeit 0<=l<=1, Leuchtkraft 0<=s<=1
    Ausgabe: Rot-, Grün-, Blauwert: 0<= r,g,b<= 1
*/
{ float m1, m2;
  if (l < 0.5) m2 = l*(1.0 + s);
  else m2 = l + s - l*s;
  m1 = 2.0*l - m2;
  if (s==0) /* r=g=b -> nur Grauwert */
     *r = *g = *b = l;
  else /* farbig */
  { (*r) = hilf_hls_to_rgb (m1, m2, h+120.0); /* Rot */
    (*g) = hilf_hls_to_rgb (m1, m2, h); /* Grün */
    (*b) = hilf_hls_to_rgb (m1, m2, h-120.0); /* Blau */
  } /* else */
} /* hls_nach_rgb */
```

Prg. 4-1 Umrechnung von HLS- in RGB-Werte

Damit Sie aus unserem Exkurs in die Welt des Farbendoppelkegels auch praktischen Nutzen ziehen, stellen wir Ihnen nun Umrechnungsfunktionen zwischen dem HLS- und dem RGB-Modell vor. Sie können also, wenn Sie Lust dazu haben, ein Programm schreiben, mit dem Sie Farben mittels des anschaulichen HLS-Modells auswählen und diese dann in RGB-Werte für GUG umrechnen. Falls Sie Farbwerte im HLS-Modell haben und die zugehörigen RGB-Werte bestimmen wollen, so werfen Sie einen Blick in Prg. 4-1. Die Funktion *hls_nach_rgb()* leistet das Gewünschte. Im umgekehrten Fall – Sie haben die Rot-, Grün- und Blauwerte einer Farbe und wollen die zugehörigen HLS-Werte bestimmen – können Sie die Funktion *rgb_nach_hls()* in Prg. 4-2 verwenden.

```
rgb_nach_hls (r, g, b, h, l, s)
float r, g, b, *h, *l, *s;
/*
    Eingabe: Rot-, Grün-, Blauwert: 0<=r,g,b<=1
    Ausgabe: Farbe 0<=h<360, Helligkeit 0<=l<= 1, Leuchtkraft 0<=s<=1
*/
{ float min, max, rc, gc, bc;
    if (r < g) min = r, max = g;
    else min = g, max = r;
    if (b > max) max = b;
    else if (b < min) min = b;
    /* Berechne l == Helligkeit */
    *l = (max + min)/2.0;
    /* Berechne s == Sättigung, Leuchtkraft */
    if (max == min) /* r=g=b -> nur Grauwert */
    { *s = 0; *h = 0.0; }
    else /* farbig */
    { if (*l < 0.5) *s = (max - min)/(max + min);
        else *s=(max-min)/(2-max-min);
    /* Berechne h == Farbton */
    rc = (max - r)/(max - min);
    gc = (max - g)/(max - min);
    bc = (max - b)/(max - min);
    if (r==max) *h = bc - gc; /* zwischen Gelb, Violett */
    else if (g==max) *h = 2 + rc - bc; /* zwischen Türkis, Gelb */
    else if (b==max) *h = 4 + gc - rc; /* zwischen Violett, Türkis */
    *h *= 60.0; if (*h < 0.0) *h += 360.0;
    } /* else */
} /* rgb_nach_hls */
```

Prg. 4-2 Umrechnung von RGB- in HLS-Werte

Außer HLS- und RGB-Modell gibt es noch eine ganze Reihe weiterer Farbmodelle, z.B. YIQ, CMY, HSV, CNS ... Sollten Sie sich dafür interessieren, was diese unaussprechlichen Kürzel alle bedeuten, so erfahren Sie das z.B. in [Fel88]. Für unsere Zwecke aber reichen HLS- und RGB-Modell völlig aus.

4.2 Farben mit GuG

Wenn Sie mit GuG farbige Bilder zeichnen wollen, sind folgende Punkte zu beachten:

- GuG unterstützt keine farbige Ausgabe auf Drucker. Bilder werden immer schwarzweiß gedruckt.

- Auf dem Bildschirm können Sie farbige Bilder zeichnen, wenn Sie eine VGA- oder EGA-Karte mit angeschlossenem Farbbildschirm haben. Mit einer Hercules- oder CGA-Karte sind nur zweifarbige Bilder (Schwarz und Weiß) möglich.

Gerade bei der Farbfähigkeit bzw. -unfähigkeit tun sich gewaltige Unterschiede zwischen den einzelnen Bildschirmadaptern auf, die erheblich mehr Einfluß auf die Qualität von Graphiken haben, als ein paar Bildpunkte mehr oder weniger Auflösung. Es nimmt uns daher nicht wunder, daß sich auf diesem Gebiet einige Unterschiede zwischen den farbfähigen Geräten (EGA/VGA) und den Schwarzweißgeräten (dem Rest) auftun. GuG ist zwar die geräteunabhängige Graphik, aber auch GuG kann natürlich auf einem Hercules-Bildschirm keine Farben herbeizaubern. Vielleicht wundert Sie es, daß GuG die CGA-Karte als Schwarzweißgerät betrachtet. Das liegt daran, daß die CGA-Karte von GuG stets im „hochauflösenden" Modus angesteuert wird. Und in diesem Modus kann die CGA-Karte nur zwei Farben gleichzeitig darstellen.

Nummer	GuG-Name	voreingestellte Farbe
0	*G_Schwarz*	Schwarz
1	*G_Blau*	Blau
2	*G_Gruen*	Grün
3	*G_Tuerkis*	Türkis (Cyan)
4	*G_Rot*	Rot
5	*G_Violett*	Violett (Magenta)
6	*G_Braun*	Braun
7	*G_Hellgrau*	Hellgrau
8	*G_Dunkelgrau*	Dunkelgrau
9	*G_Hellblau*	Hellblau
10	*G_Hellgruen*	Hellgrün
11	*G_Helltuerkis*	Helltürkis
12	*G_Hellrot*	Hellrot
13	*G_Hellviolett*	Hellviolett
14	*G_Gelb*	Gelb
15	*G_Weiss*	Weiß

Voreingestellte Farbtabelle für EGA/VGA-Karten

In welcher Farbe Objekte mit GuG gezeichnet werden, können Sie mittels der Merkmalsfunktionen einstellen (s. Abschnitt 2.6). Farben werden dabei stets als Nummer im Bereich von 0–15 angegeben. Damit Sie nicht die auswendig lernen müssen, welche Nummer welche Farbe bedeutet, sind in *GuG.h* Namen definiert (Tabelle S. 56), die Sie in Ihren Programmen anstelle der Nummern benutzen können. GuG führt intern eine *Farbtabelle* mit 16 Einträgen. Die Nummern

4.2 Farben mit GuG

werden als Index in die Farbtabelle verwendet. Erst hier entscheidet sich dann, welche Farbe einer bestimmten Nummer wirklich entspricht. Der Eintrag mit der Nummer 0 bestimmt immer die Farbe des Hintergrundes.

Die Tabelle auf Seite 56 zeigt Ihnen die Voreinstellung. So sieht die interne Farbtabelle GuGs unmittelbar nach dem Aufruf von *G_Anfang()* aus. Allerdings nur, falls das Ausgabegerät farbfähig ist (also EGA oder VGA). Auf einem Schwarzweißgerät (Hercules, CGA oder Drucker) können Sie ebenfalls alle Farbtabellenindizes von 0–15 verwenden. Die voreingestellte Farbtabelle für diese Geräte ist allerdings höchst einfach: Index 0 (Hintergrund) bedeutet Schwarz, alle anderen Indizes von 1–15 bedeuten Weiß.

Da bisher schon viel von *voreingestellter* Farbtabelle die Rede war, haben Sie sicher schon messerscharf geschlossen, daß die Farbtabelle auch anders eingestellt werden kann. Wie meistens haben Sie Recht mit Ihrer Vermutung. GuG sieht die Funktion *G_Farbtabelle()* (s. 11.7) zu dem Zweck vor, einen Eintrag der Farbtabelle zu ändern. Der Aufruf lautet

```
G_Farbtabelle (Index, Farbe);
```

Index ist vom Typ *int* und muß im Bereich 0–15 liegen. Dieser Parameter legt fest, welcher Eintrag der Farbtabelle geändert wird. *Farbe* ist vom Typ *G_Farbe*, der in *GuG.h* definiert ist als

```
typedef struct { float Rot, Gruen, Blau; } G_Farbe;
```

In dieser Struktur müssen die Rot-, Grün-, Blauwerte (zwischen 0 und 1) der neuen Farbe mit der Nummer *Index* abgelegt sein. Da jedoch die Zahl der verfügbaren Farben begrenzt ist (bei EGA auf 64, bei VGA auf 262144, bei Hercules, CGA und Drucker auf 2) bestimmt GuG, abhängig von Ihrer Graphikkarte, diejenige mögliche Farbe, die von der, die Sie eigentlich wollen, am wenigsten „entfernt" ist. Es liegt in der Natur der Dinge, daß dieser „Farbfehler", der bei VGA noch ziemlich klein ist, bei EGA schon recht groß werden kann. Und bei den Schwarzweißgeräten hat die gewollte mit der tatsächlichen Farbe (fast) nichts mehr zu tun. Für sie gilt: Wenn alle drei Komponenten der gewünschten Farbe (Rot, Grün und Blau) = 0 sind, dann wird Schwarz eingestellt, sonst Weiß.

Natürlich sind die Namen für die Farbindizes, die GuG als Gedächtnisstütze definiert, nur „richtig", solange Sie die Vorbelegung der Farbtabelle nicht ändern. Falls Sie aber z. B. den Farbtabelleneintrag Nr. 12 in ein tiefes Himmelblau ändern, dann wundern Sie sich nicht, daß Ihre Füllgebiete in schönstem Azur aufleuchten, obwohl Sie doch mit *G_Gebiet_Attr()* stur und steif *G_Hellrot* als Farbe verlangen ...

Zu guter Letzt sei auf einen weiteren Unterschied zwischen EGA/VGA-Graphik und den Schwarzweißgeräten hingewiesen. Wenn Sie, sagen wir, die Farbe Nr. 9 in der Farbtabelle vom voreingestellten Wert Hellblau (Tabelle S. 56) auf z. B. Schwarz ändern, so wirkt sich diese Änderung bei EGA- und VGA-Karten sofort und gewissermaßen *rückwirkend* aus. Das heißt, alle schon mit der Farbe 9 gezeichneten Objekte, die bisher in lichtem Hellblau erstrahlten, werden auf einen Schlag schwarz.[2] Bei den Schwarzweißgeräten tritt ein solcher rückwirkender Effekt nicht auf. Dort bleiben die bereits mit Farbe 9 gezeichneten Objekte so weiß, wie sie waren. Die Änderung der Farbe 9 auf Schwarz wirkt sich erst bei künftigen Ausgaben aus.

---

[2] Und damit unsichtbar, wenn auch der Hintergrund (Farbe 0) schwarz ist! Diese Eigenschaft von EGA- und VGA-Karten kann man für Animationseffekte nutzen (Stichwort: *Farbtabellenanimation*, siehe auch Abschnitt 8.5).

Kapitel 5

Als die Bilder laufen lernten

Wir haben nun schon viele Bilder entworfen und gezeichnet und können uns mit Fug und Recht als „Komputerkünstler" fühlen. Unsere Bilder aber, so schön sie auch sein mögen, waren bislang stets statisch, unbeweglich. Solche Beschaulichkeit paßt nicht in unsere hektische, dynamische Zeit. Der moderne Mensch von heute will pausenlos animiert werden. „Äktschen" ist die Devise. Daher wollen wir unseren Bildern jetzt das Laufen beibringen. Mit anderen Worten: Wir machen *Filme*.

Ihre Bilder bekommen Beine

Techniken, Tips und Tricks, mit denen Sie Ihren PC in ein Heimkino verwandeln können, sind Thema dieses Kapitels. GuG läßt uns auch beim Filmemachen nicht im Stich. Als Ausgabegerät für bewegte Bilder kommt, aus Gründen der Geschwindigkeit, nur der Bildschirm in Betracht. Selbstverständlich können Sie mit GuG, der geräteunabhägigen Graphik, auch „Filme" auf dem Drucker ablaufen lassen, wenn Sie wollen. Allerdings fällt uns kein Grund ein, warum Sie wollen sollten.

5.1 Trickfilme aus dem Rechner

Das Zauberwort „Animation" ist heutzutage in aller Munde. Nach dem DUDEN (19. Auflage, 1986) bedeutet es: „Belebung, Bewegung der Figuren im Trickfilm". Das Wort „animieren" bedeutet: „beleben, anregen, ermuntern". Wir können daher guten Gewissens sagen: Wir animieren (beleben) unsere Bilder, um den Zuschauer zu animieren (anzuregen).

Wenn also im Zusammenhang mit Graphik aus dem Rechner von Animation die Rede ist, hat das nichts mit Urlaub in einer Klubanlage am Mittelmeer zu tun. Gemeint ist vielmehr das (scheinbare) Lebendigwerden der Bilder aus der Maschine. Einfacher ausgedrückt – und nicht so eindrucksvoll klingend – geht es dabei um rechnererzeugte Trickfilme. Damit auch Sie mitreden können, wenn in Ihrer Gegenwart das Thema „Animation" aufkommt, wollen wir erst einige allgemeine Bemerkungen darüber verlieren, bevor wir selbst unseren ersten Trickfilm mit dem PC drehen.

Seit Film und Fernsehen die Bilder aus dem Rechner entdeckt und für Ihre Zwecke eingesetzt haben, etwa um Raumschiffe farbenprächtig explodieren zu lassen oder als feste Erkennungssequenz für bestimmte Sendungen, ist diese Anwendung der EDV der breiten Öffentlichkeit bekannt geworden. Das Faszinierende an diesen Bildern ist, daß sie durch Schattenwurf, Spiegel- und Glanzlichteffekte verblüffend realistisch wirken (fotorealistisch), aber im Gegensatz zu einer Fotografie kein echtes Vorbild brauchen. Somit können unwirkliche Dinge so dargestellt werden, als seien sie real vorhanden. Dem EDV-Unkundigen ist aber zumeist nicht bewußt, daß selbst eine nur 40 Sekunden dauernde Sequenz, bei der in Film und Fernsehen üblichen Bildfrequenz von 25 Bildern pro Sekunde, aus 1 000 hochaufgelösten Einzelbildern besteht, deren Berechnung, auch auf den derzeit größten und schnellsten (und teuersten) Rechnern der Welt, Tage dauern kann.

Um Filme auf dem Graphikbildschirm eines Rechners aufzuführen, gibt es zwei grundsätzlich verschiedene Verfahren:

off line (Bild 5-1). Die Bilder werden vorab, getrennt von der Wiedergabe, berechnet und auf der Festplatte des Rechners gespeichert (üblicherweise als Rastergraphik). Die Wiedergabe erfolgt dann später mit einem Programm, das lediglich die gespeicherten Bilder von der Platte in den Bildspeicher kopiert. Die Bilderzeugung findet bei dieser Methode also getrennt von der Wiedergabe (*off line*) statt. Anstatt die Bilder auf einem Graphikschirm wie-

5.1 Trickfilme aus dem Rechner

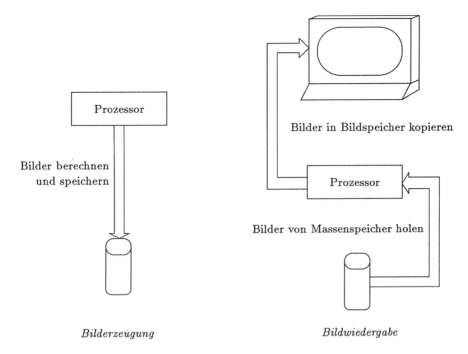

Bild 5-1 *Off line animation*

derzugeben, können auf diese Weise auch Videobänder bespielt oder richtige Filme belichtet werden. Auf diese Weise entstehen all diese faszinierenden Landschaften und Raumschiffe aus dem Rechner, die wir in wachsender Zahl täglich in Film und Fernsehen bewundern. Da man bei dieser Art der Bilderzeugung für jedes Bild beliebig lange Zeit hat (im Prinzip jedenfalls), kann man es sich leisten, Bilder höchster Qualität, mit Schattenwurf, Glanzlichtern, Spiegelungen usw. zu schaffen. Solche Bilder bezeichnet man auch als *fotorealistisch*, weil sie (fast) so aussehen wie Fotografien.

on line (Bild 5-2). Die Bilder werden in *Echtzeit* erzeugt und dargestellt. Das heißt, es gibt keine vorberechneten Bilder, sondern die Bilder werden zugleich mit ihrer Erzeugung auf dem Graphikbildschirm wiedergegeben. Der Fachmann nennt das auch *on line animation*. Da man mindestens 16 Bilder pro Sekunde abspielen muß, um einen fließenden Eindruck von Bewegung zu haben, ist klar, daß man mit dieser Methode (heutzutage noch) keine fotorealistischen Bilder machen kann. Man muß sich z. B. auf Drahtgittermodelle beschränken, und selbst dann ist oft noch Spezialhardware, etwa besondere Graphikprozessoren, notwendig, um die erforderliche Bildfrequenz zu erzielen.

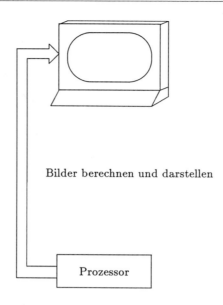

Bilderzeugung und gleichzeitige Wiedergabe

Bild 5-2 *On line animation*

In diesem Buch beschäftigen wir uns ausschließlich mit dem zweiten Verfahren, also damit wie wir unserem Rechner beibringen, Trickfilme in Echtzeit zu produzieren. Wir stellen Methoden, Tips und Tricks vor, mit denen wir dafür sorgen, daß unsere Filme möglichst ruck- und vor allem flackerfrei ablaufen. Eine Bildfrequenz von 16 Bildern pro Sekunde, wie wir sie eigentlich für fließende Bewegungen bräuchten, werden wir allerdings in den wenigsten Fällen erreichen können. Das hängt natürlich vom Rechner ab (zwischen einem PC mit 8088-Prozessor und 4,77 MHz Taktfrequenz und einem 80386-Rechner mit 33 MHz besteht natürlich ein gewaltiger Geschwindigkeitsunterschied, in Zahlen etwa ein Faktor 30) und von der Komplexität unserer Bilder. Wir werden jedoch durchaus anspruchsvolle Filme vorstellen (z. B. Dinosaurier jagt Ente) mit denen wir mit einem 80286-AT mit 10 MHz Taktfrequenz, was heutzutage schon eine ziemlich lahme Kiste ist, auf Bildfrequenzen von 5–6 Bildern pro Sekunde kommen. Und wir werden feststellen, daß man, mit einigen Tricks, auch solche Sequenzen als einigermaßen fließend akzeptieren kann, obwohl die Bildfrequenz eigentlich zu niedrig ist.

5.2 Ohne doppelten Boden

Eine Filmvorführung ist die rasche Wiedergabe starrer Einzelbilder bewegter Gegenstände, wodurch eine zusammenhängende Bewegung vorgetäuscht wird. So

5.2 Ohne doppelten Boden   63

Bild 5-3 Fängt DINO die Ente?

steht es im Lexikon. Also ist klar, was wir brauchen:

1. Starre Einzelbilder, also das, was wir die ganze Zeit über schon gemacht haben.

2. Es müssen Einzelbilder eines bewegten Gegenstandes sein. Das bedeutet, die Bilder müssen sich voneinander etwas (aber nicht zuviel) unterscheiden.

3. Schließlich müssen wir die Bilder in möglichst rascher Folge wiedergeben. Wie rasch das im Einzelfall geht, hängt natürlich von der Komplexität der Bilder und der Geschwindigkeit des Rechners ab.

Damit sieht der allgemeine Aufbau der Funktion *zeichne_bild()* für Trickfilme so aus:

>   *Wiederhole*
>   Lösche altes Bild
>   Berechne neues Bild des Films und zeige es auf Bildschirm an
>   *Ende Wiederhole*

Da sich in einem Film etwas bewegt und folglich zwei aufeinanderfolgende Bilder i. a. nicht identisch sind, müssen wir das alte Bild löschen, bevor wir ein neues Bild zeichnen. Das machen wir am einfachsten dadurch, daß wir den ganzen Bildschirm löschen. GuG sieht dafür die Funktion *G_Neues_Bild()* (s. 11.8) vor.

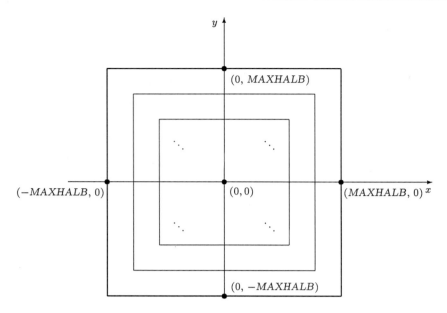

Bild 5-4 Koordinatensystem für *Schrumpfwachs*

Bevor die erste Szene eines Films gedreht wird, muß ein *Drehbuch* vorhanden sein. Das wollen wir nun für unseren ersten Film entwerfen. Bereits in Kapitel 2 haben wir mit großem Erfolg Quadrate für eines unserer ersten Beispiele eingesetzt. Wieder wollen wir ein Quadrat zeichnen. Diesmal jedoch ändert sich die Größe des Quadrats periodisch, damit wir den Eindruck einer Bewegung gewinnen. Das Quadrat sitzt zentriert in der Bildschirmmitte. Zunächst schrumpft es in 20 Schritten von seiner Maximalgröße auf Punktformat, um dann in ebenso vielen Schritten wieder größer zu werden. Dann geht das Ganze von vorne los. Das zugehörige *zeichne_bild()* in Prg. 5-1 läßt den obengenannten allgemeinen Aufbau leicht erkennen. Da es sich um unseren ersten Film handelt, werden wir dieses Beispiel etwas ausführlicher besprechen.

Das Programm erzeugt periodisch wiederkehrende Bilder in einer Schleife. Vor der Schleife legen wir ein Weltkoordinatensystem mit *G_Massstab()* fest (s. 2.8). Welt- und Geräterechteck sind dabei so gewählt, daß wir unsere gewohnten Abmessungen von $24 \cdot 18$ Einheiten beibehalten. Der Ursprung $(0,0)$ unseres Weltkoordinatensystems befindet sich nun aber im Mittelpunkt des Bildschirms. Die auf der Zeichenfläche darstellbaren Koordinaten bewegen sich also im Bereich $[-12, 12] \times [-9, 9]$. Dadurch ersparen wir uns, bei der Berechnung der Eckpunkte des Quadrats ständig die Koordinaten des Bildmittelpunkts hinzuzuaddieren. Der #*define*-Wert *MAXHALB* bezeichnet die maximal zulässige halbe Seitenlänge unseres Quadrats. Der Wert 9.0 bewirkt somit, daß das Quadrat maximal die Sei-

5.2 Ohne doppelten Boden

```
#include <GuG.h>  /* Definitionen für GuG */
#define MAXHALB 9.0 /* maximale halbe Seitenlänge des Quadrats */
#define SCHRITTHALB 0.45 /* Änderung aufeinanderfolg. Quadrate */
zeichne_bild()
{ float halb;
  G_Punkt Quadrat[5]; G_Rechteck welt, geraet;
  /* Koordinatensystem: [-12,12]*[-9,9] */
  welt.Links = -12.0; welt.Rechts=12.0; welt.Unten= -9.0; welt.Oben=9.0;
  geraet.Links=0.0; geraet.Rechts=24.0; geraet.Unten=0.0; geraet.Oben=18.0;
  G_Massstab (welt, geraet);
  while (!kbhit()) /* zentrale Filmschleife, bis Taste gedrückt wird */
  { for (halb = -MAXHALB; halb < MAXHALB; halb += SCHRITTHALB)
    { G_Neues_Bild (); /* Lösche altes Bild */
      Quadrat[0].X = -halb; Quadrat[0].Y = -halb;
      Quadrat[1].X = halb;  Quadrat[1].Y = -halb;
      Quadrat[2].X = halb;  Quadrat[2].Y = halb;
      Quadrat[3].X = -halb; Quadrat[3].Y = halb;
      Quadrat[4] = Quadrat[0];
      G_Linien (5, Quadrat); /* Zeichne neues Bild */
    } /* for halb */
  } /* while */
  getch (); /* friß Zeichen aus Tastaturpuffer weg */
} /* zeichne_bild */
```

Prg. 5-1 *Schrumpfwachs*: periodisch schrumpfendes/wachsendes Quadrat

tenlänge 18 erhält, so daß es gerade noch auf den Bildschirm paßt (Bild 5-4).

In der Variablen *halb* berechnen wir die jeweilige Größe des Quadrats. Zunächst könnte man auf den Gedanken kommen, *halb* von *MAXHALB* auf 0 schrumpfen zu lassen und dann wieder bei *MAXHALB* anzufangen. Das widerspricht jedoch unserem Drehbuch. Dort steht, das Quadrat muß bei Größe 0 angelangt, erst wieder in 20 Schritten auf Maximalgröße wachsen, ehe die Bewegung von vorne beginnt. Diese Vorschrift erfüllen wir elegant mit einem kleinen Trick: Wir lassen *halb* von $-MAXHALB$ bis $+MAXHALB$ laufen. Die Tatsache, daß *halb* negative Werte annimmt, mutet auf den ersten Blick etwas merkwürdig an. Die negativen Werte schaden jedoch überhaupt nichts; sie bewirken lediglich, daß je zwei gegenüberliegende Seiten des Quadrats ihre Positionen vertauschen. Das aber hat keinen sichtbaren Effekt auf das Bild (es lebe die Symmetrie des Quadrats!). Aus diesem Grund verzichten wir darauf, den Betrag von *halb* zu berechnen. Das kostet nur Rechenzeit und bringt hier nichts. Die #define-Konstante *SCHRITT-HALB* bestimmt, um wieviel sich zwei aufeinanderfolgende Quadrate in der Größe unterscheiden.

In der Abfrage der zentralen Filmschleife verwenden wir die Funktion *kbhit()*, um zu überprüfen, ob eine Taste gedrückt wurde. Sobald Sie eine Taste Ihrer Tastatur betätigen, wird die Schleife verlassen und das Programm (und damit die

Filmvorführung) hört auf. *kbhit()* ist wie *getch()* eine Funktion, die in den Standardbibliotheken von Microsoft C und Turbo C enthalten ist. Entscheidend ist, daß *kbhit()* nur „nachschaut", ob eine Taste gedrückt wurde, aber – im Gegensatz zu *getch()* – das Programm nicht anhält, wenn das nicht der Fall ist. Außerdem bleibt im Fall einer gedrückten Taste das eingegebene Zeichen im Tastaturpuffer stehen und muß noch extra abgeholt werden, z. B. mit *getch()*. Deshalb steht auch nach der Filmschleife ein Aufruf von *getch()*. Er dient nur dazu, das Zeichen, das zum Abbruch der Schleife führte, „wegzufressen".

5.3 Mit doppeltem Boden

Wenn Sie das letzte Beispiel übersetzt und ausgeführt haben, so haben Sie ein sehr unschönes Flackern und Flimmern des Bildes gesehen. Das liegt daran, daß wir zwischen je zwei Filmbildern den Bildschirm löschen, der somit für kurze Zeit ganz leer ist.

Was können wir dagegen tun? Nun, jedes Problem hat zwei Seiten. In diesem Fall aber hat vor allem die Lösung zwei Seiten! Sie lautet: „Wir müssen auch die andere Seite unseres Bildschirms kennenlernen!". Das heißt nicht, daß Sie Ihren Monitor herumdrehen und auf die Luftschlitze der Rückseite starren sollen. Nein, auch nach langer, angestrengter Betrachtung werden Sie dort keinen Film sehen! Dennoch müssen wir die Graphikhardware unseres PCs besser nutzen. Die meisten PC-üblichen Graphikkarten bieten nämlich die Möglichkeit, mehrere (mindestens zwei) *Bildspeicherseiten* zu beschreiben und auf dem Bildschirm darzustellen. Was ist darunter zu verstehen? Machen wir uns das anhand eines Beispiels klar.

Nehmen wir einmal an, Ihr PC ist mit einer Hercules-Graphikkarte ausgerüstet. Diese Karte bietet im Graphikmodus $720 \cdot 348$ Bildpunkte. Da die Hercules-Karte nur zwei Farben darstellen kann (schwarz und weiß), genügt für jeden Bildpunkt ein Bit zum Speichern. Um den kompletten Inhalt eines Bildschirms zu speichern, werden somit $720 \cdot 348 = 250560$ Bit = 31320 Byte gebraucht (1 Byte = 8 Bit). 32 KByte (1 KByte = 1024 Byte) reichen also bequem, um den Inhalt eines Hercules-Schirms zu speichern. Auf der Hercules-Karte befinden sich jedoch 64 KByte Bildspeicher, mehr als genug, um zwei Bildschirminhalte zu speichern. Der Bildspeicher der Karte ist daher in zwei getrennt adressierbare, sogenannte *Seiten* eingeteilt, von denen immer genau eine Seite auf dem Bildschirm dargestellt wird. Die andere Seite ist unsichtbar. Welche Seite gerade dargestellt wird, läßt sich durch Programmieren der Graphikkarte bestimmen.

Der entscheidende Nutzen für unsere Filme ist nun folgender: Wir zeigen eine Seite auf dem Bildschirm an, zum Beispiel Seite 1. Seite 2 löschen wir und schreiben dort unser neues Bild hinein (Bild 5-5). Da diese Seite während des Löschens und Aufbauens des neuen Bildes unsichtbar ist, stört das den Betrachter nicht. Er sieht, nach wie vor, das vorhergehende, alte Bild des Films auf Seite 1. Erst wenn das neue Bild fertig ist, schalten wir die Seiten um (was extrem schnell geht) und zeigen Seite 2 mit dem neuen Bild an. Seite 1 ist jetzt unsichtbar und

5.3 Mit doppeltem Boden

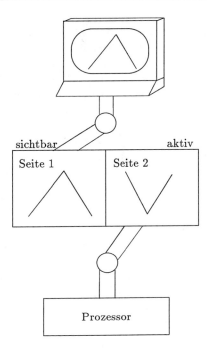

Bild 5-5 Die zwei Seiten Ihres Bildspeichers

kann zum Aufbau des nächsten Bildes verwendet werden. Nach jedem Bild der Filmsequenz vertauschen also die beiden Bildspeicherseiten ihre Funktion. Eine wird dargestellt (die *sichtbare* Seite), in die andere wird geschrieben (die *aktive* Seite). Diesen Trick mit doppeltem Boden nennt man unter Komputergraphikern *Doppelpuffer-* oder *Wechselpufferverfahren*. Unsere zentrale Filmschleife sieht damit so aus:

> Mache Seite 1 sichtbar, Seite 2 aktiv
> *Wiederhole*
> > Lösche altes Bild in aktiver Bildspeicherseite
> > Berechne neues Bild des Films, schreibe es in aktive Seite
> > Vertausche sichtbare und aktive Seite miteinander
>
> *Ende Wiederhole*

Die Methode des Umschaltens zwischen zwei Bildspeicherseiten funktioniert nicht nur mit der Hercules-Karte, sondern auch mit der EGA- und der VGA-Karte. Ihre EGA- oder VGA-Karte muß dazu allerdings mindestens 256 KByte Speicher haben. Die VGA-Karte müssen Sie außerdem im EGA-Modus betreiben, d.h. Sie müssen GuG mit folgender Anweisung öffnen:

> G_Anfang (G_EGA);

Voraussetzung ist allerdings, daß auch Ihr Monitor im EGA-Modus betrieben werden kann. Ihr Monitor kann u. U. beschädigt werden, falls Sie eine für ihn unzulässige Betriebsart einstellen (s. Abschnitt 11.3)!

Sollten Sie jedoch nur über eine CGA-Karte verfügen, können Sie leider den Trick mit dem Seitenumschalten nicht verwenden. Eine echte CGA-Karte hat nämlich nur 16 KByte Speicher (damals war Speicher noch teuer), die bei $640 \cdot 200$ Bildpunkten und 1 Bit pro Bildpunkt ganz für eine Bildschirmseite gebraucht werden. Wer's nicht glaubt, rechnet nach!

GuG stellt Funktionen bereit, mit denen Sie die Bildspeicherseiten umschalten können. Fangen Sie also nicht an, Ihre Graphikkarte selbst zu programmieren! Das ist nämlich ziemlich umständlich und fehleranfällig. Vor allem aber geht das bei einer EGA-Karte ganz anders als bei einer Hercules-Karte. GuG, die geräteunabhängige Graphik, stellt Ihnen selbstverständlich *kartenunabhängige* Funktionen zur Verfügung.

- G_Zeige_Seite() (s. 11.19) bestimmt, welche Seite Sie auf dem Bildschirm sehen. Diese Seite nennen wir die *sichtbare* Seite.

- G_Schreibe_Seite() (s. 11.20) bestimmt, in welche Seite des Bildspeichers geschrieben wird. Alle graphischen Ausgaben über GuG (also G_Linien(), G_Gebiet(), G_Marken() und G_Text()) gehen in diese sogenannte *aktive* Seite. Auch wenn Sie mit G_Neues_Bild() den Bildschirm löschen, betrifft das nur die aktive Seite.

Am Anfang – also nach dem Aufruf von G_Anfang() – ist die Seite 1 sowohl aktiv als auch sichtbar. Übrigens dürfen Sie diese beiden Funktionen ruhig auch dann aufrufen, wenn Sie eine CGA-Karte haben. Das schadet nichts. Allerdings nützt es auch nichts! Dasselbe gilt, wenn Sie beim Aufruf von G_Anfang() den Drucker als Ausgabegerät gewählt haben.

5.4 Rahmen für Filme

Wir könnten jetzt leicht in Prg. 5-1 den Trick mit doppeltem Boden einbauen. Doch wenn wir schon dabei sind, wollen wir gleich noch etwas mehr tun. Ähnlich wie bei den statischen Bildern, gibt es auch bei Filmen eine Reihe von Aktionen, die in allen Filmen identisch sind. Dazu gehören zum Beispiel das Umschalten der Bildspeicherseiten und das Löschen des Bildschirms vor dem Zeichnen eines neuen Bildes. Wir werden daher im weiteren für alle Filme einen erweiterten Rahmen benutzen, in den wir alle diese Tätigkeiten, und noch einige mehr, verlagern. Außerdem möchten wir gerne interessante Szenen unserer Filme in Zeitlupe oder gar als Standbild anschauen und andererseits langatmige Sequenzen beschleunigen. Also bauen wir in den Rahmen die Fähigkeit ein, den Ablauf der Filme interaktiv, über die Tastatur, zu steuern. Dazu treffen wir folgende Festlegungen:

- Unsere Filme sind *periodisch*. Das heißt, jeder Film besteht aus einer bestimmten Anzahl von Einzelbildern. Sind alle gezeichnet, so beginnt die Sequenz von vorne. Für jeden Film legen wir einzeln, nach unserem Gutdünken

5.4 Rahmen für Filme

fest, aus wievielen Einzelbildern eine Periode besteht. Das bedeutet, wir können jede Bewegung zeitlich beliebig hoch auflösen – im Gegensatz zu Kino und Fernsehen, die ja normalerweise mit einem festen Raster von 25 Bildern pro Sekunde arbeiten. Bevor Sie sich jetzt allzusehr darüber freuen, daß Ihr PC der teuren „Haitäk"-Ausrüstung der Film- und Fernsehstudios überlegen ist, denken Sie daran, daß Sie zwar jede Sequenz mit beliebig vielen Bildern auflösen können, aber leider damit rechnen müssen, daß Sie zum Abspielen von 25 Bildern nicht eine Sekunde, sondern vielleicht eine halbe Minute oder länger brauchen.

- Über die Tastatur können wir jederzeit festlegen, jedes „wievielte" Bild der Sequenz tatsächlich gezeichnet wird. So steuern wir, wie stark sich die Einzelbilder voneinander unterscheiden. Anders ausgedrückt stehen uns damit Effekte wie *Zeitlupe* und *Zeitraffer* zur Verfügung.

Wir müssen unsere zentrale Filmschleife daher genauer so formulieren:

Wiederhole
    Lösche altes Bild in aktiver Bildspeicherseite
    Bestimme aktuelle Bildnummer
    Berechne entsprechendes Bild des Films, schreibe es in aktive Seite
    Vertausche sichtbare und aktive Seite miteinander
Ende Wiederhole

Den erweiterten Rahmen für GUG-Filme finden Sie in Prg. 5-2.

Eine VGA-Karte müssen wir für unsere Filme explizit im EGA-Modus betreiben, um aus den Vorzügen des Doppelpufferverfahrens Nutzen zu ziehen. Das ist in Prg. 5-2 bereits berücksichtigt. Beachten Sie, daß dazu auch Ihr Monitor EGA-fähig sein muß (s. Abschnitt 11.3)!

In unserem allgemeinen Filmrahmen ist die ganze zentrale Filmschleife eingebaut. Seitenumschalten und Bildschirmlöschen geschehen im Rahmen. Die Schnittstelle des Filmrahmens zum konkreten Film besteht aus drei Komponenten: zwei Funktionen und einer globalen Variablen. In Prg. 5-2 sind die drei Stellen, wo diese Komponenten auftreten, am linken Rand markiert (/*– >*/).

film_init() Der Rahmen ruft einmalig die Funktion *film_init()* (ohne Parameter) auf, nachdem er GUG geöffnet hat. In *film_init()* kann der Film Initialisierungen vornehmen, also Aktionen, die nicht bei jedem Bild neu gemacht werden müssen, sondern nur einmal am Anfang stattfinden. Typisch ist etwa das Einstellen eines Weltkoordinatensystems mit *G_Massstab()*, das dann für den ganzen Film beibehalten wird. *film_init()* muß die globale Variable *ges_bild* initialisieren, wenn der im Rahmen voreingestellte Wert für diesen Film nicht geeignet ist.

film_bild() Innerhalb der zentralen Filmschleife wird zum Zeichnen eines jeden einzelnen Filmbildes die Funktion *film_bild()* aufgerufen. Sie erhält zwei Parameter vom Typ *int*: die Nummer des beim aktuellen Aufruf zu zeichnenden Bildes und die gerade gedrückte Taste der Tastatur (0 falls keine Taste gedrückt wurde).

```
#include <time.h>    /* für clock() */
#include <ctype.h>   /* für isdigit() */
#include <GuG.h>     /* Definitionen für GuG */
/*->*/ int ges_bild = 200; /* in film_init() evtl. neu setzen */
main()
{ unsigned int anz_bild; int ch, h; clock_t start, stop; float dauer;
  int bild_nr = 0, bild_delta = 5, seite_zeig = 2, seite_schreib = 1;
  h = G_Karte (); if (h==G_VGA) h = G_EGA;
  G_Anfang (h); /* VGA-Karte: G_EGA verwenden */
/*->*/ film_init (); /* spezielle Initial. für Film */
  start = clock (); /* Startzeit bestimmen */
  for (anz_bild=0; ch=0, !(kbhit() && ((ch=getch())=='e')); anz_bild++) /*!*/
  { if (ch) /* Tastendruck auswerten */
    { if (isdigit(ch)) bild_delta = ch - '0';
      else
      { switch (ch)
        { case 'r': /* Rücksetzen */ bild_nr = 0; break;
          case '-': /* Vorzeichen wechseln */ bild_delta = -bild_delta; break;
          default : /* nichts tun */ break;
        } /* switch ch */
      } /* else isdigit */
    } /* if ch */
    if ((bild_nr += bild_delta) >= ges_bild) bild_nr -= ges_bild;
    else if (bild_nr < 0) bild_nr += ges_bild;
    G_Neues_Bild (); /* aktive Seite löschen */
/*->*/ film_bild (bild_nr, ch); /* und akt. Bild hineinschreiben */
    h = seite_zeig, seite_zeig = seite_schreib, seite_schreib = h,
    G_Zeige_Seite (seite_zeig), G_Schreibe_Seite (seite_schreib);
  } /* for (zentrale Filmschleife) */
  stop = clock (); /* Endezeit bestimmen */
  G_Ende ();
  /* Statistik berechnen und ausgeben */
  dauer = (stop-start) / ((float)CLK_TCK);
  printf("%u Bilder gezeichnet\n%g Sekunden verbraucht\n", anz_bild, dauer);
  printf("Das waren %g Bilder pro Sekunde\n", anz_bild/dauer);
} /* main */
```

Prg. 5-2 Erweiterter Rahmen für GuG-Filme

ges_bild Diese globale Variable vom Typ *int* enthält die Anzahl der Einzelbilder, aus denen die gesamte Filmsequenz besteht. Der Rahmen braucht diesen Wert, um die Nummer des aktuellen Bildes zu berechnen. Die Variable wird im Rahmen auf den Ersatzwert 200 initialisiert. Wenn im konkreten Film ein anderer Wert eingestellt werden soll, so muß *ges_bild* auf der Datei, die *film_init()* und *film_bild()* enthält, als *extern* deklariert sein und innerhalb von *film_init()* den gewünschten Wert erhalten:

> extern int ges_bild;
> ⋮
> film_init ()
> {
>   ges_bild = /* neuer Wert, z.B. */ 1500;
> ⋮

Wenn Sie den Wert von *ges_bild* erhöhen, hat das den Effekt einer Zeitlupe. Eine Verringern des Wertes hat demzufolge umgekehrt die Wirkung eines Zeitraffers.

Da jeder Tastendruck als Parameter an *film_bild()* übergeben wird, kann der Film auf Tastendrücke reagieren, wenn er will. Interaktive Filme sind somit leicht möglich. Der Rahmen wertet einige bestimmte Tastendrücke selbst aus und realisiert damit eine einfache, interaktive Filmsteuerung. Außerdem ermittelt der Filmrahmen statistische Informationen: die Anzahl der erzeugten Bilder in der Variablen *anz_bild* und die Zeit, die dafür verbraucht wurde, in der Variablen *dauer*. Daraus berechnet der Rahmen die erzielte Frequenz in Bildern pro Sekunde. Für die Zeitmessung benutzen wir die Standard-Funktion *clock()*.

Die interaktive Filmsteuerung im Rahmen kennt folgende Kommandos:

e Ende. Der Film wird beendet. Der Filmrahmen gibt statistische Informationen auf dem Bildschirm aus, bevor das Programm endet.

r Rücksetzen. Der Film beginnt wieder bei Bildnummer 0, also am Anfang der Filmsequenz.

0–9 Gibt an, jedes wievielte Bild der Sequenz tatsächlich gezeichnet wird. Wenn die Gesamtzahl der Bilder (*ges_bild*) z.B. 200 beträgt, und Sie drücken bei laufendem Film die Zifferntaste **2**, dann wird ab sofort jedes zweite Bild der Sequenz gezeichnet. In jeder Periode werden also genau 100 Bilder gezeichnet. Die Einstellung am Anfang ist: Jedes fünfte Bild wird gezeichnet. Wenn Sie **0** drücken, sehen Sie ein *Standbild*.

– Ein Minuszeichen bedeutet: Die Richtung der Filmvorführung wird gewechselt. Am Anfang läuft der Film „vorwärts", d.h. von Bild 0 an zu wachsenden Bildnummern. Sobald Sie ein Minuszeichen eingeben, läuft der Film rückwärts. Ein weiteres Minuszeichen schaltet die Filmrichtung erneut um.

Nach dem Rahmen wollen wir uns nun den an diesen Rahmen angepaßten Film ansehen. Betrachten Sie dazu Prg. 5-3.

Dieses Programm sieht, gegenüber unserem ersten Beispiel ohne Doppelpuffer, auf den ersten Blick ziemlich anders aus. Das liegt zum Großteil daran, daß es auf den allgemeinen Filmrahmen abgestellt ist.

```
#include <GuG.h>  /* Definitionen für GuG */
#define MAXHALB 9.0  /* maximale halbe Seitenlänge des Quadrats */
extern int ges_bild;  /* in film_init setzen, wird im Rahmen verwendet */
film_init ()  /* einmalige Initialisierungen */
{ G_Rechteck welt, geraet;
  ges_bild = 200;  /* nicht unbed. nötig, da 200 voreingestellt ist */
  /* Koordinatensystem: [-12,12]*[-9,9] */
  welt.Links = -12.0; welt.Rechts = 12.0; welt.Unten = -9.0; welt.Oben = 9.0;
  geraet.Links=0.0; geraet.Rechts=24.0; geraet.Unten=0.0; geraet.Oben=18.0;
  G_Massstab (welt, geraet);
} /* film_init */

film_bild(bild_nr, ch)
int bild_nr, ch;
{ float halb; G_Punkt Quadrat[5];
  halb = (MAXHALB * (bild_nr+bild_nr - ges_bild)) / ges_bild;
  Quadrat[0].X = Quadrat [0].Y = Quadrat [1].Y = Quadrat [3].X =
  - ( Quadrat[1].X = Quadrat[2].X = Quadrat[2].Y = Quadrat [3].Y = halb);
  Quadrat[4] = Quadrat[0];
  G_Linien (5, Quadrat);  /* Schreibe Bild in aktive Seite */
} /* film_bild */
```

Prg. 5-3 *Schrumpfwachs* mit Doppelpuffer

- Die globale Variable *ges_bild* wird deklariert und in *film_init()* gesetzt. Sie legt fest, aus wievielen Einzelbildern die Filmsequenz insgesamt besteht. Ihr Wert wird vom Filmrahmen verwendet, um die aktuelle Bildnummer zu berechnen. Da wir den voreingestellten Wert 200 verwenden, ist die ganze Aktion in diesem Beispiel eigentlich überflüssig. Wir haben sie dennoch nicht weggelassen, um das grundsätzliche Verfahren zu verdeutlichen.

- Weitere einmalige Initialisierungen für den Film finden ebenfalls in *film_init()* statt. In diesem Fall führen wir z. B. die Verschiebung des Koordinatensystems in *film_init()* durch, und dann nie wieder. Zwar würde es nichts schaden, die Maßstabsänderung bei jedem Bild (also in *film_bild()*) neu zu machen. Aber es ist unnötig und kostet Zeit. Und gerade bei Filmen sollten Sie in der innersten Schleife (und *film_bild()* ist in der innersten Schleife), beim Berechnen und Zeichnen der Einzelbilder, so geizig wie irgend möglich mit der Rechenzeit umgehen. Ihr Rechner dankt es Ihnen mit einer höheren Bildfrequenz. In Kapitel 8 werden wir Ihnen einige Tips geben, wie Sie Ihre Filme möglichst schnell machen können, und worauf Sie dabei besonders achten sollten.

- Die Funktion *film_bild()* ist natürlich die Hauptsache. Ihre Aufgabe ist, aus der aktuellen Bildnummer (die sie als Parameter vom Rahmen erhält) das entsprechende Bild zu berechnen und zu zeichnen. In diesem Fall müssen wir also aus *bild_nr* die Variable *halb* berechnen, die wie in Prg. 5-1 die Größe unseres Quadrats bestimmt. Zu beachten ist dabei die Klammerung und die Tatsache, daß *MAXHALB* als *Gleitkomma*konstante definiert ist. Dadurch erzwingen wir im Zähler des Quotienten eine implizite Typwandlung nach *float*, und die folgende Division wird als Gleitkommadivision ausgeführt.[1]

Die folgenden Zuweisungen der einzelnen Koordinaten unseres Quadrats sind gegenüber Prg. 5-1 etwas kompakter, „C-gemäßer" formuliert. Diese von C-Gurus bevorzugte Schreibweise macht Programme nicht nur unlesbar (*write only*), sondern ermöglicht nach unseren Tests den C-Übersetzern das Erzeugen schnelleren, optimierten Kodes.

Übersetzen und binden Sie nun unseren Film mit Doppelpuffer (Prg. 5-3) mit dem Filmrahmen (Prg. 5-2). Beim Ausführen des Programms, werden Sie bemerken, daß der Film jetzt ohne störendes Flackern abläuft (außer wenn Sie eine CGA-Karte haben!). Falls Sie eine VGA-Karte haben, schaltet der Filmrahmen sie von sich aus in EGA-Modus, damit das Doppelpufferverfahren auch richtig funktioniert. Vergewissern Sie sich in diesem Fall zuerst, daß Ihr Monitor EGA-fähig ist (s. Abschnitt 11.3)!

Auf einem 80286-AT mit 10 MHz Takt, Hercules-Karte und ohne numerischen Koprozessor erreicht dieser, zugegeben einfache, Film übrigens eine durchschnittliche Frequenz von mehr als 15 Bildern pro Sekunde.

5.5 Quadratur im Kreis

Obwohl die Mathematiker längst bewiesen haben, daß sie unmöglich ist (wenn man nur Zirkel und Lineal als Hilfsmittel zuläßt), wollen wir in unserem nächsten Film eine besondere Art der *Quadratur des Kreises* vorführen. Das Drehbuch lautet:

> Ein Quadrat der Seitenlänge 8 dreht sich in der Bildschirmmitte um seinen Mittelpunkt.

Betrachten wir zunächst die zu unserem Film gehörige Funktion *film_init()* in Prg. 5-4. Interessant ist das etwas seltsam anmutende Weltkoordinatensystem, das wir dort mit *G_Massstab()* einstellen. Wir wollen es uns nämlich einfach machen und die Eckpunkte unseres Quadrats auf den *Einheitskreis* legen (Bild 5-6). Das ist der Kreis um den Punkt $(0,0)$ mit Radius 1. Wie wir noch sehen werden, können wir dadurch die Koordinaten der gedrehten Punkte einfacher berechnen. Das in den Einheitskreis einbeschriebene Quadrat hat die Diagonalenlänge 2 (doppelter Radius) und daraus folgend die Seitenlänge $2/\sqrt{2} = \sqrt{2}$. Wir müssen also einen Maßstab einstellen, der dafür sorgt, daß eine Strecke der Länge $\sqrt{2}$ in Weltkoordinaten auf eine Strecke der Länge 8 auf der virtuellen Darstellungsfläche GuGs

---

[1] In Pascal wird die Ganzzahldivision mit dem Operator *div* bezeichnet. C sieht sowohl für die Ganzzahl- wie auch für die Gleitkommadivision den gleichen Operator „/" vor. Die Unterscheidung fällt der Übersetzer von sich aus, entsprechend den Typen der beteiligten Operanden.

```c
#include <math.h>  /* WICHTIG!! für cos() und sin () */
#include <GuG.h>   /* Definitionen für Graphik */
extern int ges_bild;  /* in film_init initialisieren, wird im Rahmen verwendet */
#define ZWEIPI 6.283185  /* Vollkreis im Bogenmaß */
static float dwinkel;

film_init ()  /* einmalige Initialisierungen */
{ G_Rechteck welt, geraet;

    ges_bild = 1500;  /* Anzahl der Bilder für 1 Periode maximal */
    dwinkel = ZWEIPI / ges_bild;

    /* Koordinatensystem einstellen */
    welt.Links= -2.1213;welt.Rechts=2.1213;welt.Unten= -1.591;welt.Oben=1.591;
    geraet.Links=0.0; geraet.Rechts=24.0; geraet.Unten=0.0; geraet.Oben=18.0;
    G_Massstab (welt, geraet);
    G_Linien_Attr (G_Helltuerkis, G_Durchgezogen, 1.0);
    G_Gebiet_Attr (G_Hellrot, G_0_Weit);
}  /* film_init */

film_bild (bild_nr, ch)
int bild_nr, ch;
{ float winkel, sinw, cosw; G_Punkt Quadrat[5];

    winkel = bild_nr*dwinkel,  /* Berechne Bild des Filmes für aktuelle Nr */
    sinw = sin (winkel), cosw = cos (winkel);
    Quadrat[0].X = cosw, Quadrat[0].Y = sinw,
    Quadrat[1].X = -sinw, Quadrat[1].Y = cosw,
    Quadrat[2].X = -cosw, Quadrat[2].Y = -sinw,
    Quadrat[3].X = sinw, Quadrat[3].Y = -cosw,
    Quadrat[4] = Quadrat[0];

    G_Gebiet (5, Quadrat); G_Linien (5, Quadrat);
}  /* film_bild */
```

Prg. 5-4 Das rotierende Quadrat

abgebildet wird. Das erreichen wir einfach, indem wir die Koordinatenachsen mit dem entsprechenden Faktor $\sqrt{2}/8 \approx 0{,}1767766$ multiplizieren (skalieren). Außerdem müssen wir den Ursprung der Weltkoordinaten auf die Mitte des Bildschirms verschieben.

Desweiteren stellen wir in *film_init()* die Merkmale für Ausgabe von Linienzügen und Füllgebieten ein. Wir wollen das Quadrat diesmal nämlich nicht nur als Umriß zeichnen, sondern auch als gefüllte Fläche.

Die Funktion *film_bild()* (Prg. 5-4) hat die Aufgabe, das zur aktuellen Bildnummer gehörige Bild zu zeichnen. In diesem Fall ist das Bild bestimmt durch den momentanen Drehwinkel des Quadrats. Wenn sich das Quadrat um seinen Mittelpunkt (der zugleich der Ursprung des Koordinatensystems ist) dreht, bewegen sich seine Eckpunkte entlang des Randes des Einheitskreises. Aufgrund der Symmetrie des

5.5 Quadratur im Kreis

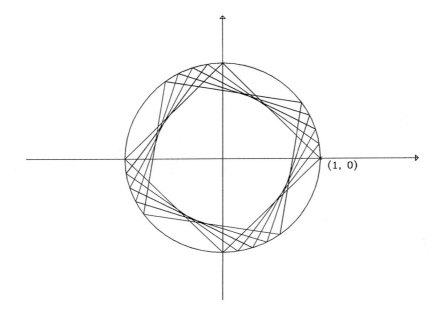

Bild 5-6 Die Quadratur im Einheitskreis

Quadrats, genügt es einen der Eckpunkte zu berechnen. Wir nutzen die Tatsache, daß der Punkt mit den Koordinaten $(\cos\varphi, \sin\varphi)$ einmal die Einheitskreislinie durchläuft, wenn der Parameter φ (sprich: phi) von 0° bis 360° läuft (Bild 5-7). Wir legen einfach fest, daß der Punkt mit diesen Koordinaten ein Eckpunkt unseres Quadrats ist. Die Koordinaten der anderen Eckpunkte ergeben sich daraus auf natürliche Weise.

Ja, wir brauchen tatsächlich die Kreisfunktionen *Sinus* und *Kosinus* für diesen Film. (Haben Sie sich inzwischen von Ihrem Schrecken erholt?) Aber keine Angst, wie Sie in Bild 5-7 sehen, ist die geometrische Bedeutung dieser beiden Funktionen sehr einfach. Anschaulich ist die Sache klar. Und zur praktischen Berechnung der Funktionswerte stellt uns C, wie jede andere vernünftige Programmiersprache auch, in seiner Mathematikbliothek zwei Funktionen mit Namen *sin()* und *cos()* zur Verfügung. Aber aufgepaßt: Sobald Sie *sin()* oder *cos()* (oder eine andere Funktion aus der Mathematikbibliothek) in Ihrem Programm verwenden, darf die Zeile

```
#include <math.h>
```

auf keinen Fall in Ihrer Quelltextdatei fehlen. In *math.h* sind u. a. die Prototypen der mathematischen Funktionen deklariert. Insbesondere erfährt der C-Übersetzer dadurch, daß diese Funktionen Ergebniswerte vom Typ *double* haben. Falls Sie vergessen, *math.h* in Ihre Quelldatei einzufügen, nimmt der Übersetzer nämlich an (wie bei allen nichtdeklarierten Funktionen), daß *sin()* und Konsorten Ergebnisse

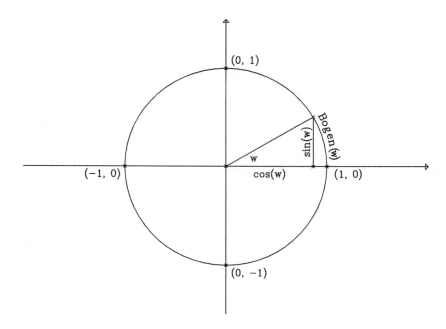

Bild 5-7 Die Kreisfunktionen: Sinus und Kosinus

vom Typ *int* liefern und interpretiert fröhlich die Werte demgemäß. Solche Fehler sind schwer zu entdecken, denn es wird alles fehlerfrei übersetzt. Zur Laufzeit kommt dann aber nur Schrott heraus. Das ist eben das Schöne an C: Ein Fehler bleibt ein Fehler!

Ein weiterer Hinweis zur Benutzung von *sin()* und *cos()*: Diese Funktionen erwarten ihren Parameter (den Winkel) nicht im Gradmaß, sondern im, in der Mathematik üblichen, *Bogenmaß*. Ein Winkel im Bogenmaß ist, wie der Name schon sagt, einfach die Länge des zu dem Winkel gehörenden Bogens auf dem Einheitskreis (s. Bild 5-7). Während im vertrauten Gradmaß Winkel im Bereich 0° bis 360° liegen, ist der entsprechende Bereich im Bogenmaß 0 bis 2π. Das ergibt sich sehr einfach, wenn Sie sich die Formel $U = 2\pi r$ in Erinnerung rufen. Diese Formel stellt den Zusammenhang zwischen Umfang U und Radius r eines Kreises her. Setzen Sie nur noch $r = 1$ für den Einheitskreis, und denken Sie daran, daß dem vollen Kreisbogen U der Vollwinkel 360° entspricht, dann haben Sie den Zusammenhang zwischen Gradmaß und Bogenmaß zahlenmäßig fest im Griff. Damit es noch konkreter wird, folgen jetzt die allgemeinen Umrechnungsformeln zwischen Gradmaß g und Bogenmaß b eines Winkels:

$$b = \frac{2\pi}{360}g = \frac{\pi}{180}g, \qquad g = \frac{360}{2\pi}b = \frac{180}{\pi}b.$$

π (sprich: pi) ist die geheimnisvolle Kreiszahl, das Verhältnis von Umfang zu Durchmesser eines Kreises. Seit dem Altertum geistert sie durch Mathematik und Philosophie, und nicht wenige Gelehrte sind ihrer Faszination erlegen. Auch uns bereitet diese Zahl Schwierigkeiten, denn wir bekommen sie garantiert nicht in den Rechner hinein. Dazu ist der Speicher zu klein. π ist nämlich eine sogenannte *irrationale* Zahl, die sich nicht mit endlich vielen Nachkommastellen darstellen läßt. Ein beliebtes Spiel unter Mathematikern und Informatikern in aller Welt ist: „Wieviele Tage braucht mein neuer Supervektorparallelrechner, um die ersten hundert Millionen Nachkommastellen von π zu berechnen?". Mit dem Ergebnis einer solchen Berechnung könnten wir mühelos mehr als hundert Bücher wie dieses von der ersten bis zur letzten Seite füllen. Da wir aber noch interessantere Themen zu besprechen haben, begnügen wir uns hier mit dem Näherungswert $\pi \approx 3{,}1415926535897932384\ldots$

Auf einem 80286-AT mit 10 MHz Takt, Hercules-Karte, ohne numerischen Koprozessor erreicht das sich drehende Quadrat eine durchschnittliche Frequenz von etwa 8 Bildern pro Sekunde. Sie können den Film erheblich beschleunigen, wenn Sie das Quadrat nur als Linienzug und nicht als Füllgebiet zeichnen. Dann kommt der Film auf etwa 14 Bilder/Sekunde.

5.6 Bilder im Fluß

Mit Hilfe des Doppelpufferverfahrens können wir Filme ohne Flackern abspielen. Um den Eindruck fließender Bewegung zu bekommen, müßten wir eigentlich mindestens 16 Bilder pro Sekunde wiedergeben (eher mehr). Mit üblichen PCs läßt sich diese Geschwindigkeit allerdings nur bei einfachen Filmen, wie den bisherigen Beispielen, erzielen. Bei sehr komplizierten Bildern können Sie oft mit kaum mehr als 1–2 Bildern pro Sekunde rechnen. Die Bezeichnung „Film" ist in einem solchen Fall schon etwas gewagt. Ist die Bildfolge zu langsam, sehen Sie ein deutliches Rucken von einem Bild zum nächsten.

Eine Gegenmaßnahme ist natürlich, den Berechnungsaufwand pro Bild zu senken, um eine höhere Bildfrequenz zu erreichen. Welche Möglichkeiten Sie dazu haben besprechen wir ausführlich in Kapitel 8. Dabei berücksichtigen wir besonders die Eigenschaften des PC und GuGs.

Es gibt aber noch einen anderen Trick, um Filme ruhiger, die Bewegung weniger ruckartig zu machen. Wie stark der subjektive Eindruck des Ruckens ist, hängt nämlich keineswegs allein von der Zahl der Bilder pro Sekunde ab, sondern auch und vor allem davon, wie sehr sich die einzelnen Bilder voneinander unterscheiden.

Nehmen wir als Beispiel Prg. 5-3. Für eine Periode des schrumpfenden und wachsenden Quadrats haben wir insgesamt 200 Einzelbilder vorgesehen. Im Rahmen (Prg. 5-2) ist jedoch voreingestellt, daß nur jedes fünfte Bild wirklich gezeichnet wird (Variable *bild_delta*). Somit stehen uns für die ganze Periode 40 Bilder zur Verfügung, d.h. für das schrumpfende Quadrat (von Seitenlänge 18 zur Sei-

Bild 5-8 *Schrumpfwachs*, ruckelig und fließend

tenlänge 0) 20 Bilder. Die Seitenlänge des Quadrats ändert sich also von Bild zu Bild um 18/20 = 0,9 Zentimeter (einen PC-Bildschirm üblicher Größe vorausgesetzt). Drücken Sie während des laufenden Films die Zifferntaste **1**. Dann werden alle 200 Bilder der Periode gezeichnet. Fürs einmalige Wachsen des Quadrats haben wir jetzt also 100 Bilder. Die Seitenlänge des Quadrats ändert sich von Bild zu Bild nun nur noch um 18/100 = 0,18 Zentimeter. Die Bewegung wirkt sofort viel ruhiger, fließender. Das liegt einfach daran, daß sich die einzelnen Bilder jetzt viel weniger voneinander unterscheiden (Bild 5-8). Was passiert, wenn wir nur jedes neunte Bild zeichnen? Versuchen Sie das ruhig einmal (dazu müssen Sie während des laufenden Films die Zifferntaste **9** drücken). Der Film wird dann erheblich unruhiger, „ruckeliger". Und das obwohl die *Bildfrequenz*, d. h. die Zahl der Bilder pro Sekunde, immer dieselbe ist.

Ähnliche Tricks verwendet man übrigens auch bei der Produktion fotorealistischer Filme. Zum Beispiel berechnet man die Konturen der Objekte in jedem Einzelbild nicht exakt, sondern man „verschmiert" die Objekte etwas. Damit erzielt man ebenfalls den Effekt, daß aufeinanderfolgende Einzelbilder fließender ineinander übergehen.

5.7 Zeitsteuerung

Der fließendere Bewegungseindruck bei mehr Einzelbildern wird natürlich erkauft mit einer Art „Zeitlupeneffekt". Je mehr Einzelbilder pro Periode gezeichnet werden, desto länger dauert die Periode. Außerdem hängt die Zeitdauer für eine Periode von der Geschwindigkeit Ihres Rechners ab. Wenn Sie von solchen Abhängigkeiten loskommen wollen, müssen Sie in Ihre Filme eine Zeitsteuerung einbauen. Ihre zentrale Filmschleife hat dann folgendes Aussehen:

Wiederhole
    Lösche altes Bild in aktiver Bildspeicherseite
    Bestimme aktuelle Zeit
    Berechne Filmbild für aktuelle Zeit, schreibe es in aktive Seite
    Vertausche sichtbare und aktive Seite miteinander
Ende Wiederhole

Damit erreichen Sie, daß Ihr Quadrat immer innerhalb von z. B. 2 Sekunden von 0 auf Maximalgröße wächst, und das auf jedem Rechner, egal wie schnell (oder langsam) er ist. Auf einem schnellen Rechner werden in diesen 2 Sekunden viele Einzelbilder gezeichnet; die Bewegung ist fließend. Ein langsamer Rechner schafft in der gleichen Zeit weniger Bilder; entsprechend ruckartiger ist die Bewegung. In Abschnitt 5.10 stellen wir ein Beispiel für einen Film mit Zeitsteuerung vor. Davon abgesehen, werden wir jedoch stets die in Abschnitt 5.4 entwickelte Steuerung über die Anzahl der in einer Periode zu zeichnenden Bilder verwenden, weil sie einfach zu verstehen (und zu programmieren) ist und für unsere Zwecke ausreicht.

5.8 Es bewegt sich was

Ein Bild besteht aus einem oder mehreren Objekten. Unter „Objekt" verstehen wir stets eine *Punktreihe* (eine Reihe von Punkten, die wir in C in einem Feld vom Typ *G_Punkt* speichern) oder einen *Text*. Eine Punktreihe können wir mit GuG als Linienzug, als Füllgebiet oder als Markenzug zeichnen. Im folgenden wollen wir zunächst die Bewegungen solcher Punktreihen besprechen, da aus ihnen die Mehrzahl der Objekte unserer Filme aufgebaut ist. Ein Beispiel für einen Film mit Bewegungen von Texten finden Sie in Abschnitt 5.11.

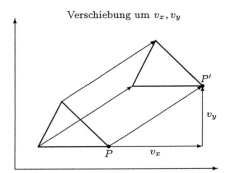 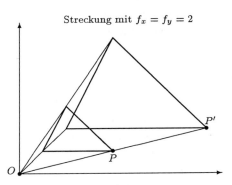

Bild 5-9 Verschiebung und Streckung mit Streckzentrum $O = (0,0)$

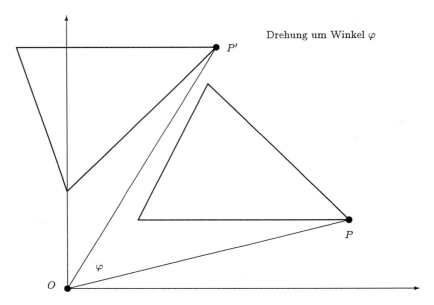

Bild 5-10 Drehung mit Drehzentrum $O = (0,0)$

Die für unsere Filme wichtigen Bewegungen, lassen sich im wesentlichen in zwei Kategorien einteilen:

1. Die Objekte als Ganzes bewegen sich, ohne ihre Grundform zu ändern. Solche Bewegungen nennt man in der Mathematik *lineare Abbildungen*. Dazu gehören:

    Verschiebung (Translation, Bild 5-9). Das Objekt wird als Ganzes um eine bestimmte Strecke in eine bestimmte Richtung verschoben.

    Verschieben wir einen Punkt $P = (x, y)$, so hat der verschobene Punkt $P' = (x', y')$ die Koordinaten:

    $$x' = x + v_x, \quad y' = y + v_y.$$

    v_x bezeichnet dabei die Verschiebung in x-Richtung, v_y die Verschiebung in y-Richtung.

    Streckung (Skalierung, Bild 5-9). Das Objekt wird von einem bestimmten Punkt (*Streckzentrum*) ausgehend in Richtung der Koordinatenachsen um bestimmte Faktoren gedehnt oder gestaucht. Wenn wir als Streckzentrum den Ursprung O wählen, lauten die Gleichungen für den abgebildeten Punkt P' bei der Streckung:

    $$x' = f_x x, \quad y' = f_y y.$$

f_x ist dabei der Streckfaktor in x-Richtung, f_y der Streckfaktor in y-Richtung. Wählen wir in beiden Koordinatenachsen denselben Faktor $f = f_x = f_y$, entspricht das einer Vergrößerung ($|f| > 1$) bzw. einer Verkleinerung ($|f| < 1$) des Objekts. Bei unterschiedlichen Faktoren ($|f_x| \neq |f_y|$) wird das Objekt verzerrt. Aus einem Kreis entsteht so eine Ellipse.

Drehung (Rotation, Bild 5-10). Das Objekt wird als Ganzes um einen bestimmten Punkt (*Drehzentrum*) und einen bestimmten Winkel (*Drehwinkel*) gedreht. Wird P mit dem Nullpunkt $O = (0,0)$ als Drehzentrum um den Winkel φ gedreht, so hat der gedrehte Punkt P' die Koordinaten:

$$x' = x \cos\varphi - y \sin\varphi, \quad y' = x \sin\varphi + y \cos\varphi.$$

Diese Abbildungen können natürlich miteinander verknüpft werden. Wollen Sie zum Beispiel ein Objekt nicht um den Nullpunkt O, sondern um einen beliebigen Punkt M drehen, so verschieben Sie zuerst M in den Nullpunkt, drehen, und schieben anschließend den Ursprung O wieder auf M zurück. Ähnlich können Sie bei der Streckung vorgehen, wenn Sie ein anderes Streckzentrum als O haben möchten. Auf lineare Abbildungen, ihre effiziente Berechnung und ihre Erweiterungen auf drei Dimensionen kommen wir noch einmal ausführlich in Kapitel 7 zu sprechen.

2. Die Objekte ändern ihre Form. Nehmen wir DINO, den lustigen Dinosaurier, als Beispiel (s. Abschnitt 5.9). Um den springenden Dinosaurier im Film darzustellen, genügt es natürlich nicht, DINO als Ganzes quer über den Bildschirm zu schieben. DINO ist ja kein starrer Holzklotz, sondern ein junger, dynamischer Saurier voller Lebenslust, der übermütig seine Muskeln spielen läßt. Folglich halten wir DINOs Umriß nicht in einer, sondern in *zwei* Punktreihen mit gleich vielen Punkten fest. Wir haben also zwei Umrisse für DINO, die dem Anfang und dem Ende seines Sprungs entsprechen (Bild 5-11). Nun legen wir fest, daß wir DINOs Sprung in z. B. elf verschiedenen Einzelbildern darstellen möchten. Wir haben aber nur zwei! Wie bekommen wir die restlichen neun Umrisse unseres springenden Sauriers? Sehr einfach, wir berechnen sie! Aus den beiden Punktreihen, die DINOs Körperstellungen zu Anfang (*dino*1) und Ende (*dino*2) des Sprungs festlegen, berechnen wir eine dritte ($dino_i$), die dem gewünschten Zwischenstadium entspricht, indem wir die Formel

$$dino_i = dino1 + \frac{i}{10}(dino2 - dino1), \quad i = 0, \ldots, 10$$

auf jede Koordinate jedes einzelnen Punktes der beiden Punktreihen anwenden. Mathematiker nennen so etwas genüßlich *lineare Interpolation*.

Wie Sie unschwer erkennen, erhalten wir für $i = 0$ *dino*1 und für $i = 10$ *dino*2. Für $i = 1, \ldots, 9$ ergibt sich jeweils eines der neun Bewegungsstadien, die wir haben wollten. Entsprechend können wir die Zwischenstadien jeder Bewegung in jeder gewünschten Feinheit aus Anfangs- und Endstadium berechnen. In der Fachsprache der Trickfilmer nennt man das auch *in betweening*.

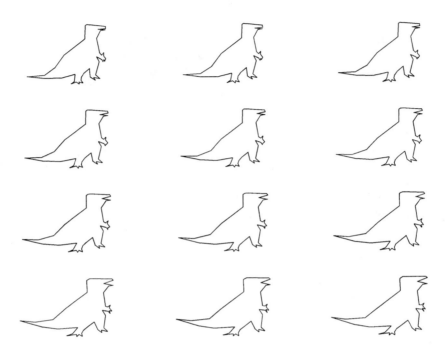

Bild 5-11 DINO, der lustige Dinosaurier, in verschiedenen Bewegungsstadien

Einen Film erhalten wir, indem wir verschiedene Bewegungsformen miteinander verknüpfen. Machen wir ein Beispiel: Um DINO laufen zu lassen, brauchen wir mindestens zwei verschiedene Körperstellungen, zwischen denen wir interpolieren können. Das allein genügt jedoch noch nicht (sonst würde DINO ja auf der Stelle laufen). Damit DINO auch vom Fleck kommt, müssen wir ihn zusätzlich in seine Laufrichtung verschieben.

Man kann sich DINOs Bewegung noch komplizierter vorstellen. Läuft DINO etwa einen Hügel hinauf, reicht es nicht, ihn einfach schräg nach oben zu verschieben (wenn Sie's nicht glauben, probieren Sie es aus). Um die Bewegung echt wirken zu lassen, müßten wir DINO noch um den Winkel drehen, den die Tangente an den Hügel mit der positiven x-Achse bildet. Das klingt kompliziert, heißt aber schlicht und ergreifend nur, daß der Erdboden möglichst senkrecht unter DINOs Schwanz und Füßen bleiben soll. Sehen Sie sich dazu Bild 5-12 an. Derartige, schon ziemlich komplexe Bewegungen verkneifen wir uns hier. In [MSW87] haben wir ein Entwurfssystem für Trickfilme vorgestellt, mit dem man solche Bewegungen mit sehr geringem Aufwand spezifizieren kann, ohne auch nur eine Zeile C selbst zu programmieren.

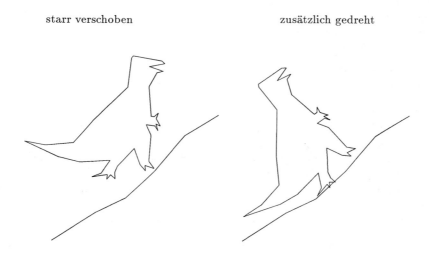

Bild 5-12 DINO läuft einen Hügel hinauf

5.9 DINO läßt grüßen

Das in 5.8 Gesagte wollen wir nun gleich praktisch üben. Wir lassen DINO über den Bildschirm jagen. Wie schon gesagt, brauchen wir dafür zwei Punktreihen, die Anfangs- und Endposition von Dinos Sprung darstellen. Wir speichern sie in den Feldern *dino1* und *dino2*. Alle Zwischenpositionen lassen wir von unserem Freund und Helfer, dem Rechner, ausrechnen. Das kann er nämlich sehr gut. Praktisch lautet die Formel zur Berechnung der Zwischenposition (die wir im Feld *dino* ablegen) so:

```
dino [i].X = dino1 [i].X + f*(dino2 [i].X − dino1 [i].X);
dino [i].Y = dino1 [i].Y + f*(dino2 [i].Y − dino1 [i].Y);
```

Dabei ist f ein Gleitkommawert zwischen 0 und 1. Für $f = 0$ erhalten wir *dino1*, für $f = 1$ *dino2*. Während f von 0 bis 1 läuft, geht DINOs Gestalt von *dino1* in *dino2* über (s. Bild 5-11). f hängt natürlich von der Nummer des aktuellen Bildes im Film ab.

Adlerauge sei wachsam! Die obige Berechnung erfordert für jede Koordinate eine Subtraktion, eine Multiplikation und eine Addition, also drei Gleitkommaoperationen. Und sie muß ja für jeden Punkt von *dino1* bzw. *dino2* ausgeführt werden. Noch dazu *zweimal*, nämlich für x- und y-Koordinate gesondert. Jeder vernünftige Dinosaurier besteht nun aus mindestens 40 Punkten. Also brauchen wir $3 \cdot 2 \cdot 40 = 240$ Gleitkommaoperationen um eine Stellung DINOs zu berechnen. Das müssen wir für jedes Filmbild einmal machen, neben allem anderen, wie Bildschirm löschen, DINO zeichnen usw. Da lohnt es sich, darüber nachzudenken, ob wir nicht ein bißchen sparen können. Gleitkommaoperationen sind nämlich sehr langsam, vor allem wenn man keinen numerischen Koprozessor in seinem Rechner stecken hat (s. Kapitel 8).

Natürlich wissen Sie schon, wie wir die Berechnung optimieren können. Mit geschärftem Blick haben Sie erkannt, daß die Differenzen

dino2 [i].X − dino1 [i].X
dino2 [i].Y − dino1 [i].Y

konstant sind, also unabhängig von unserem aktuellen Filmbild. Es ist daher völlig unnötig, sie in jedem Bild neu zu berechnen. Vielmehr spendieren wir etwas mehr Speicher (der PC hat ja volle 640 KByte, davon konnten selbst Großrechnerprogrammierer vor 20 Jahren meist nur träumen) und legen ein weiteres Feld, *dinodiff* an, in dem wir die Differenz zwischen *dino2* und *dino1* vorab speichern. Dadurch vereinfacht sich die Berechnung der aktuellen Stellung Dinos zu:

dino [i].X = dino1 [i].X + f*dinodiff [i].X;
dino [i].Y = dino1 [i].Y + f*dinodiff [i].Y;

Das sind nur noch 2 statt 3 Gleitkommaoperationen je Koordinate. Umgerechnet auf alle Koordinaten Dinos brauchen wir 160 statt 240 Operationen. Wir haben den Zeitaufwand für diese Berechnung also um $33{,}333\ldots\%$ verringert. Das ist durchaus signifikant. Übrigens tritt in diesem Beispiel eine in der EDV typische Verbindung zwischen Aufwand an Speicher und Aufwand an Rechenzeit auf. Oft können Sie die Laufzeit Ihrer Programme verringern, indem Sie, wie hier, Zwischenergebnisse vorab berechnen und speichern. Dadurch erhöht sich natürlich der Speicherverbrauch Ihres Programms. Umgekehrt können Sie Speicher einsparen, indem Sie bestimmte Berechnungen wiederholen und so die Ergebnisse nicht zu speichern brauchen. Ihr Programm braucht dann eben länger. Für Filme spielt aber die Rechenzeit innerhalb der Filmschleife eine derart wichtige Rolle, daß wir alles versuchen, sie zu minimieren. Was den Speicher betrifft, so gehen wir bis auf weiteres davon aus, daß wir genug davon haben.

DINOs Sprunghaftigkeit haben wir glücklich in unser Drehbuch aufgenommen. Schieben wir DINO jetzt einfach noch längs der positiven x-Achse (also von links nach rechts) über den Bildschirm, dann sieht es tatsächlich so aus, als jagte ein Saurier über den Schirm. Die Verschiebung können wir erreichen, indem wir zu jeder x-Koordinate DINOs einen bestimmten (von der aktuellen Bildnummer im Film abhängigen) Wert addieren. Das erfordert rund 40 Gleitkommaoperatio-

5.9 Dino läßt grüßen

```
#include <stdlib.h> /* für abs */
#include <GuG.h>
#include "dino.h" /* dino1, dino2 */
#include "ente.h" /* ente1, ente2 */
extern int ges_bild; /* wird in film_init() verwendet */
#define LEN(feld) (sizeof(feld)/sizeof(feld[0]))
static G_Rechteck welt, geraet; static float dv;
static G_Punkt dino [LEN(dino1)], dinodiff [LEN(dino1)],
     ente [LEN(ente1)], entediff [LEN(ente1)];
film_init()
{ int i;
   dv = 1.333 / ges_bild;
   welt.Links = 0.0; welt.Rechts = 1.333; welt.Unten = 0.0; welt.Oben = 1.0;
   geraet.Links=0.0; geraet.Rechts=24.0; geraet.Unten=0.0; geraet.Oben=18.0;
   G_Massstab (welt, geraet);
   for (i = 0; i < LEN(dinodiff); i++)
   { dinodiff[i].X = dino2[i].X - dino1[i].X;
     dinodiff[i].Y = dino2[i].Y - dino1[i].Y;
   } /* for i */
   for (i = 0; i < LEN(entediff); i++)
   { entediff[i].X = ente2[i].X - ente1[i].X;
     entediff[i].Y = ente2[i].Y - ente1[i].Y;
   } /* for i */
} /* film_init */

film_bild(bild_nr, ch)
int bild_nr, ch;
{ register int i; float f;
   welt.Rechts = 1.333 + (welt.Links = 1.0 - bild_nr*dv),
   G_Massstab (welt, geraet);
   f = abs ((bild_nr&0x0f) - 8) / 8.0;
   for (i = 0; i < LEN(dino); i++)
   { dino[i].X = dino1[i].X + f*dinodiff[i].X,
     dino[i].Y = dino1[i].Y + f*dinodiff[i].Y;
   } /* for i */
   for (i=0; i < LEN(ente); i++)
   { ente[i].X = ente1[i].X + f*entediff[i].X,
     ente[i].Y = ente1[i].Y + f*entediff[i].Y;
   } /* for i */
   G_Linien (LEN(dino), dino); G_Linien (LEN(ente), ente);
}/* film_bild */
```

Prg. 5-5 Dino jagt eine Ente

nen, da Dino aus rund 40 Punkten besteht und wir nur in x-Richtung verschieben.

Erfahrene Schieber sehen aber noch eine andere Methode, die nicht so offensichtlich auf der Hand liegt. Sie besteht darin, die schnellen (und unausweichlichen) Koordinatentransformationen zu nutzen, die GUG intern durchführt. Sie kennen die Funktion G_Massstab() (s. Abschnitt 2.8), die ein beliebiges Weltrechteck auf ein Geräterechteck abbildet. Bisher haben wir diese Funktion immer nur benutzt, um einmal, zu Beginn eines Bildes oder Filmes, ein bestimmtes Weltkoordinatensystem einzustellen, und dann drauflos zu zeichnen. Wir können aber auch folgenden Trick verwenden: Anstatt zu jeder Koordinate DINOs einen bildabhängigen Wert zu addieren, setzen wir vor jedem Einzelbild des Films das Koordinatensystem mittels G_Massstab() neu. Das Geräterechteck bleibt immer unser gewohntes, maximales 24 × 18 Rechteck. Das Weltkoordinatensystem aber ist bildabhängig. Kurz und knapp gesagt: Anstatt DINO von Bild zu Bild nach rechts zu schieben, schieben wir das ganze Koordinatensystem um denselben Betrag nach links und lassen DINO ungeschoren.

„Wir verschieben das Koordinatensystem!". Das hört sich sehr gefährlich an! Aber in Wirklichkeit ist das Verschieben des Koordinatensystem eine nahezu triviale Angelegenheit für GUG. Die einzig interessante Frage ist: Welche Methode ist schneller?

Nun, um ein neues Koordinatensystem zu setzen braucht GUG etwa die Rechenzeit von 50 Gleitkommaoperationen (auch *Flops* genannt, von engl.: *floating point operation*). Da wir für die direkte Verschiebung DINOs 40 Flops brauchen, ziehen wir für diesen Fall keinen Vorteil aus dieser Methode. Aber schon wenn wir DINO nicht nur in x-, sondern auch in y-Richtung verschöben, sähe die Sache ganze anders aus. Dann bräuchten wir nämlich 80 Flops für die direkte Verschiebung. Der Aufwand für die Verschiebung des Koordinatensystems aber bleibt immer gleich. Der entscheidende Vorteil dieses Verfahrens ist nämlich, daß der Rechenaufwand *konstant* ist, d.h. unabhängig von der Zahl der Punkte, aus denen DINO besteht. Auch wenn wir zusätzlich zu DINO noch eine Ente mitverschieben, steigt der Rechenaufwand bei Verschieben des Koordinatensystems nicht. Deshalb verwenden wir diese Methode in Prg. 5-5, wo der ganze Film abgedruckt ist.

Mit geeigneter Wahl des Weltkoordinatensystems, können wir übrigens nicht nur Verschiebungen realisieren, sondern auch *Streckungen*, also Vergrößerungen, Verkleinerungen und Verzerrungen von Objekten (s. Abschnitt 5.8). Drehungen allerdings müssen wir immer direkt berechnen. Eine Drehung des Koordinatensystems unterstützt GUG nicht.

5.10 Wem die Stunde schlägt

Als weiteres Beispiel für einen Film stellen wir Ihnen nun die Echtzeituhr vor. *Echtzeit* ist hierbei im doppelten Sinn zu verstehen:

1. Die Uhr zeigt immer die tatsächliche Tageszeit an. Genauer gesagt: Sie zeigt an, was Ihr Rechner für die aktuelle Tageszeit hält.

5.10 Wem die Stunde schlägt

2. Wie es sich für einen anständigen Film gehört, ist die Uhr in Bewegung. Und zwar werden die Zeigerstellungen, insbesondere der Sekundenzeiger, laufend aktualisiert – so schnell es Ihr Elektronenhirn hergibt.

Die Uhr unterscheidet sich von unseren bisherigen Filmen durch die Berechnung der Einzelbilder. Die einzelnen Bilder des Uhrenfilms sind nicht abhängig von irgendeiner vorgegebenen Bildnummer, sondern einzig und allein von der *Zeit*. Damit haben wir auch den Effekt, daß die Geschwindigkeit der Uhr von der Geschwindigkeit Ihres Rechners unabhängig ist – so wie es sein muß! Allerdings funktioniert damit auch unsere interaktive Filmsteuerung nicht – mit Ausnahme des Kommandos e, zum Beenden des Films.

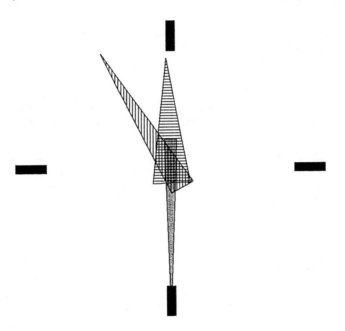

Bild 5-13 Es ist Fünf vor Zwölf

Technisch gesehen handelt es sich bei unserer Uhr um ein hoffnungslos veraltetes Modell (Bild 5-13). Trotz ihres digitalen Ursprungs (aus dem PC) besitzt sie ein Ziffernblatt und drei altmodische Zeiger (!) für Stunden, Minuten und Sekunden. Bevor unsere Zivilisation mit den Segnungen der Flüssigkristallanzeigen beglückt wurde, haben einmal alle Uhren so ähnlich ausgesehen; fragen Sie Ihre Großeltern.

Nach dieser kleinen historischen Exkursion, wenden wir uns nun den praktischen Problemen dieses Films zu.

- Da auch an uns die moderne Zeit nicht spurlos vorbeigegangen ist, beschränken wir uns auf ein stilisiertes Ziffernblatt. Nur die Positionen 12 Uhr,

3 Uhr, 6 Uhr und 9 Uhr markieren wir mit je einem Balken. Die Balken zeichnen wir als voll ausgefüllte Gebiete.

- Die Zeiger stellen wir mit Dreiecken dar, die sich in der Form unterscheiden: dick und kurz für den Stundenzeiger, lang und dünn für den Sekundenzeiger und irgend etwas dazwischen für den Minutenzeiger. Wir füllen die Dreiecke mit verschiedenen Mustern.

- Die Punktreihen für die Zeiger sind so initialisiert, daß sie, unverändert gezeichnet, 0:00:00 Uhr (oder 12:00:00 Uhr) anzeigen würden. Das wollen wir die *Ruhelage* unserer Zeiger nennen. Damit die Uhr die richtige Zeit anzeigt, müssen wir für jeden Zeiger den Winkel bestimmen, um den wir ihn drehen müssen, damit er die der augenblicklichen Zeit entsprechende Stellung bekommt. Sie merken schon, hier brauchen wir die Gleichungen für die Drehung aus 5.8. Dies ist die eigentlich zentrale Aufgabe unseres Programms, mit der wir uns im folgenden beschäftigen wollen.

Gehen wir von einer konkreten Uhrzeit aus, $h{:}m{:}s$ Uhr (h Uhr m Minuten und s Sekunden). Wenn Sie es noch konkreter haben wollen, setzen sie $h = 2$, $m = 15$ und $s = 30$, und Sie erhalten die Uhrzeit 2 Uhr 15 Minuten und 30 Sekunden.

Die Stellung des Sekundenzeigers ist unabhängig von der der anderen Zeiger. Deshalb beginnen wir mit ihm. Da der Sekundenzeiger alle 60 Sekunden einmal im Kreis herumläuft, entspricht diese Zeitspanne beim Sekundenzeiger einer Drehung um 360°. Wir erhalten also für den momentanen Drehwinkel w_{sek} des Sekundenzeigers:

$$w_{sek} = \frac{s}{60} 360° = s6°.$$

Im konkreten Beispiel, mit $s = 30$, müssen wir den Sekundenzeiger also um 180° drehen – das klingt vernünftig.

Ebenso dreht sich der Minutenzeiger alle 60 Minuten einmal im Kreis. Wir erhalten also zunächst ebenso $w_{min} = h6°$. Doch halt! Diese Formel stimmt nur, wenn wir außer acht lassen, daß von der aktuellen Minute (m bzw. 15 im Beispiel) ja schon ein gewisser Anteil (nämlich s bzw. 30 Sekunden) verstrichen ist. Um das zu berücksichtigen, beachten wir, daß eine vollständige Umdrehung des Sekundenzeigers (= 1 Minute) einer zusätzlichen Drehung des Minutenzeigers um $360°/60 = 6°$ entspricht. Somit ergibt sich:

$$w_{min} = h6° + \frac{s}{60} 6° = h6° + \frac{w_{sek}}{60}.$$

Der Stundenzeiger unterscheidet sich von den beiden anderen Zeigern insofern, als er nicht 60 Stunden für einen Umlauf braucht (nein, auch nicht 24!), sondern 12. Eine vollständige Umdrehung des Minutenzeigers (= 1 Stunde) bewirkt eine zusätzliche Drehung des Stundenzeigers um $360°/12$. Analog zu oben gilt also:

$$w_{std} = \frac{h}{12} 360° + \frac{w_{min}}{12} = h30° + \frac{w_{min}}{12}.$$

5.10 Wem die Stunde schlägt

```c
#include <math.h>  /* für sin(), cos() */
#include <time.h>
#include <sys/types.h>
#include <sys/timeb.h>  /* für ftime(), localtime() */
#include <GuG.h>
#define MPI30 (-0.104719755) /* -PI/30 für Dreh. Sek./Min.-Zeiger */
#define MPI6  (-0.523598775) /* -PI/6, für Drehung v. Stundenzeiger */
/* Koordinatensystem: Nullpunkt auf der Uhrenachse */
/* Klötze bei (x,y) = (0,1) , (1,0) , (0,-1) , (-1,0) */
/* Zeigerkoordinaten für 0:00:00 Uhr vor Drehung */
static G_Punkt klotz_0 [4]={{-0.03,1.00},{-0.03,0.80},{0.03,0.80},{0.03,1.00}};
static G_Punkt klotz_90 [4]={{1.00,-0.03},{1.00,0.03},{0.80,0.03},{0.80,-0.03}};
static G_Punkt klotz_180[4]=
    {{-0.03,-1.00},{-0.03,-0.80},{0.03,-0.80},{0.03,-1.00}};
static G_Punkt klotz_270[4]=
    {{-1.00,-0.03},{-1.00,0.03},{-0.80,0.03},{-0.80,-0.03}};
static G_Punkt stunden [3] = {{ 0.00, 0.75}, {-0.12,-0.10}, { 0.12,-0.10}};
static G_Punkt minuten [3] = {{ 0.00, 0.90}, {-0.08,-0.15}, { 0.08,-0.15}};
static G_Punkt sekunden [3] = {{ 0.00, 1.00}, {-0.04,-0.20}, { 0.04,-0.20}};

/* Zeitpunkte letzer Aktualisierung von Stunden- und Minutenzeiger */
static long sekund_std, sekund_min;

film_init() /* einmalige Initialisierungen */
{ G_Rechteck welt, geraet;
  /* Koordinatensystem einstellen */
  welt.Links = -1.33; welt.Rechts = 1.33; welt.Unten = -1.05; welt.Oben = 1.0;
  geraet.Links=0.0; geraet.Rechts=24.0; geraet.Unten=0.0; geraet.Oben=18.0;
  G_Massstab (welt, geraet); /* Nullpunkt in Bildmitte verschieben */
  /* Linienattribute für Umrandung der Zeiger */
  G_Linien_Attr (G_Gelb, G_Durchgezogen, 1.0);
  sekund_std = sekund_min = 0L;
} /* film_init */
```

Prg. 5-6 Die Echtzeituhr, Dateikopf und *film_init()*

Wenn Sie sich jetzt fragen, wo die Stellung des Sekundenzeigers beim Berechnen der Position des Stundenzeigers geblieben ist: Die ist schon im Wert für w_{min} enthalten.

Das zugehörige Programm finden Sie in Prg. 5-6 und Prg. 5-7. Denken Sie daran, daß die trigonometrischen Funktionen *sin()* und *cos()* Winkelangaben im *Bogenmaß* erwarten (s. Abschnitt 5.5).

Um Berechnungsaufwand zu sparen, ermitteln wir nur die Stellung des Sekundenzeigers bei jedem Bild neu. Den Minutenzeiger aktualisieren wir jede Sekunde und den Stundenzeiger nur alle 15 Sekunden einmal (*sin()* und *cos()* sind langsam, vgl. Kapitel 8). In diesen Zeitspannen ändern sich die Stellungen der jeweiligen Zeiger um 1/10 bzw. 1/8 Grad. Wenn Sie jetzt noch berücksichtigen, daß kein

```
#define DREHZEIGER(z, t, w) /* dreht Zeiger z um Winkel w, Ergebnis ist t */\
{ sinus = sin (w), cosin = cos (w); \
  for (i = 0; i < 3; i++) \
  { t[i].X = z[i].X*cosin - z[i].Y*sinus, \
    t[i].Y = z[i].X*sinus + z[i].Y*cosin; \
  } /* for i */ \
  t[3] = t[0]; \
}

film_bild (bild_nr, ch)
int bild_nr, ch;
{ static G_Punkt transf_std[4], transf_min[4]; static float winkel_min;
  G_Punkt transf_sek[4]; float winkel_sek, winkel_std, sinus, cosin; register int i;
  struct timeb zeit_akt; struct tm *zeit_tm;

  ftime (&zeit_akt); /* aktuelle Tageszeit bestimmen */
  zeit_tm = localtime (&(zeit_akt.time));

  /* Winkel für Sekundenzeiger bestimmen — bei jedem Bild */
  winkel_sek = (zeit_tm->tm_sec + 0.001*zeit_akt.millitm) * MPI30;
  DREHZEIGER (sekunden, transf_sek, winkel_sek);

  /* Winkel für Minutenzeiger bestimmen — jede Sekunde */
  if (zeit_akt.time−sekund_min >= 1)
  { sekund_min = zeit_akt.time;
    winkel_min = zeit_tm->tm_min * MPI30 + winkel_sek*0.0166667;
    DREHZEIGER (minuten, transf_min, winkel_min);
  } /* if */

  /* Winkel für Stundenzeiger bestimmen — alle 15 Sekunden */
  if (zeit_akt.time−sekund_std >= 15)
  { sekund_std = zeit_akt.time;
    winkel_std = zeit_tm->tm_hour * MPI6 + winkel_min*0.0833333;
    DREHZEIGER (stunden, transf_std, winkel_std);
  } /* if */

  /* Uhr zeichnen, zuerst das Ziffernblatt, dann die Zeiger */
  G_Gebiet_Attr (G_Hellblau, G_Gefuellt),
  G_Gebiet (4, klotz_0), G_Gebiet (4, klotz_90),
  G_Gebiet (4, klotz_180), G_Gebiet (4, klotz_270);
  G_Gebiet_Attr (G_Hellrot, G_0_Eng), G_Gebiet (3, transf_std),
  G_Gebiet_Attr (G_Alt_Farbe, G_90_Eng), G_Gebiet (3, transf_min),
  G_Gebiet_Attr (G_Alt_Farbe, G_Punkte_Weit), G_Gebiet (3, transf_sek),
  G_Linien (4, transf_sek), G_Linien (4, transf_min), G_Linien (4, transf_std);
} /* film_bild */
```

Prg. 5-7 Die Echtzeituhr, *film_bild()*

Standardgraphikmodus mehr als 720 Bildpunkte pro Koordinatenachse bietet, sind kleinere Änderungen auf dem Bildschirm ohnehin nicht aufzulösen. Dieser Trick zum Einsparen von Rechenzeit ist also keineswegs mit einem Genauigkeitsverlust verbunden!

5.11 Texte in Filmen

Die Textmöglichkeiten GuGs haben wir bereits ausführlich in Kapitel 3 besprochen. Natürlich können Sie auch in Ihren Filmen mit Texten jonglieren. Dabei sollten Sie jedoch folgende Punkte beachten:

- Die Bereichstransformationen GuGs (Abbildung von Weltrechteck auf das Geräterechteck, s. Abschnitt 2.8), mittels der Funktion *G_Massstab()*, wirken auf den Ansatzpunkt des Textes und auf die Größe der Zeichen. Genau genommen, wirkt nur der y-Maßstab auf die Zeichenhöhe. Der Maßstab in x-Richtung spielt dafür keine Rolle. Mit Bereichstransformationen können Sie also einen Text sowohl als Ganzes verschieben als auch als Ganzes vergrößern oder verkleinern. Sie können ihn damit aber weder stauchen noch dehnen noch drehen.

- Zum Verkleinern, Vergrößern, Verzerren und Drehen eines Textes stehen Ihnen aber Merkmale zur Verfügung, die Sie mit der Funktion *G_Text_Attr()* (s. 11.17). einstellen können. Kapitel 3 erläutert ausführlich diese Merkmale und was sie bewirken.

```
#include <math.h>   /* für fabs () */
#include <GuG.h>    /* Definitionen für Graphik */
extern int ges_bild;    /* in film_init setzen */
static float dwinkel;
film_init ()    /* einmalige Initialisierungen */
{ ges_bild = 1500; dwinkel = 360.0 / ges_bild;
  G_Text_Attr (G_Alt_Farbe, G_Schnell, G_Alt_Groesse,
       G_Alt_Breite, G_Alt_Richtung);
} /* film_init */
film_bild(bild_nr, ch)
int bild_nr, ch;
{ static G_Punkt Punkt = {12.0, 9.0}; float winkel, groesse;
  winkel = bild_nr*dwinkel, groesse = fabs(winkel − 180.0) * 0.006;
  G_Text_Attr (G_Alt_Farbe, G_Alt_Schrift, groesse, G_Alt_Breite, winkel);
  G_Text (Punkt, " Textkarussell");
} /* film_bild */
```

Prg. 5-8 Das Textkarussell

Sie brauchen also nur in Ihrer Funktion *film_bild()* Textmerkmale einzustellen, die von der aktuellen Bildnummer abhängig sind, und schon bekommen Sie einen sich drehenden und abwechselnd größer und kleiner werdenden Schriftzug. Prg. 5-8 zeigt genau ein solches Beispiel. Damit ausgestattet, können Sie fast den Fernsehstudios mit ihrer teuren Ausrüstung Konkurrenz machen. Bild 5-14 zeigt Szenen aus dem Film. Am schnellsten werden die über den Bildschirm wirbelnden Schriftzüge übrigens, wenn Sie den Zeichensatz *G_Schnell* verwenden. (Drum!)

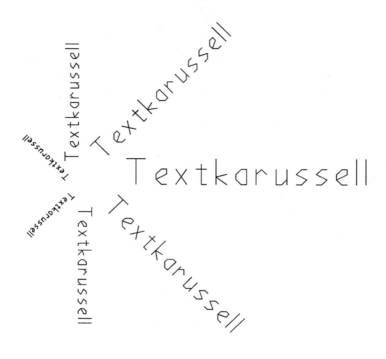

Bild 5-14 Wirbelnde Schriften

Kapitel 6

Geschäftsgraphik – Balken und Torten

In der heutigen, schnellebigen Zeit, in der Zahlen mehr bedeuten als Worte, ist die Flut von täglich auf uns einströmenden Fakten und Daten, derart stark angeschwollen, daß wir sie kaum noch sinnvoll aufnehmen können. Dies gilt im täglichen Leben – aber mehr noch im Arbeitsleben, und dort vor allem im kaufmännischen Bereich. Im Lauf der Evolution hat sich das *Sehen* als derart wichtig erwiesen, daß unser Gehirn effiziente Verfahren zum schnellen Erkennen und Analysieren von Bildern entwickelt hat. Wir sind daher für die Verarbeitung bildhafter Informationen bestens gerüstet – im Gegensatz zu unseren heutigen Rechnern, die immer noch mit endlosen Zahlenkolonnen viel besser zurecht kommen als mit Bildern. Immer schon wurden daher Zahlentabellen zu graphischen Diagrammen verarbeitet. Nach dem Motto:

Ein Bild sagt mehr als tausend Worte,

werden heute in den Büros von Millionen elektronischer Helfer Torten- und Balkendiagramme – Geschäftsgraphiken – gemalt. Auf solchen Graphiken erkennen wir mit einem Blick, worauf es ankommt, während wir auf die zugrundeliegenden Zahlenkolonnen tagelang starren könnten, ohne zu wissen, worum es eigentlich geht.

Die gute graphische Gestaltung eines Diagramms ist jedoch eine Phantasie verlangende, künstlerische Tätigkeit und somit ein ideales Anwendungsgebiet von GuG. Beispielsweise soll die Gestaltung der Balken auf den dargestellten Sachverhalt Bezug nehmen, so z. B. in einer Neuwagenzulassungsstatistik, die die Zahl der neu zugelassenen Fahrzeuge eines Typs durch ein entsprechend großes Bild des jeweiligen Autos darstellt. So etwas leisten natürlich die Tabellenkalkulationsprogramme mit Graphikausgabe, die man im Laden um die Ecke erhält, nicht. Denn hier ist Phantasie und Individualität – also das Einzigartige – gefragt!

Sie sehen: Die *gute* Geschäftsgraphik ist für sich allein bereits ein buchfüllendes Thema. Wir wollen Ihnen hier jedoch nicht vorenthalten, wie GuG Sie beim Zeichnen von normalen Geschäftsgraphiken unterstützt. So schlagen wir zwei Fliegen mit einer Klappe! Sie erhalten erstens fertige Unterprogramme, mit denen Sie sofort Balken- oder Tortendiagramme zeichnen können, und zweitens haben Sie die Gelegenheit, die Leistungsfähigkeit GuGs im größeren Zusammenhang und im Zusammenwirken mit den Standard-C-Bibliothek kennenzulernen.

6.1 Einfache Balken

Beschäftigen wir uns zunächst mit einfachen Balkendiagrammen (Bild 6-1). Ein solches Diagramm besteht aus vielen unterschiedlichen Dingen, die wir als Parameter an unser Unterprogramm zum Zeichnen des Balkendiagramms übergeben wollen.

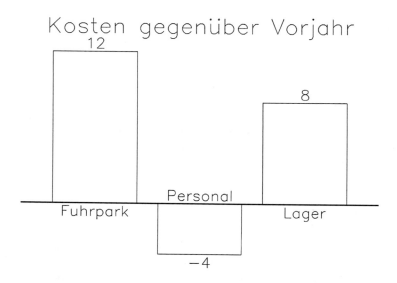

Bild 6-1 Ein einfaches Balkendiagramm

- Die *Überschrift*. Sie soll zentriert über dem Diagramm stehen. Wir verwenden den Datentyp *char**, also einen Zeiger auf das erste Zeichen des Textes.
- Die *Anzahl der Balken*. Für diese natürliche Zahl nehmen wir den Typ *int*.
- Die *Balkenhöhen*. Für jeden Balken müssen wir eine Gleitkommazahl angeben, die die Höhe des Balkens festlegt. Dazu verwenden wir einen Parameter

6.1 Einfache Balken

vom Typ *float[ ]*, also ein Feld von Zahlen. Dieses Feld enthält für jeden Balken einen Wert. Diesen Wert schreiben wir über den Balken, wenn er größer oder gleich Null ist. Andernfalls wird die Höhenangabe unter den Balken geschrieben, s. Bild 6-1.

- Die *Balkennamen*. Ein Balkendiagramm ist nur sinnvoll, wenn der Betrachter auch weiß, was die einzelnen Balken bedeuten. Deshalb versehen wir alle Balken mit einem Namen. Der Name kommt normalerweise (wenn die Balkenhöhe größer oder gleich Null ist) unter den Balken. Bei Balken mit negativer Höhe schreiben wir den Namen über den Balken. Wie bei den Balkenhöhen, übergeben wir auch für die Balkennamen ein Feld. Wir brauchen dazu ein Feld von Texten. Dafür eignet sich in C der Typ *∗char[ ]*, was nichts anderes ist, als ein Feld von Zeigern auf die Anfangszeichen der einzelnen Texte. Natürlich muß auch dieses Feld mindestens so viele Elemente enthalten, wie Balken gezeichnet werden.

- Das *Geräterechteck*. Da wir evtl. außer dem Balkendiagramm noch mehr auf einem Bild unterbringen wollen, möchten wir den Ort auf der virtuellen Zeichenfläche GuGs, an dem das Diagramm gezeichnet wird, selbst bestimmen. Wir übergeben also noch einen Parameter vom Typ *G_Rechteck* für das Geräterechteck. Unser Unterprogramm für einfache Balken zeichnet das Balkendiagramm innerhalb dieses Rechtecks. Die Aufteilung im Inneren des Rechtecks überlassen wir gern unserem Unterprogramm.

Betrachten Sie nun Prg. 6-1, das wir im folgenden Schritt für Schritt besprechen wollen.

Zum Zeichnen der Balken wollen wir ein Weltkoordinatensystem einrichten, das speziell auf unsere Aufgabe zugeschnitten ist. Das heißt, wir wollen z.B. die Koordinaten des Balkenrands auf möglichst einfache Weise angeben. In y-Richtung erstreckt sich der Balken von der Höhe 0 bis zu seiner individuellen Höhe. In x-Richtung soll sich der Balken 1 im Bereich von 0 bis 1 befinden, der Balken 2 im Bereich 1–2 usw.

Der letzte Balken liegt also im Bereich von *Anzahl* − 1 bis *Anzahl*. Wenn wir links und rechts noch ein Fünftel der Balkenbreite freien Platz lassen, erstreckt sich unser Weltrechteck in x-Richtung von −0,2 bis *Anzahl* + 0,2.

In y-Richtung müssen wir, außer den Balkenhöhen, noch die Höhe der oberen und unteren Beschriftung der Balken sowie die Überschrift berücksichtigen. Die Schrifthöhe für die Balkenbeschriftung legen wir mit $\frac{1}{20}$ der Balkenhöhen fest. Die Überschrift wird 50% größer. Unser Weltrechteck erstreckt sich damit in y-Richtung von *BalMin*−1,3·*Schrifthoehe* bis *BalMax*+3,5·*Schrifthoehe*.

Nun stellen wir unser Weltkoordinatensystem mit *G_Massstab()* ein und zeichnen dann die Überschrift. Den Mittelpunkt der Überschrift geben wir in Weltkoordinaten an und verwenden die Funktion *Text_zentriert()* aus Kapitel 3. Beim Einstellen der Textmerkmale lassen wir alle Einstellungen außer Schrifthöhe und Schreibrichtung unverändert. Dadurch haben Sie als Anwender die Möglichkeit,

```
#include <GuG.h>   /* Definitionen für GuG */
Balken_einfach (Ueberschrift, Anzahl, Hoehen, Namen, Rechteck)
char            *Ueberschrift;   /* Diagrammüberschrift */
int             Anzahl;          /* Anzahl der Balken */
float           Hoehen[ ];       /* Feld der Balkenhöhen */
char            *Namen[ ];       /* Feld mit Namen der Balken */
G_Rechteck      Rechteck;        /* Geraeterechteck für Diagramm */
{ int           i;
  float         BalMin, BalMax, Sh;  /* Sh: Schrifthöhe */
  G_Rechteck    Koord;
  G_Punkt       Punkte[5], Textpos, Fortsetz;
  char          Schrift[80];
  for (BalMin=BalMax=0.0, i=0 ; i<Anzahl ; i++)  /* Suche Min und Max */
  { if (BalMin > Hoehen[i]) BalMin = Hoehen[i];
    if (BalMax < Hoehen[i]) BalMax = Hoehen[i];
  } /* for */
  Sh = (BalMax-BalMin)/20.0;
  Koord.Unten = BalMin - 1.3*Sh; Koord.Oben = BalMax + 3.5*Sh;
  Koord.Links = -0.2; Koord.Rechts = Anzahl+0.2;
  G_Massstab (Koord, Rechteck);  /* Balken-Koordinatensystem */
  G_Text_Attr (G_Alt_Farbe, G_Alt_Schrift, 1.5*Sh, G_Alt_Breite, 0.0);
  Textpos.X = 0.5 * Anzahl; Textpos.Y = Koord.Oben - 1.7 * Sh;
  Text_zentriert (Textpos, Ueberschrift);
  G_Text_Attr (G_Alt_Farbe, G_Alt_Schrift, Sh, G_Alt_Breite, G_Alt_Richtung);
  Punkte[0].X = Koord.Links; Punkte[0].Y = 0;  /* Nullinie */
  Punkte[1].X = Koord.Rechts; Punkte[1].Y = 0;
  G_Linien_Attr(G_Alt_Farbe, G_Durchgezogen, 3.0); G_Linien (2, Punkte);
  for (i=0 ; i<Anzahl ; i++)  /* für alle Balken */
  { Punkte[0].X = Punkte[3].X = i+0.1; Punkte[1].X = Punkte[2].X = i+0.9;
    Punkte[0].Y = Punkte[1].Y = 0; Punkte[2].Y = Punkte[3].Y = Hoehen[i];
    Punkte[4] = Punkte[0];
    G_Gebiet_Attr (1+i%15, G_Alt_Gebiet); G_Gebiet (4, Punkte);
    G_Linien_Attr (1+i%15, G_Durchgezogen, 1.0); G_Linien (5, Punkte);
    Textpos.X = i+0.5; Textpos.Y = Sh * (Hoehen[i] > 0.0 ? -1.3 : 0.3);
    Text_zentriert (Textpos, Namen[i]);
    Textpos.X=i+0.5; Textpos.Y=Hoehen[i]+Sh*(Hoehen[i] > 0.0 ? 0.3 : -1.3);
    sprintf(Schrift, "%g", Hoehen[i]); Text_zentriert (Textpos, Schrift);
  } /* for */
} /* Balken_einfach */
```

Prg. 6-1 *Balken_einfach()*, zeichnet einfaches Balkendiagramm

vor dem Aufruf des Unterprogramms Schriftart und Farbe auszuwählen. Das Beibehalten zuvor eingestellter Merkmale ist also eine große Hilfe beim Lösen komplexer Aufgaben. Man hält sich alle Möglichkeiten offen und hat trotzdem kleine und übersichtliche Parameterlisten.

Dieser kleine Trick ermöglicht es uns auch, eine Farbe für die nun gezeichnete Nullinie einzustellen. Danach kommen wir endlich zu der Schleife, die die einzelnen Balken zeichnet und beschriftet.

Die Eckpunkte eines Balkens können wir in unserem Weltkoordinatensystem besonders einfach berechnen. Wir füllen die Fläche des Balkens 1 mit der Farbe 1 und dem vorab eingestellten Füllmuster, den Balken 2 mit der Farbe 2 usw. Jeweils mit der gleichen Farbe zeichnen wir auch den Rand des Balkens. Bei mehr als 15 Balken werden die Farben zyklisch wiederholt.

Zum Schluß folgt noch die Beschriftung der Balken. Die Höhe der Balken liegt als Gleitkommazahl vor und muß, bevor sie als Text gezeichnet werden kann, erst in einen Text umgewandelt und formatiert werden. Dies leistet die Funktion *sprintf()* aus der Standard-C-Bibliothek. Die Höhenangabe wird je nach Balkenhöhe über oder unter den Balken plaziert. Der Balkenname kommt ans gegenüberliegende Ende des Balkens. Beide Texte werden mittig über bzw. unter den Balken geschrieben.

6.2 Balken als Standbild und als Film

Ein Balkendiagramm zu zeichnen, ist jetzt eine überaus einfache Angelegenheit. Diese Aufgabe kann uns nicht mehr schrecken. Wir brauchen nämlich nur noch unser Unterprogramm *Balken_einfach()* (Prg. 6-1) mit den richtigen Parametern aufzurufen. Diese Arbeit kann uns leider niemand auf der Welt abnehmen, denn wer – außer uns – kann wissen, wie hoch die Balken sind und wie sie heißen? Sie sehen jedoch in Prg. 6-2, daß wir nur noch wenige Zeilen hinschreiben müssen, um unser erstes Balkendiagramm mit GUG zu bewundern.

```
#include <GuG.h>
float Hoehen[ ] = { 12.0 , −4.0 , 8.0 };
char *Namen[ ] = { "Fuhrpark", "Personal", "Lager" };
G_Rechteck Rechteck = { 1.0 , 23.0 , 1.0 , 17.0 };
zeichne_bild()
{ Balken_einfach("Kosten gegenüber Vorjahr", 3, Hoehen, Namen, Rechteck);
  getch();
} /* zeichne_bild */
```

Prg. 6-2 Aufruf von *Balken_einfach()*

Die Funktion *zeichne_bild()* besteht nur aus dem Aufruf von *Balken_einfach()* und dem schon bekannten Befehl *getch()*, der wartet, bis wir eine Taste drücken. So haben wir Zeit, unser Balkendiagramm eingehend zu betrachten.

Ein Film verlangt, wie immer, ein Drehbuch. Wir wollen die Balken von der Höhe 0 bis zu Ihrer endgültigen Höhe wachsen lassen. Dieser Teil soll $\frac{2}{3}$ der Zeit einer Periode des Films dauern. Alle Balken sollen gleich schnell wachsen, damit bis zum Schluß die Spannung erhalten bleibt, welcher Balken wohl der höchste wird. Die kürzeren Balken erreichen so natürlich schneller ihre endgültigen Höhen, als die längeren. Im letzten Drittel der Filmperiode ist das vollständige Balkendiagramm zu sehen.

```
#include <GuG.h> /* für Graphik */
#include <math.h> /* für fabs() */
#include <stdlib.h> /* für min(), max() */
float Hoehen[ ] = { 12.0 , −4.0 , 8.0 };
char *Namen[ ] = { "Fuhrpark", "Personal", "Lager" };
G_Rechteck Rechteck = { 1.0 , 23.0 , 1.0 , 17.0 };
#define UEBERSCHRIFT "Kosten gegenüber Vorjahr"
#define ANZ_BALKEN (sizeof(Hoehen)/sizeof(Hoehen[0]))
float Hoehe_max, Sh; /* Sh: Schrifthöhe */
G_Rechteck Koord;

film_init()
{ extern int ges_bild;
  int i;
  float BalMin, BalMax;
  ges_bild = 300;
  for (BalMin=BalMax=0.0, i=0 ; i<ANZ_BALKEN ; i++) /* Suche Min, Max */
  { if (BalMin > Hoehen[i]) BalMin = Hoehen[i];
    if (BalMax < Hoehen[i]) BalMax = Hoehen[i];
  } /* for */
  Sh = (BalMax−BalMin)/20.0;
  Hoehe_max = max (BalMax , −BalMin);
  Koord.Unten = BalMin − 1.3*Sh; Koord.Oben = BalMax + 3.5*Sh;
  Koord.Links = −0.2; Koord.Rechts = ANZ_BALKEN+0.2;
  G_Massstab (Koord, Rechteck); /* Balken−Koordinatensystem */
} /* film_init */
```

Prg. 6-3 Balkendiagramm als Film, Dateikopf und *film_init()*

Wir wollen natürlich unseren bewährten Rahmen zur Steuerung des Filmes einsetzen (s. Abschnitt 5.4, Prg. 5-2). Also legen wir zunächst fest, aus wievielen Einzelbildern der Film besteht, nämlich aus 300. Das heißt, für Bildnummern zwischen 0 und 200 ändert sich die Höhe unserer Balken. Wir müssen die aktuellen Balkenhöhen also in jedem Filmbild erst berechnen. Dazu unterscheiden wir Balken mit positiver und negativer Höhe. Prg. 6-3 zeigt die Funktion *film_init()*, Prg. 6-4 zeigt *film_bild()* für den Balkenfilm.

Nun noch einige Hinweise zur Optimierung der Filme. Wenn Sie einen sehr flüssigen Film mit hoher Bildfrequenz sehen möchten, also einen, der sehr viele Bilder pro Sekunde zeichnet, dann sollten Sie versuchen, jedes Bild mit möglichst wenigen Befehlen zu zeichnen. Für die Balkenfilme bietet es sich an, z.B. einen Teil der Beschriftung einzusparen und für den ersten Abschnitt des Films ein eigenes,

6.2 Balken als Standbild und als Film

```
film_bild(nr, ch)
int nr, ch;
{ int i;
  float h, hoch[ANZ_BALKEN];
  G_Punkt Punkte[5], Textpos, Fortsetz;
  char Schrift[80];
  if (nr==0) nr=1;
  if (nr<=200)
    for (h=nr*Hoehe_max/200, i=0 ; i<ANZ_BALKEN ; i++)
      hoch[i] = Hoehen[i]>0 ? min(Hoehen[i], h) : max(Hoehen[i], -h);
  else
    for (i=0 ; i<ANZ_BALKEN ; i++) hoch[i] = Hoehen[i];
  G_Text_Attr (G_Alt_Farbe, G_Alt_Schrift, 1.5*Sh, G_Alt_Breite, G_Alt_Richtung);
  Textpos.X = 0.5 * ANZ_BALKEN; Textpos.Y = Koord.Oben - 1.7 * Sh;
  Text_zentriert (Textpos, UEBERSCHRIFT);
  G_Text_Attr (G_Alt_Farbe, G_Alt_Schrift, Sh, G_Alt_Breite, G_Alt_Richtung);
  Punkte[0].X = Koord.Links; Punkte[0].Y = 0; /* Nullinie */
  Punkte[1].X = Koord.Rechts; Punkte[1].Y = 0;
  G_Linien_Attr(G_Gelb, G_Durchgezogen, 3.0); G_Linien (2, Punkte);
  for (i=0 ; i<ANZ_BALKEN ; i++) /* für alle Balken */
  { Punkte[0].X = Punkte[3].X = i+0.1; Punkte[1].X = Punkte[2].X = i+0.9;
    Punkte[0].Y = Punkte[1].Y = 0; Punkte[2].Y = Punkte[3].Y = hoch[i];
    Punkte[4] = Punkte[0];
    G_Gebiet_Attr (1+i%15, G_Alt_Gebiet); G_Gebiet (4, Punkte);
    G_Linien_Attr (1+i%15, G_Durchgezogen, 1.0); G_Linien (5, Punkte);
    Textpos.X = i+0.5; Textpos.Y = Sh * (hoch[i] > 0.0 ? -1.3 : 0.3);
    Text_zentriert (Textpos, Namen[i]);
    Textpos.X = i+0.5; Textpos.Y = hoch[i] + Sh * (hoch[i] > 0.0 ? 0.3 : -1.3);
    sprintf(Schrift, "%g", hoch[i]); Text_zentriert (Textpos, Schrift);
  } /* for */
} /* film_bild */
```

Prg. 6-4 Balkendiagramm als Film, *film_bild()*

optimiertes Unterprogramm zu schreiben. Bei wachsenden Balkendiagrammen ist es z. B. so, daß ein neues Filmbild nicht vollständig neu ist. Es sieht nämlich genau so aus, wie das vorherige Bild, nur ist noch etwas dazugekommen (jeder Balken ist ein Stück länger geworden). Aufgrund dieser Überlegung ergibt sich, daß man zwischen zwei Filmbildern den Bildschirm nicht löschen muß und auch das neue Balkendiagramm nicht komplett zu zeichnen braucht. Vielmehr genügt es, bei jedem Balken das neu hinzugekommene Stück zu zeichnen. Dazu müssen Sie allerdings den Filmrahmen (Prg. 5-2) anpassen. Dieses Verfahren funktioniert nicht nur bei wachsenden Balken, sondern im Prinzip auch bei *schrumpfenden*. Nur müssen Sie dann den von einem Bild zum nächsten verschwindenden Teil des Balkens als Gebiet mit dem Füllmuster *G_Gefuellt* und der Farbe 0 (Hintergrundfarbe) zeichnen.

6.3 Balken mit 3D-Effekt

Schauen wir einen echten Balken an, so erkennen wir leicht seine einzelnen Seiten, selbst dann, wenn alle Seiten die gleiche Farbe haben. Das liegt daran, daß wir jede Seite unter einem anderen Winkel sehen. Eine Seite zeigt nach oben, eine nach rechts, und eine Seite zeigt in unsere Richtung. Die Seiten reflektieren das Licht hauptsächlich in diese Richtungen, so daß wir die Seiten unterschiedlich hell sehen. So erhalten wir einen räumlichen, dreidimensionalen Eindruck des Balkens (Bild 6-2).

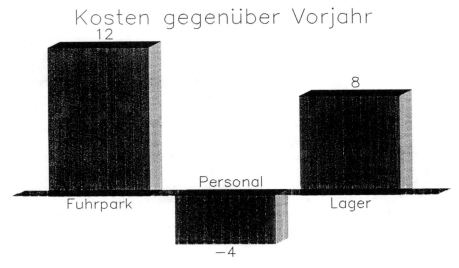

Bild 6-2 3D-Balkendiagramm

Nutzen wir also diesen Effekt, indem wir das projizierte Bild eines echten Balkens zeichnen und die drei sichtbaren Seiten mit unterschiedlich hellen Farben ausfüllen. Da wir unseren 3D-Balken auch ausdrucken möchten, und der Drucker nur eine Farbe zur Verfügung stellt, wenden wir einen unter Komputergraphikern üblichen Trick an: Wir füllen alle drei Seiten mit derselben Farbe, aber mit unterschiedlichen Mustern.

Stellen wir uns vor, unsere 3D-Balkenszene wird von einer Lichtquelle von links oben beleuchtet. Die Vorderseite des Balkens mit mittlerer Helligkeit füllen wir mit dem Muster *G_Punkte_Eng*. Die rechte Seite wird dunkler als die Vorderseite, indem wir sie mit dem Muster *G_Punkte_Weit* ausfüllen. Am hellsten zeichnen wir die Oberseite des Balkens. Dafür verwenden wir das Füllmuster *G_Gefuellt*.

Die Funktion *Balken_3D()* zum Zeichnen dreidimensionaler Balkendiagramme sehen Sie in Prg. 6-5. Sie hat die gleiche Parameterliste wie *Balken_einfach()* für 2D-Balken.

6.3 Balken mit 3D-Effekt

```
#include <stdlib.h> /* für max() */
#include <GuG.h>    /* Definitionen für GuG */
Balken_3D (Ueberschrift, Anzahl, Hoehen, Namen, Rechteck)
    char        *Ueberschrift;  /* Diagrammüberschrift */
    int         Anzahl;         /* Anzahl der Balken */
    float       Hoehen[ ];      /* Feld der Balkenhöhen */
    char        *Namen[ ];      /* Feld mit Namen der Balken */
    G_Rechteck  Rechteck;       /* Geraeterechteck für Diagramm */
{   int         i;
    float       BalMin, BalMax, Sh; /* Sh: Schrifthoehe */
    G_Rechteck  Koord;
    G_Punkt     P[4], Textpos, Fortsetz;
    char        Schrift[80];
    for (BalMin=BalMax=0.0, i=0 ; i<Anzahl ; i++) /* Suche Min und Max */
    {   if (BalMin > Hoehen[i]) BalMin = Hoehen[i];
        if (BalMax < Hoehen[i]) BalMax = Hoehen[i];
    } /* for */
    Sh = (BalMax−BalMin)/20.0; /* Berechne Schrifthoehe */
    Koord.Unten = BalMin − 1.3*Sh; Koord.Oben = BalMax + 4.1*Sh;
    Koord.Links = −0.2; Koord.Rechts = Anzahl+0.3;
    G_Massstab (Koord, Rechteck); /* Balken−Koordinatensystem */
    G_Text_Attr (G_Alt_Farbe, G_Alt_Schrift, 1.5*Sh, G_Alt_Breite, 0.0);
    Textpos.X=0.5*Anzahl; Textpos.Y=Koord.Oben−1.7*Sh;
    Text_zentriert (Textpos, Ueberschrift);
    G_Text_Attr (G_Alt_Farbe, G_Alt_Schrift, Sh, G_Alt_Breite, G_Alt_Richtung);
    P[0].X=Koord.Links; P[1].X=Koord.Rechts−0.1;
    P[2].X=Koord.Rechts; P[3].X=Koord.Links+0.1;
    P[0].Y=P[1].Y=0; P[2].Y=P[3].Y=0.6*Sh;
    G_Gebiet_Attr (G_Alt_Farbe, G_Punkte_Eng); G_Gebiet (4, P);
    for (i=0 ; i<Anzahl ; i++) /* für alle Balken */
    {   Rand_3D (i, Hoehen, Sh);
        if (Hoehen[i] > 0.0) { Textpos.X=i+0.50; Textpos.Y=−1.3*Sh; }
        else                 { Textpos.X=i+0.55; Textpos.Y= 0.9*Sh; }
        Text_zentriert (Textpos, Namen[i]);
        if (Hoehen[i] > 0.0) { Textpos.X=i+0.55; Textpos.Y=Hoehen[i]+0.9*Sh; }
        else                 { Textpos.X=i+0.50; Textpos.Y=Hoehen[i]−1.3*Sh; }
        sprintf(Schrift, "%g", Hoehen[i]); Text_zentriert (Textpos, Schrift);
    } /* for */
} /* Balken_3D */
```

Prg. 6-5 Dateikopf und *Balken_3D()*

Beide Unterprogramme sind sehr ähnlich aufgebaut. Die Berechnung des Balkenrands ist für 3D-Balken natürlich aufwendiger als für 2D-Balken. Dafür haben wir eine eigene Funktion *Rand_3D()* spendiert, die Sie in Prg. 6-6 sehen. Auch

```
static Rand_3D (i, Hoehen, Sh)
int i; /* Nummer des Balkens */
float Hoehen [ ];
float Sh;
{ G_Punkt P [4];
    P[0].X=i+0.1; P[1].X=i+0.9; P[2].X=i+1.0; P[3].X=i+0.2;
    P[0].Y=P[1].Y=0; P[2].Y=P[3].Y=0.6*Sh;
    if (Hoehen[i] > 0.0) P[3].X=i+0.1;
    G_Gebiet_Attr (G_Schwarz, G_Gefuellt); G_Gebiet (4, P);
    P[0].X=P[3].X=i+0.1; P[1].X=P[2].X=i+0.9;
    P[0].Y=P[1].Y=0; P[2].Y=P[3].Y=Hoehen[i];
    G_Gebiet_Attr (1+i%15, G_Punkte_Eng); G_Gebiet (4, P);
    P[0].X=P[3].X=i+0.9; P[1].X=P[2].X=i+1.0;
    P[0].Y=0; P[1].Y=(Hoehen[i]>=0 ? 0.6*Sh : 0);
    P[2].Y=Hoehen[i]+0.6*Sh; P[3].Y=Hoehen[i];
    G_Gebiet_Attr (G_Alt_Farbe, G_Punkte_Weit); G_Gebiet (4, P);
    P[0].X=i+0.9; P[1].X=i+1.0; P[2].X=i+0.2; P[3].X=i+0.1;
    P[0].Y=P[3].Y=max(0,Hoehen[i]); P[1].Y= P[2].Y=max(0,Hoehen[i])+0.6*Sh;
    G_Gebiet_Attr (G_Alt_Farbe, G_Gefuellt); G_Gebiet (4, P);
} /* Rand_3D */
```

Prg. 6-6 *Rand_3D()*

die Positionen für die Beschriftung der Balken sind ein wenig anders, da hierbei Rücksicht auf den 3D-Effekt genommen werden muß.

Da die Funktionen für einfache und für 3D-Balken die gleichen Parameter haben, können Sie einen Film mit 3D-Balken ganz leicht dadurch machen, daß Sie den Namen des Unterprogramms ersetzen.

6.4 Kreise und Torten

Um Tortendiagramme wie in Bild 6-3 zeichnen zu können, brauchen wir zwei Befehle zum Zeichnen von Kreisbögen: die *Bogenlinie* und den ausgefüllten *Kreissektor*.

GuG bietet nicht direkt Funktionen zum Zeichnen von Kreisen oder Ellipsen an. Daher entwickeln wir nun ein Programm, das die Punkte einer Kreislinie berechnet. Die Punkte (x, y) auf dem Rand eines Kreises mit dem Mittelpunkt (x_m, y_m) und dem Radius r erfüllen die Gleichung

$$x = x_m + r \cos w$$
$$y = y_m + r \sin w.$$

Dabei ist w ein Winkel im Bereich $[0°, 360°]$, entsprechend $[0, 2\pi]$ (s. Abschnitte 5.5 und 10.3). Damit der Kreis schön rund wird, berechnen wir die Punkte der Kreislinie z.B. in Abständen von $\Delta_w = 1°$ (sprich: Delta-weh).

6.4 Kreise und Torten

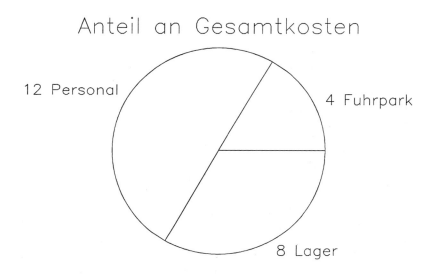

Bild 6-3 Tortendiagramm

Das Berechnen von Sinus und Kosinus ist eine ziemlich langsame Angelegenheit (s. Kapitel 8). Deshalb möchten wir gern die Werte

$$\sin w, \; sin(w + \Delta_w), \; sin(w + 2\Delta_w), \; \ldots$$

schneller erhalten. Wir erreichen dies durch Anwenden des *Additionstheorems* für den Sinus:

$$\sin(a + b) = \sin a \cos b + \cos a \sin b$$

oder in unserem Beispiel für w und Δ_w:

$$\sin(w + \Delta_w) = \sin w \cos \Delta_w + \cos w \sin \Delta_w.$$

Ein ähnliches Additionstheorem gilt für den Kosinus:

$$\cos(w + \Delta_w) = \cos w \cos \Delta_w - \sin w \sin \Delta_w.$$

Wenn wir dies alles berücksichtigen, können wir ein schnelles Unterprogramm zum Berechnen der Punkte auf einem Bogenstück des Einheitskreises entwerfen. Der Einheitskreis ist der Kreis um den Mittelpunkt $(0,0)$ mit dem Radius 1. Das Bogenstück soll beim Winkel *WinAnf* beginnen und beim Winkel *WinEnd* enden. Die Punkte werden mit dem Winkelabstand *DeltaW* berechnet und im Feld *Punkte* abgespeichert. Dieses Feld muß ausreichend groß angelegt sein, sonst wird der Speicher überschrieben. Die Funktion *Kreis()* in Prg. 6-7 kommt mit nur drei

```
#include <GuG.h>
#include <math.h>
int Kreis(Punkte, WinAnf, WinEnd, DeltaW)
G_Punkt Punkte[];
float WinAnf, WinEnd, DeltaW;
{ int n; /* Anzahl der Punkte */
  int nend;
  float sindw, cosdw;
  WinAnf *= 0.017453292 , /* 2*PI/360 */
  WinEnd *= 0.017453292 ,
  DeltaW *= 0.017453292 ,
  sindw = sin(DeltaW) ,
  cosdw = cos(DeltaW) ,
  Punkte[0].X=cos(WinAnf) ,
  Punkte[0].Y=sin(WinAnf) ,
  nend=(int)((WinEnd−WinAnf)/DeltaW) − 1 ;
  for (n=1 ; n<nend ; n++)
  { Punkte[n].X = Punkte[n−1].X*cosdw − Punkte[n−1].Y*sindw ,
    Punkte[n].Y = Punkte[n−1].Y*cosdw + Punkte[n−1].X*sindw ;
  } /* for */
  Punkte[nend].X=cos(WinEnd) ,
  Punkte[nend].Y=sin(WinEnd) ;
  return(nend+1);
} /* Kreis */
```

Prg. 6-7 *Kreis()*, berechnet Punkte auf dem Einheitskreis

Aufrufen von *sin()* und *cos()* aus. Sie liefert die Anzahl der berechneten Punkte zurück.

Nun können wir leicht Tortendiagramme zeichnen, da der Hauptteil der Arbeit von *Kreis()* übernommen wird. Das Programm *Torte()* ist ähnlich aufgebaut, wie *Balken_einfach()* und *Balken_3D()* für die Balkendiagramme. Wir wollen auch die gleiche Parameterliste verwenden (Prg. 6-8).

Als Kreis für die Torte nehmen wir, der Einfachheit halber, den Einheitskreis. Dafür werden die Koordinaten von −1 bis +1 in x- und y-Richtung benötigt. Wie bei den Balken, wählen wir als Schrifthöhe $\frac{2}{20}$ der Bildhöhe, also 0,1. Für die Beschriftung müssen wir noch etwas Platz am Rand freihalten. Als Weltkoordinatensystem wählen wir ein entsprechend großes Quadrat. Wenn wir beim Aufruf von *Torte()* als Geräterechteck auch ein Quadrat angeben, so erhalten wir eine kreisförmige Torte. Andernfalls wird die Torte elliptisch. Mit einer waagrecht gestreckten Ellipse erhalten wir einen gewissen 3D-Effekt.

Die Beschriftung der Tortenstücke kommt seitlich an den Rand der Torte. Je nach Anzahl und Größe der Tortenstücke, ragt die Beschriftung rechts oder links über das angegebene Geräterechteck hinaus, das können Sie aber leicht durch Verschieben des Rechtecks ausgleichen.

6.4 Kreise und Torten

```
#include <GuG.h>  /* Definitionen für GuG */
Torte (Ueberschrift, Anzahl, Werte, Namen, Rechteck)
   char        *Ueberschrift;   /* Diagrammüberschrift */
   int         Anzahl;          /* Anzahl der Tortenstücke */
   float       Werte[ ];        /* Feld der Größen der Stücke */
   char        *Namen[ ];       /* Feld mit Namen der Balken */
   G_Rechteck  Rechteck;        /* Geraeterechteck für Diagramm */
{  int         i, n;
   float       Summe, Sh, WinAnf, WinEnd, w, sinw, cosw;
   G_Rechteck  Koord;
   static G_Punkt Punkte[150], Textpos, Fortsetz;
   char        Schrift[80];

   for (Summe=0.0, i=0 ; i<Anzahl ; i++)
     Summe += Werte[i];
   Sh = 0.1;  /* 1/20 des Kreisdurchmessers */
   Koord.Unten = -1.0 - 1.3*Sh; Koord.Oben = 1.0 + 3.1*Sh;
   Koord.Links = -1.22; Koord.Rechts = 1.22;
   G_Massstab (Koord, Rechteck);  /* Setze Koordinatensystem */
   G_Text_Attr (G_Alt_Farbe, G_Alt_Schrift, 1.5*Sh, G_Alt_Breite, 0.0);
   Textpos.X = 0.0; Textpos.Y = Koord.Oben - 1.7 * Sh;
   Text_zentriert (Textpos, Ueberschrift);
   G_Text_Attr (G_Alt_Farbe, G_Alt_Schrift, Sh, G_Alt_Breite, G_Alt_Richtung);
   WinAnf = WinEnd = Punkte[0].X = Punkte[0].Y = 0.0;
   for (i=0 ; i<Anzahl ; i++)
   { WinAnf=WinEnd; WinEnd+=(Werte[i]/Summe)*360.0;
     n = Kreis ( &(Punkte[1]), WinAnf, WinEnd, 3.0);
     Punkte[++n]=Punkte[0];
     G_Gebiet_Attr (1+i%15, G_Alt_Gebiet); G_Gebiet (n, Punkte);
     G_Linien_Attr (1+i%15, G_Durchgezogen, 1.0);
     G_Linien (Anzahl==1 ? n-2 : n, Anzahl==1 ? &(Punkte[1]) : Punkte);
     sprintf(Schrift, " %g %s ", Werte[i], Namen[i]);  /* Zeichne Beschriftung */
     w=0.5*(WinAnf+WinEnd); sinw=Punkte[n/2].Y; cosw=Punkte[n/2].X;
     Textpos.X = (1+0.3*Sh)*cosw;
     Textpos.Y = (1+0.3*Sh)*sinw + 0.5*Sh*(sinw-1.0);
     if ((w>90.0) && (w<270.0))
     { G_Text_Ende (Textpos, Schrift, &Fortsetz);
       Textpos.X -= Fortsetz.X - Textpos.X;  /* Text nach links rücken */
     } /* if */
     G_Text (Textpos, Schrift);
   } /* for */
} /* Torte */
```

Prg. 6-8 *Torte()*, zeichnet ein Tortendiagramm

Das Zeichnen von Tortendiagrammen ist – da *Torte()* die gleiche Parameterliste wie *Balken_einfach()* und *Balken_3D()* hat – einfach möglich, indem wir z.B. in

Prg. 6-2 den Namen des Unterprogramms austauschen. Übrigens, können Sie sich vorstellen, wie ein Tortenfilm aussieht? Falls ja, so lassen Sie sich nicht davon abhalten, Ihre Filmidee in die Tat umzusetzen. Sie wissen ja, mit GuG sind Sie Drehbuchautor, Regisseur und Produzent in einem.

Kapitel 7

Geometrische Transformationen im 3-dimensionalen Raum

Auf den folgenden Seiten erfahren Sie, wie Sie 3-dimensionale Objekte mit GuG zeichnen können. Da alle Koordinaten für GuG als Zahlen*paar* (x, y) angegeben werden, kann GuG im Prinzip nur flache, 2-dimensionale Objekte zeichnen. Wir müssen also alle unsere Objekte im 3-dimensionalen Raum selbst verwalten und transformieren, d.h. verschieben, skalieren, drehen und auf die Zeichenfläche GuGs abbilden. Dazu ist unausweichlich etwas Mathematik vonnöten. Aber erschrecken Sie nicht zu sehr. Wir machen das – wie immer – ganz behutsam. Sollten Sie jedoch mit der Mathematik auf Kriegsfuß stehen, so können Sie trotzdem 3-dimensionale Objekte mit GuG zeichnen. Sie überspringen einfach alle mathematischen Teile der folgenden Seiten und schauen sich nur die Anwendungsbeispiele an. Dann machen Sie es kurzerhand für Ihre eigenen Bilder genauso und kümmern sich nicht darum, weshalb das Ganze überhaupt funktioniert.

7.1 Koordinaten und Transformationen

Ein Punkt im Raum wird durch drei kartesische Raumkoordinaten (x, y, z) festgelegt (Bild 7-1). Die Koordinaten geben an, wie weit der Punkt rechts $(x > 0)$ oder links $(x < 0)$ vom Ursprung des Koordinatensystems liegt, wieviel er höher $(y > 0)$ oder tiefer $(y < 0)$ liegt, und wie weit er vor $(z < 0)$ oder hinter $(z > 0)$ dem Ursprung liegt. Der Ursprung selbst hat die Koordinaten $(0, 0, 0)$ und heißt daher auch Nullpunkt.

Stellen Sie sich das auf der Bildfläche Ihres Bildschirms vor: Die x-Achse verläuft waagrecht und die y-Achse senkrecht auf dem Bildschirm, so wie Sie das von GuG schon gewohnt sind. Neu ist die z-Achse, und dafür bleibt als Richtung nur noch

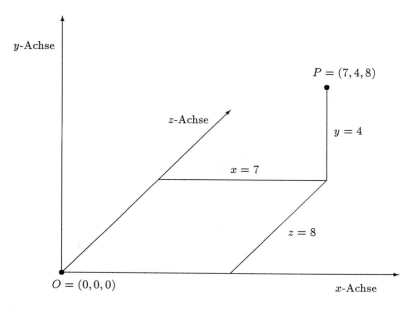

Bild 7-1 3D-Koordinatensystem

die Tiefe in den dunklen Raum der Bildröhre hinein. Die z-Achse läuft also von vorn nach hinten, d.h. ein Punkt mit großem z-Wert liegt weit weg hinter Ihrem Bildschirm, und ein Punkt mit einem negativen z-Wert liegt sozusagen vor Ihrem Bildschirm auf dem Tisch.

Die geometrischen Transformationen *Skalierung*, *Verschiebung* und *Drehung* sowie die *perspektivische Projektion* können wir durch eine Transformationsmatrix beschreiben. Für 3D-Transformationen benötigen wir dazu eine 4×4-Matrix:

$$M = \begin{pmatrix} m_{xx} & m_{xy} & m_{xz} & m_{xv} \\ m_{yx} & m_{yy} & m_{yz} & m_{yv} \\ m_{zx} & m_{zy} & m_{zz} & m_{zv} \\ m_{vx} & m_{vy} & m_{vz} & m_{vv} \end{pmatrix}$$

Wollen wir mehrere Transformationen hintereinander ausführen, also z.B. zuerst eine Drehung um 30° um die x-Achse, dann eine Verschiebung um 3 Einheiten nach oben, entlang der y-Achse, und zum Schluß eine Skalierung mit dem Faktor 2 in allen drei Raumachsen (Vergrößerung auf das Doppelte), so können wir die Punkte nacheinander mit den entsprechenden Transformationen abbilden.

Wir können aber auch – und das spart Rechenzeit – zuerst die einzelnen Transformationen miteinander verketten (mathematischer formuliert: die Transforma-

tionsmatrizen miteinander multiplizieren), und dann die Punkte mit der Gesamttransformation (dem Matrizenprodukt) abbilden.
Wird der Punkt $P = (x, y, z)$ mit der Matrix M auf den Punkt $P' = (x', y', z')$ abgebildet, so werden die Koordinaten von P' nach folgenden Formeln berechnet:[1]

$$\begin{aligned} x' &= x m_{xx} + y m_{yx} + z m_{zx} + m_{vx} \\ y' &= x m_{xy} + y m_{yy} + z m_{zy} + m_{vy} \\ z' &= x m_{xz} + y m_{yz} + z m_{zz} + m_{vz} \end{aligned}$$

Haben wir die Matrix für die Gesamttransformation erst einmal berechnet, dann ist der Aufwand für die Abbildung der Punkte, wie man leicht sieht, unabhängig von der Art und insbesondere von der Anzahl der einzelnen Transformationen, die an der Gesamttransformation beteiligt sind.

7.2 Skalierung

Betrachten wir nun die Transformationen einzeln, zunächst die Skalierung. Hinter diesem Fremdwort (eine Skala ist eine Meßlatte) verbergen sich einige Dinge, die im Alltag unterschieden werden, hier aber dem Vereinheitlichungsdrang der Mathematiker zum Opfer gefallen sind, nämlich Vergrößerung, Verkleinerung, Verzerrung, Punktspiegelung und Geradenspiegelung sowie alle Kombinationen daraus. In Matrixschreibweise sieht diese mächtige Operation sehr einfach aus:

$$S = \begin{pmatrix} s_x & 0 & 0 & 0 \\ 0 & s_y & 0 & 0 \\ 0 & 0 & s_z & 0 \\ 0 & 0 & 0 & 1 \end{pmatrix}$$

Jeder der drei Skalierungsfaktoren, s_x, s_y und s_z, wirkt auf die entsprechende Koordinatenachse. Wie erzielen wir nun damit die oben angeführten vielfältigen Dinge?

gleichmäßige Vergrößerung. Dies ist der Effekt einer Lupe. Dabei werden z. B. alle Kanten eines Würfels um den gleichen Vergrößerungsfaktor f länger. Wir setzen also

$$s_x = s_y = s_z = f > 1.$$

gleichmäßige Verkleinerung. Diesen Effekt kennen Sie zum Beispiel vom Weitwinkelobjektiv Ihrer Kamera oder vom Haustürspion, dem Guckloch in der Tür, durch das man zwar viel, aber das eben nur sehr klein sieht (Verkleinerungsfaktor f). Dazu setzen wir die Skalierungsfaktoren

$$0 < s_x = s_y = s_z = f < 1.$$

---

[1] Dies ist ein Spezialfall der allgemeinen Abbildung mit homogenen Koordinaten, der für unsere Zwecke ausreicht. Die Formeln berücksichtigen keine Projektionen.

Verzerrung. Von der Kirmes bekannt sind Zerrspiegel, die – je nach Typ – den Betrachter sehr dick, spindeldürr, riesig oder winzig aussehen lassen. Die verzerrende Wirkung der Zerrspiegel erreicht man durch eine Skalierung, die nur in einer Koordinatenrichtung wirkt. Wir können das nachbilden, indem wir unterschiedlich große Werte für die Skalierungsfaktoren angeben. Für den Zerrspiegel, der dick macht, setzen wir

$$s_x = f > 1 \text{ und } s_y = s_z = 1.$$

Das spindeldürre Abbild erzielen wir durch

$$0 < s_x = f < 1 \text{ und } s_y = s_z = 1.$$

Ein riesenhaftes Aussehen erhalten wir mit

$$s_y = f > 1 \text{ und } s_x = s_z = 1$$

und ein zwergenhaftes Aussehen mit

$$0 < s_y = f < 1 \text{ und } s_x = s_z = 1.$$

Diese Effekte können noch verstärkt werden, indem wir sie kombinieren, z. B. klein und dick oder groß und schlank.

Punktspiegelung. Im täglichen Leben haben wir es seltener mit der Punktspiegelung zu tun, aber es gibt sie auch dort, z. B. beim Diaprojektor. Wir wissen, daß wir alle Bilder auf dem Kopf stehend ins Magazin einsortieren müssen, damit sie nachher richtig herum auf der Leinwand zu sehen sind. Das Bild auf der Leinwand ist eine (vergrößerte) Punktspiegelung des Dias im Projektor, denn was auf der Leinwand rechts oben zu sehen ist, befindet sich auf dem Dia im Projektor links unten. In der Transformationsmatrix setzen wir

$$s_x = s_y = s_z = -1$$

und erhalten so die Matrix für die Punktspiegelung am Nullpunkt, dem Ursprung des Koordinatensystems.

Ebenenspiegelung. Das ist die 3-dimensionale Entsprechung der Geradenspiegelung aus der 2-dimensionalen Geometrie. Diesen Effekt treffen wir in jedem Spiegel an. Wir erzielen ihn mit den Skalierungsfaktoren

$$s_z = -1 \text{ und } s_x = s_y = +1.$$

Damit spiegeln wir an der xy-Ebene. Wollen wir an einer anderen Ebene spiegeln, so setzen wir die zugehörigen Skalierungswerte auf $+1$ und den übrigbleibenden auf -1.

Skalierungen können Sie leicht miteinander kombinieren, indem Sie alle Skalierungswerte einer Achse miteinander multiplizieren. Dazu ein Beispiel: Sie haben zwei Skalierungen

$$\begin{aligned} S' &= (s'_x, s'_y, s'_z) \\ S'' &= (s''_x, s''_y, s''_z) \end{aligned}$$

und erhalten die Gesamtskalierung

$$S = (s_x, s_y, s_z)$$

durch die Multiplikationen

$$\begin{aligned} s_x &= s'_x s''_x \\ s_y &= s'_y s''_y \\ s_z &= s'_z s''_z. \end{aligned}$$

7.3 Verschiebung

Die Transformationsmatrix für die Verschiebung ist ebenso einfach, wie die der Skalierung, nur werden die Verschiebungswerte an anderen Positionen in die Matrix eingetragen, nämlich in der untersten Zeile:

$$V = \begin{pmatrix} 1 & 0 & 0 & 0 \\ 0 & 1 & 0 & 0 \\ 0 & 0 & 1 & 0 \\ v_x & v_y & v_z & 1 \end{pmatrix}$$

Die drei Verschiebungswerte v_x, v_y, v_z geben an, wie weit in Richtung der entsprechenden Koordinatenachse verschoben wird. Wollen wir um 3 Einheiten nach rechts, um 2 Einheiten nach unten und um 4 Einheiten nach hinten verschieben, so setzen wir $v_x = 3$, $v_y = -2$ und $v_z = 4$.

Auch Verschiebungen kann man leicht miteinander kombinieren, indem man die Verschiebungswerte einer Achse addiert. Dazu wieder ein Beispiel: Sie haben zwei Verschiebungen

$$\begin{aligned} V' &= (v'_x, v'_y, v'_z) \\ V'' &= (v''_x, v''_y, v''_z) \end{aligned}$$

und erhalten die Gesamtverschiebung

$$V = (v_x, v_y, v_z)$$

durch die Additionen

$$v_x = v'_x + v''_x$$
$$v_y = v'_y + v''_y$$
$$v_z = v'_z + v''_z.$$

7.4 Drehung

Auch für Drehungen wollen wir die Transformationsmatrizen angeben. Sie wissen ja schon, daß wir hierzu die Winkelfunktionen Sinus und Kosinus brauchen. Doch warum reden wir von Matrizen, also mehreren? Dies liegt daran, daß sich für eine gemeinsame Drehung um alle drei Achsen (mit jeweils eigenem Drehwinkel) eine ziemlich komplizierte und unübersichtliche Matrix ergibt. Wir geben deshalb je eine Matrix für die Drehung um die x-, die y- und die z-Achse an.

$$D_x = \begin{pmatrix} 1 & 0 & 0 & 0 \\ 0 & \cos w_x & \sin w_x & 0 \\ 0 & -\sin w_x & \cos w_x & 0 \\ 0 & 0 & 0 & 1 \end{pmatrix}$$

$$D_y = \begin{pmatrix} \cos w_y & 0 & -\sin w_y & 0 \\ 0 & 1 & 0 & 0 \\ \sin w_y & 0 & \cos w_y & 0 \\ 0 & 0 & 0 & 1 \end{pmatrix}$$

$$D_z = \begin{pmatrix} \cos w_z & \sin w_z & 0 & 0 \\ -\sin w_z & \cos w_z & 0 & 0 \\ 0 & 0 & 1 & 0 \\ 0 & 0 & 0 & 1 \end{pmatrix}$$

Für die Kombination von Drehungen gibt es keine ganz so einfache Formel, wie für die Kombination von Skalierungen oder Verschiebungen. Leicht kombinierbar sind nur mehrere Drehungen um dieselbe Achse, beispielsweise zwei Drehungen um die x-Achse mit den Winkeln w'_x und w''_x. Für die Gesamtdrehung (um die x-Achse) ergibt sich der Winkel $w_x = w'_x + w''_x$.

Bei Drehungen um verschiedene Achsen ist die Gesamtdrehung abhängig von der Reihenfolge, in der die Einzeldrehungen durchgeführt werden. Dies ist ein weiterer Grund, weshalb wir keine Gesamtmatrix für die Drehung um alle 3 Achsen angeben.

7.5 Reihenfolge der Transformationen

Beim Verketten verschiedener Transformationen, spielt die Reihenfolge eine wesentliche Rolle. Machen wir uns klar, daß es ein großer Unterschied ist, ob man zuerst verkleinert und danach verschiebt, oder ob man zuerst verschiebt und danach verkleinert. Dies können Sie an einem Beispiel sehr leicht nachvollziehen. Schauen Sie sich dazu Bild 7-2 an.

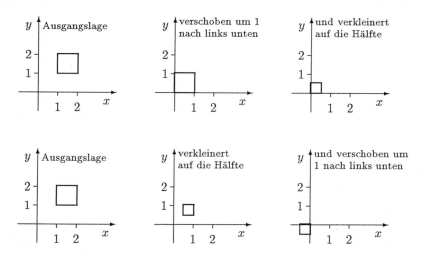

Bild 7-2 Vertauschen von Transformationen. Obere Reihe: erst Verschieben, dann Verkleinern. Untere Reihe: erst Verkleinern, dann Verschieben.

Ebenso empfindlich sind Drehungen in Bezug auf die Vertauschbarkeit. Daher werden wir in unseren Programmen nur die oben beschriebenen, einfachen Transformationen verwenden und sie in der von uns gewünschten Reihenfolge hintereinander ausführen. Um Rechenzeit einzusparen, wenden wir jedoch nicht die einzelnen Transformationen nacheinander auf die Punkte an, sondern berechnen zuerst die Gesamttransformation aus den Einzeltransformationen. Mit diesem Ergebnis transformieren wir dann die Punkte. Dazu brauchen wir Funktionen, die eine vorhandene Transformation und eine einfache Transformation verketten. Und eben solche werden wir im folgenden vorstellen. Die Verkettung von Transformationen entspricht der Multiplikation der zugehörigen Transformationsmatrizen.

7.6 Funktionen für 3D-Bilder

Ein Punkt im dreidimensionalen Raum ist durch drei Koordinaten (x, y, z) beschrieben (Bild 7-1). Dafür verwenden wir ein Feld von 3 Gleitkommazahlen:

```
typedef float G_Punkt_3D [3];
```

Der Datentyp für die Transformationsmatrix ist eine Matrix von 4 × 4 Gleitkommazahlen. Die Definition lautet

```
typedef float G_Matrix [4] [4];
```

Alles was wir noch brauchen, sind Funktionen, die eine gegebene Transformationsmatrix mit einer einfachen Transformation verketten, eine Hilfsfunktion zur Initialisierung einer Transformationsmatrix und eine Funktion zur Transformation und Projektion unserer Raumpunkte auf die zweidimensionale Zeichenfläche GuGs.

```
void G_Eins (G_Matrix matrix);
void G_Skalierung (G_Matrix matrix, double sx, double sy, double sz);
void G_Verschiebung (G_Matrix matrix, double vx, double vy, double vz);
void G_Drehung_X (G_Matrix matrix, double wx);
void G_Drehung_Y (G_Matrix matrix, double wy);
void G_Drehung_Z (G_Matrix matrix, double wz);
void G_3D_2D (int anzahl, G_Punkt_3D pkt_3d[ ], G_Matrix matrix,
              G_Punkt pkt_2d[ ], double abstand);
```

Keine der Funktionen liefert einen Funktionswert als Ergebnis zurück. Alle Funktionen (bis auf *G_3D_2D()*) verändern die angegebene Matrix. Die Funktion *G_3D_2D()* füllt das Feld *pkt_2d* mit den transformierten Koordinaten. Doch schauen wir uns die sieben Funktionen im einzelnen an:

Initialisierung. Die Funktion *G_Eins()* setzt die übergebene Matrix auf *Eins*, d. h. die zur Matrix gehörende Transformation hat dieselbe Wirkung wie eine Multiplikation mit der Zahl 1, nämlich keine. Mit dieser Funktion initialisieren wir unsere Variable für die Transformationsmatrix.

Skalierung. Die Funktion *G_Skalierung()* ändert die übergebene Transformation so, daß sie zusätzlich in den drei Raumachsen Verzerrungen vornimmt. Sie erinnern sich: Skalierungswerte > 1 vergrößern Objekte, Werte zwischen 0 und 1 verkleinern sie und negative Werte haben eine Spiegelung zur Folge (s. Abschnitt 7.2).

Verschiebung. Ebenso anschaulich ist die Wirkung der Funktion *G_Verschiebung()*. Die drei übergebenen Verschiebungswerte geben an, wie weit unsere Objekte in jede der drei Raumrichtungen verschoben werden. (s. Abschnitt 7.3).

Drehung. Die Drehung tanzt etwas aus der Reihe, weil wir für sie nicht mit einer einzigen Funktion auskommen. Wir verwenden für jede der drei Raumachsen eine eigene Funktion, mit der wir die Transformationsmatrix so ändern, daß eine Drehung um den angegebenen Winkel (im Gradmaß) hinzukommt (s. Abschnitt 7.4).

Transformation und Projektion. Die Funktion *G_3D_2D()* benutzen wir, bevor wir einen dreidimensionalen Kurvenzug zeichnen. Sie wendet die, mittels der anderen sechs Funktionen zusammengestellte, Transformationsmatrix *matrix* auf das 3D-Punktefeld *pkt_3d* an und liefert den 2D-Linienzug *pkt_2d*, den wir zur graphischen Ausgabe an GuG weiterleiten. Die ganze Zahl *anzahl* gibt an, wieviele 3D-Punkte umgerechnet werden sollen. Daß das Feld *pkt_3d* auch mindestens soviele Punkte enthalten muß, versteht sich von selbst. Das Feld *pkt_2d*, das die transformierten und projizierten Punkte im 2D-Koordinatensystem von GuG aufnimmt, muß mindestens genauso groß sein.[2]

Der Wert *abstand* gibt an, wie weit die Betrachter – also wir – von unserer 3-dimensionalen Szene entfernt sind. Das ist ein äußerst wichtiger Parameter für die Projektion der Szene auf die flache Bildebene von GuG. Er bestimmt sozusagen die Optik unserer Kamera, mit der wir einen Schnappschuß unserer Szene machen. Ein großer Wert entspricht einem Teleobjektiv, ein kleiner einem Weitwinkelobjektiv. Falls der Wert 0 angegeben ist, wird kein Objektiv verwendet, und man sieht die Szene nicht mehr perspektivisch projiziert, sondern in Parallelprojektion. Die Bilder verlieren damit den räumlichen Eindruck und sehen flach aus. Das liegt daran, daß die Parallelprojektion die z-Koordinate der Punkte einfach unterschlägt. Dafür geht die Rechnung schneller. Anschaulich werden die Bilder jedoch eigentlich nur in der Zentralprojektion, also unter Verwendung einer Kameraoptik, die natürlich berücksichtigt, wie weit wir von dem abzubildenden Punkt entfernt sind. Genau dies beschreibt ja die z-Koordinate des Punktes.

So ausgestattet, können wir nun dreidimensionale Objekte erstellen, transformieren, projizieren und auf der Zeichenfläche GuGs darstellen. Und das wollen wir jetzt auch tun. Wir benutzen dazu die *#include*-Datei *Geom-3d.h*, die die Typdefinitionen für *G_Punkt_3D* und *G_Matrix* sowie Deklarationen für alle 3D-Funktionen enthält. Die 3D-Funktionen selbst sind nicht Bestandteil von GuG, sondern als C-Quelltext auf der Datei *Geom-3d.c* verfügbar. Sie müssen also diese Datei übersetzen und zu Ihren 3D-Programmen hinzubinden.

7.7 Die fliegende Pyramide

In diesem Abschnitt wollen wir in einem Film die Cheopspyramide auf dem Bildschirm umherwirbeln. Doch dreidimensionale Objekte verlangen eine sorgfältige Planung, und deshalb beginnen wir in aller Ruhe und entwickeln den Film Schritt für Schritt, bei einer Tasse Kaffee.

Zuerst konstruieren wir unsere Pyramide (Bild 7-3), indem wir die Koordinaten der Eckpunkte festlegen. Wir stellen die Pyramide vor uns mitten auf den Tisch, also auf die xz-Ebene. Die y-Koordinate der Unterseite ist somit 0. Die Standfläche

---

[2] Wenn nicht, so wird der Speicher überschrieben. Solche Fehler sind schwer zu finden, da ja das Programm weiterläuft, zunächst auch noch richtig funktioniert und erst später an einer (vielleicht) von der Fehlerursache völlig unabhängigen Stelle Unsinn macht. Denken Sie also immer an die goldene Regel aller C-Programmierer:
WIR SITZEN IM SPEICHER UND TRAGEN DIE VOLLE VERANTWORTUNG!

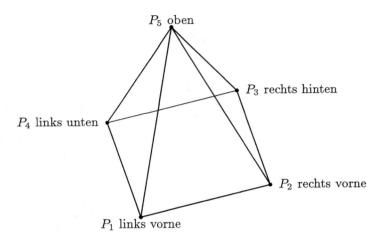

Bild 7-3 Die ägyptische Pyramide

ägyptischer Pyramiden ist ein Quadrat. Bei einer Kantenlänge von 2 ergeben sich folgende Koordinaten:

$$P_1 = (-1, 0, -1) \quad \text{links vorn}$$
$$P_2 = (+1, 0, -1) \quad \text{rechts vorn}$$
$$P_3 = (+1, 0, +1) \quad \text{rechts hinten}$$
$$P_4 = (-1, 0, +1) \quad \text{links hinten.}$$

Nun brauchen wir noch die Spitze der Pyramide. Diesen Punkt legen wir über die Mitte der Standfläche, d. h. x- und z-Koordinate des Punktes sind 0. Der Punkt liegt also auf der y-Achse. Als Höhe der Pyramide wählen wir 2, und damit ergibt sich der fünfte und letzte Pyramidenpunkt zu:

$$P_5 = (0, 2, 0) \quad \text{oben.}$$

Nun haben wir alle Eckpunkte festgelegt, und die Konstruktion der Pyramide ist beendet. Allerdings wollen wir auf dem Bildschirm mehr sehen, als nur fünf Punkte. Damit die fünf Punkte wie eine Pyramide aussehen, müssen wir sie noch mit Linien verbinden, also die Kanten einzeichnen. Ein solches Bild nennt man *Drahtgittermodell*. Unsere Pyramide hat folgende acht Kanten:

$$K_1 = (P_1, P_2) \quad \text{Standfläche vorn}$$
$$K_2 = (P_2, P_3) \quad \text{Standfläche rechts}$$
$$K_3 = (P_3, P_4) \quad \text{Standfläche hinten}$$
$$K_4 = (P_4, P_1) \quad \text{Standfläche links}$$
$$K_5 = (P_1, P_5) \quad \text{zur Spitze von links vorn}$$
$$K_6 = (P_2, P_5) \quad \text{zur Spitze von rechts vorn}$$
$$K_7 = (P_3, P_5) \quad \text{zur Spitze von rechts hinten}$$
$$K_8 = (P_4, P_5) \quad \text{zur Spitze von links hinten}$$

7.7 Die fliegende Pyramide

Wir können nun jede der acht Kanten der Pyramide mit einem Aufruf der GuG-Funktion *G_Linien()* zeichnen. Wir können auch mehrere Kanten zu einem Kantenzug (Linienzug) zusammenfassen. Um die Pyramide mit einem einzigen Linienzug zu zeichnen, müssen wir allerdings wohl oder übel eine Kante doppelt zeichnen. Wir erhalten dann z. B. folgenden Kantenzug, in dem die Kante (P_2, P_3) doppelt ist:

$$(\underbrace{P_1, P_2, P_3, P_4}_{\text{Standfläche}} , \underbrace{P_1, P_5, P_2}_{\text{zur Spitze vorn}} , \underbrace{P_3, P_5, P_4}_{\text{zur Spitze hinten}})$$

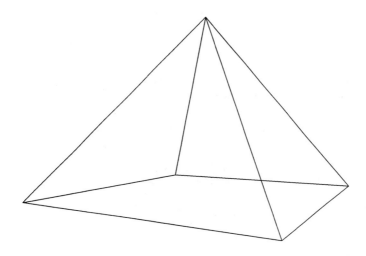

Bild 7-4 Die ägyptische Pyramide links herum gedreht (30° um die y-Achse) und nach vorne gekippt (−15° um die x-Achse), in Zentralprojektion aus der Entfernung 3.

Nun wollen wir die Pyramide aber endlich auf dem Bildschirm sehen. Ein schönes Bild ergibt sich, wenn wir sie um 30° um die senkrechte y-Achse, um −15° um die waagrechte x-Achse drehen und aus der Entfernung 3 betrachten. Dann erhalten wir Bild 7-4, das von Prg. 7-1 erzeugt wurde. Dazu noch ein paar Hinweise: Für dieses Beispiel müssen wir einen Maßstab setzen, da wir unsere Pyramide in einem Koordinatensystem angegeben haben, in dem die Pyramidenkonstruktion besonders einfach ist. Den dazu verwendeten Koordinatenbereich bilden wir größtmöglich auf den Bildschirm ab. Zu erwähnen ist noch das Feld *Kantenfolge*, das festlegt, in welcher Reihenfolge die Eckpunkte zum Linienzug zusammengefaßt werden. Damit sparen wir Rechenzeit, denn es durchlaufen nur fünf Punkte die 3D ⟶ 2D Projektion, und nicht alle 10 Punkte, die zum Zeichnen nötig sind.

Als nächstes wollen wir das Pyramidenbeispiel noch zum Film erweitern. In der Funktion *film_init()* setzen wir den Maßstab und initialisieren die Matrix als Einheitsmatrix. Wir machen einen interaktiven Film, indem wir auf eingetippte Zei-

```
#include <GuG.h>
#include <Geom-3d.h>
zeichne_bild ()
{ static G_Punkt_3D Ecken_3D [5] = { {-1, 0, -1}   /* links vorn */
                                   , { 1, 0, -1}   /* rechts vorn */
                                   , { 1, 0,  1}   /* rechts hinten */
                                   , {-1, 0,  1}   /* links hinten */
                                   , { 0, 2,  0}   /* Spitze oben */
                                   };
  static int Kantenfolge[10] = { 0, 1, 2, 3, 0, 4, 1, 2, 4, 3 };
  G_Punkt Ecken_2D[5];
  G_Punkt Kantenzug_2D[10];
  G_Matrix matrix;
  G_Rechteck Welt, Schirm;
  int i;
  Welt.Unten=-0.7; Welt.Oben=2.2; Welt.Links=-1.5; Welt.Rechts=1.5;
  Schirm.Unten=0.0; Schirm.Oben=18.0; Schirm.Links=0.0; Schirm.Rechts=24.0;
  G_Massstab (Welt, Schirm);
  G_Eins (matrix);
  G_Drehung_Y (matrix, 30.0);
  G_Drehung_X (matrix, -15.0);
  G_3D_2D (5, Ecken_3D, matrix, Ecken_2D, 3.0);
  for (i=0 ; i<10 ; i++) Kantenzug_2D[i] = Ecken_2D[Kantenfolge[i]];
  G_Linien (10, Kantenzug_2D);
} /* zeichne_Bild */
```

Prg. 7-1 Perspektivische Ansicht der ägyptischen Pyramide

chen reagieren. Wird eine der Tasten **x**, **y** oder **z** gedrückt, so drehen wir die Pyramide um 2° um die entsprechende Achse. Damit unser Finger auf der Taste nicht einschläft, merken wir uns, welche Taste gedrückt wurde und machen beim nächsten Bild das gleiche noch einmal, und das solange, bis wir eine andere Taste betätigen.

Prg. 7-2 zeigt, wie wir die ägyptische Pyramide durch die Luft wirbeln und Purzelbäume schlagen lassen!

7.8 Sichtbar oder verdeckt?

So schön es auch ist, wenn die Pyramide über den Bildschirm wirbelt, das menschliche Gehirn spielt nicht immer mit. Was vorne und was hinten ist, wird zwar durch die perspektivische Projektion in der richtigen Größe dargestellt, aber trotzdem kommt es vor, daß wir uns täuschen und die Pyramide plötzlich umgeklappt sehen.

Der Grund dafür ist, daß wir stets *alle* Kanten unserer elektronischen Cheopspyramide zeichnen, obwohl wir bei einer echten Pyramide die hinteren Kanten gar

```
#include <GuG.h>      /* Definitionen für GuG */
#include <Geom-3d.h>  /* Definitionen für 3D */

static G_Matrix Matrix;
static int Taste;

film_init()
{ G_Rechteck Welt, Schirm;
    Welt.Unten  = -2.0;    Schirm.Unten  = 0;
    Welt.Oben   = 2.5;     Schirm.Oben   = 18;
    Welt.Links  = -2.0;    Schirm.Links  = 0;
    Welt.Rechts = 2.0;     Schirm.Rechts = 24;
    G_Massstab (Welt, Schirm);
    G_Eins (Matrix);
    Taste = 0;
} /* film_init */

film_bild (bild_nr, ch)
int bild_nr, ch;
{ static G_Punkt_3D Ecken_3D [5] = { {-1, 0, -1} /* links vorn */
                                   , { 1, 0, -1} /* rechts vorn */
                                   , { 1, 0,  1} /* rechts hinten */
                                   , {-1, 0,  1} /* links hinten */
                                   , { 0, 2,  0} /* sptize oben */
                                   };
  static int Kantenfolge [10] = { 0, 1, 2, 3, 0, 4, 1, 2, 4, 3 };
  G_Punkt Ecken_2D [5];
  G_Punkt Kantenzug_2D [10];
  int i;
  if (ch) Taste=ch;
  switch (Taste)
  { case 'x': G_Drehung_X (Matrix, 2.0); break;
    case 'y': G_Drehung_Y (Matrix, 2.0); break;
    case 'z': G_Drehung_Z (Matrix, 2.0); break;
    default : Taste=0; break;
  } /* switch */
  G_3D_2D (Matrix, 5, Ecken_3D, Ecken_2D, 3.0);
  for (i=0 ; i<10 ; i++) Kantenzug_2D [i] = Ecken_2D [ Kantenfolge [i] ];
  G_Linien (10, Kantenzug_2D);
} /* film_bild */
```

Prg. 7-2 Die ägyptische Pyramide wirbelt durch die Luft

nicht sehen können, weil sie von der Vorderseite der Pyramide verdeckt werden. Abhilfe schafft hier das Entfernen unsichtbarer, weil verdeckter, Bildteile. Doch wie können wir herausfinden, ob eine Kante oder eine Seite der Pyramide sichtbar oder verdeckt ist?

Grundsätzlich ist dieses Problem sehr komplex. Um festzustellen, ob eine bestimmte Seite eines Objekts sichtbar ist, muß jede andere Seite des Objekts daraufhin geprüft werden, ob sie diese Seite (teilweise) verdeckt. Doch für einfach gebaute Körper – wie unsere Pyramide – gibt es eine Lösung, bei der man für jede Seite einzeln, unabhängig von den anderen Seiten, entscheiden kann, ob sie sichtbar oder unsichtbar ist.

Voraussetzung dafür ist, daß der Körper *konvex* ist. Was diese Begriff aus der Mathematik bedeutet, kann man sich ganz anschaulich klarmachen: Stellen Sie sich vor, Sie haben eine Holzkugel, aus der Sie den Körper herstellen wollen. Zur Bearbeitung von Holz nehmen Sie natürlich eine große Säge, und damit sägen Sie mit jedem Schnitt ganze Scheiben von der Kugel ab. Die so entstandene Sägearbeit ist ein konvexer Körper. Unsere Pyramide können Sie z.B. auf diese Weise aussägen. Auch Quader, Tetraeder, Würfel und viele weitere mehr oder weniger regelmäßige Körper können mit ganzen Schnitten ausgesägt werden und sind damit konvex.

Wir nehmen eine einzelne Seite unseres konvexen Körpers her. (Alle anderen Seiten sind wie von Geisterhand verschwunden.) Ob diese Seite sichtbar oder verdeckt ist, können wir feststellen, indem wir entscheiden, ob wir auf ihre Innen- oder Außenfläche schauen. Die dazu nötigen mathematischen Tricks sollen uns hier nicht interessieren – Hauptsache es funktioniert! Aber so ganz einfach ist es doch nicht. Wir müssen unserem Unterprogramm, das die Sichtbarkeit einer Seite ermittelt, ein bißchen behilflich sein, und ihm die Eckpunkte der Seite in einer ganz bestimmten Reihenfolge angeben, nämlich links herum, wie meistens in der Mathematik.

Stellen Sie sich vor, Sie sitzen im Mittelpunkt des konvexen Körpers und schauen auf die fragliche Seite. Gehen Sie dann (im Geiste) links herum, also entgegen dem Uhrzeigersinn, den Seitenrand entlang einmal um die Seite. Unser Unterprogramm für die Sichtbarkeitsbestimmung braucht die Eckpunkte in der Reihenfolge, wie Sie sie auf Ihrem Spaziergang erreichen.

Nun aber endlich wieder zur Cheopspyramide. Betrachten Sie nochmals die Pyramide in Bild 7-3. Sie hat fünf Seiten. Die Grundfläche besteht aus vier Punkten und die vier Seitenflächen aus jeweils drei Punkten. Die Eckpunkte dieser Seiten müssen wir für unseren Sichtbarkeitsalgorithmus in der richtigen Reihenfolge angeben, nämlich von der Mitte aus gesehen links herum:

$$S_1 = (P_1, P_2, P_3, P_4) \quad \text{Grundfläche}$$
$$S_2 = (P_1, P_5, P_2) \quad \text{Vorderseite}$$
$$S_3 = (P_2, P_5, P_3) \quad \text{rechte Seite}$$
$$S_4 = (P_3, P_5, P_4) \quad \text{Rückseite}$$
$$S_5 = (P_4, P_5, P_1) \quad \text{linke Seite}$$

Unter den Funktionen für die 3-dimensionale Graphik befindet sich ein Unterprogramm, das bestimmt, ob eine Seite sichtbar (Ergebniswert 1) oder unsichtbar (Ergebniswert 0) ist. Dem Unterprogramm wird ein Feld von drei 2D-Punkten (Typ *G_Punkt*) übergeben, die die Orientierung der Seite festlegen.

7.8 Sichtbar oder verdeckt?

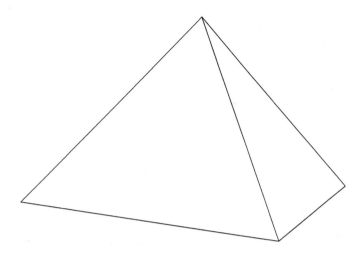

Bild 7-5 Die ägyptische Pyramide nach dem Entfernen unsichtbarer Seiten, links herum gedreht (30° um die y-Achse) und nach vorne gekippt (−15° um die x-Achse), in Zentralprojektion aus der Entfernung 3.

Die Definition für die die Sichtbarkeit einer Seite prüfende Funktion lautet:

    int G_Sichtbar (G_Punkt p[ ]);

Die Sichtbarkeit einer Seite wird also mit den bereits transformierten und projizierten Koordinaten bestimmt. Das geht schneller als mit 3D-Koordinaten.

Dieses Unterprogramm wollen wir jetzt noch in den Pyramidenfilm einbauen. Dazu brauchen wir Datenfelder für die Pyramidenseiten. Wie im letzten Film auch, transformieren wir nur die fünf Pyramidenpunkte und setzen die Seiten danach aus den 2D-Punkten zusammen. Das spart eine Menge Rechenzeit, gegenüber der Transformation jeder Seite von 3D- in 2D-Koordinaten, da jeder Punkt in mindestens drei Pyramidenseiten vorkommt. Prg. 7-3 zeigt, wie man die Überprüfung der Sichtbarkeit in den Film einbauen kann.

Noch ein Tip zum Schluß: Experimentieren Sie doch auch mal mit dem Parameter *abstand*, der die Optik der Kamera festlegt. Je größer dieser Wert ist, desto weiter sind wir vom Objekt entfernt. Die Perspektive geht dann allmählich in eine Parallelprojektion über. Aber Achtung: Wenn Sie zu nahe an die Pyramide herankommen, dann können Sie Ihr blaues Wunder erleben. Ihr Rechner macht Bilder auch noch dann, wenn eine echte Kamera schon längst aufgegeben hat. Sie können nähmlich auch halb in die Pyramide hineinfahren oder gar durch die Pyramide hindurchfahren, wenn sich im Laufe des Films der Projektionsabstand z.B. von +3 nach −3 verändert.

```
#include <GuG.h>     /* Definitionen für GuG */
#include <Geom-3d.h> /* Definitionen für 3D */
static G_Matrix Matrix;
static int Taste;
film_init()
{ G_Rechteck Welt, Schirm;
  Welt.Unten  = -2.0;    Schirm.Unten  = 0;
  Welt.Oben   = 2.5;     Schirm.Oben   = 18;
  Welt.Links  = -2.0;    Schirm.Links  = 0;
  Welt.Rechts = 2.0;     Schirm.Rechts = 24;
  G_Massstab (Welt, Schirm);
  G_Eins (Matrix); Taste = 0;
} /* film_init */

film_bild (bild_nr, ch)
int bild_nr, ch;
{ static G_Punkt_3D Ecken_3D [5] = { {-1, 0, -1} /* links vorn */
                                   , { 1, 0, -1} /* rechts vorn */
                                   , { 1, 0,  1} /* rechts hinten */
                                   , {-1, 0,  1} /* links hinten */
                                   , { 0, 2,  0} /* Spitze oben */
                                   };
  static int Grundseite [5] = { 0, 1, 2, 3, 0 };
  static int Vorne [4] = { 0, 4, 1, 0 }, Hinten [4] = { 2, 4, 3, 2 };
  static int Rechts [4] = { 1, 4, 2, 1 }, Links [4] = { 3, 4, 0, 3 };
  G_Punkt Ecken_2D [5], Kantenzug_2D [5];
  int s, i;
  if (ch) Taste=ch;
  switch (Taste)
  { case 'x': G_Drehung_X (Matrix, 2.0); break;
    case 'y': G_Drehung_Y (Matrix, 2.0); break;
    case 'z': G_Drehung_Z (Matrix, 2.0); break;
    default : Taste=0; break;
  } /* switch */
  G_3D_2D (Matrix, 5, Ecken_3D, Ecken_2D, 3.0);
  for (i=0 ; i<5 ; i++) Kantenzug_2D [i] = Ecken_2D [ Grundseite [i] ];
  if (G_Sichtbar(Kantenzug_2D)) G_Linien (5, Kantenzug_2D);
  for (i=0 ; i<4 ; i++) Kantenzug_2D [i] = Ecken_2D [ Vorne [i] ];
  if (G_Sichtbar(Kantenzug_2D)) G_Linien (4, Kantenzug_2D);
  for (i=0 ; i<4 ; i++) Kantenzug_2D [i] = Ecken_2D [ Rechts [i] ];
  if (G_Sichtbar(Kantenzug_2D)) G_Linien (4, Kantenzug_2D);
  for (i=0 ; i<4 ; i++) Kantenzug_2D [i] = Ecken_2D [ Hinten [i] ];
  if (G_Sichtbar(Kantenzug_2D)) G_Linien (4, Kantenzug_2D);
  for (i=0 ; i<4 ; i++) Kantenzug_2D [i] = Ecken_2D [ Links [i] ];
  if (G_Sichtbar(Kantenzug_2D)) G_Linien (4, Kantenzug_2D);
} /* film_bild */
```

Prg. 7-3 Die ägyptische Pyramide wirbelt durch die Luft und zeigt nur ihre sichtbaren Seiten.

Kapitel 8

Filme schnell gemacht

Rastlos rauschen rasende Bilder rege sich rankend rasch vorbei. Damit dieser Satz nicht reine Poesie bleibt, werden wir in diesem Kapitel Tips und Tricks vorstellen, mit denen Sie Ihre Filme beschleunigen können.

Eine alte Regel der EDV lautet: „90% der Rechenzeit eines Programms werden in 10% des Kodes verbraucht." Diese 10% des Programms sind natürlich die *innersten Schleifen*, also die Programmteile, die am häufigsten durchlaufen werden. Nur hier lohnt sich das Optimieren. Wenden wir diese Erkenntnis auf unsere Filme an, so heißt das: Die Funktion *film_bild()*, die in der zentralen Filmschleife zum Zeichnen jedes Einzelbilds aufgerufen wird, müssen wir optimieren. Der Rechenaufwand für jedes Einzelbild muß so gering wie möglich sein. Im folgenden stellen wir Tips vor, um dieses Ziel zu erreichen. Vorab sei gesagt: Den mit Abstand größten Aufwand verursachen *Gleitkommarechnungen*. Deshalb ist die wichtigste Maßnahme, um Filme schnell zu machen, Gleitkommarechnungen soweit irgend möglich zu reduzieren. Mit diesem Thema beschäftigen wir uns daher zuvörderst.

8.1 Arithmetik

Gleitkommarechnungen (Datentypen *float*, *double*) sind im Vergleich zu ganzzahligen Rechnungen (Datentypen *int*, *long*) um Größenordnungen langsamer (Faktor 25–100, vgl. Tabelle S. 124). Mit ganzen Zahlen kann Ihr PC nämlich besonders gut und schnell rechnen. Die vier Grundrechenarten in Ganzzahlarithmetik – plus, minus, mal, geteilt – führt der Prozessor ohne viel Aufhebens einfach so aus, als Maschinenbefehl. Bei Gleitkommaoperationen muß er jedoch passen. Die kann er nicht! Außer Sie haben ihm einen numerischen Koprozessor 80x87 spendiert, der genau für diesen Zweck geschaffen wurde. Deshalb müssen Gleitkommaoperationen mühsam per Unterprogramm auf die Ganzzahlarithmetik des Prozessors zurückgeführt werden. Das funktioniert prima, kostet aber eine Menge Zeit. Und selbst mit numerischem Koprozessor sind Gleitkommarechnungen langsamer als Ganzzahlrechnungen. Die beiden Prozessoren müssen sich dann nämlich erst einmal darüber unterhalten, wer wann was rechnen soll, und wer wann welches Rechenergebnis wieder braucht. Diese zusätzliche Verwaltungsarbeit macht die Sache auch nicht schneller. Ähnliches sind wir ja auch im täglichen Leben von der allgegenwärtigen Bürokratie gewohnt.

Operation	int (16 Bit)	long (32 Bit)	float Emulation	float alternate math
+/−	1,0	1,8	88,5	26,3
*	1,3	5,7	90,2	27,0
/	1,7	9,8	123,0	31,7
(int)	−	1,0	113,0	27,5
sin/cos	−	−	1406,3	823,4
√	−	−	412,5	137,5

Relativer Zeitaufwand für Gleitkomma- und Ganzzahlrechnungen. Die Rechenzeiten sind als Vielfache einer int-Addition angegeben. Die Zahlen wurden ermittelt auf einem 80286-AT mit 10 MHz Takt, ohne numerischen Koprozessor und mit Microsoft C 5.1.

Wir können folgende Regeln aufstellen, deren einfaches Fazit lautet: *Fließkomma oder Fließfilm*.

1. Du sollst so wenig Sinusse und Kosinusse berechnen wie möglich.

2. Du sollst keine Gleitkommaoperationen verwenden. Du sollst vielmehr, wenn irgend möglich, mit *int* oder *long* rechnen.

3. Du sollst einen numerischen Koprozessor 80x87 verwenden. Falls Sie einen 80486-Prozessor haben, können Sie sich glücklich schätzen. Bei diesem Prozessor ist der zugehörige Koprozessor schon mitintegriert.

4. Falls Du keinen numerischen Koprozessor hast, sollst Du als Benutzer von Microsoft C die sogenannte *alternate math lib* (Option –FPa, Bibliothek *llibfa.lib*) verwenden.

5. Falls Du einen numerischen Koprozessor hast, sollst Du als Microsoft C-Benutzer die *in line* Aufrufe des Koprozessors (Option –FPi87, Bibliotheken *llibfp.lib, 87.lib*) verwenden.

Natürlich ist die Entscheidung zwischen Gleitkomma- und Ganzzahlarithmetik auch immer eine Entscheidung für oder gegen die Bequemlichkeit. Vom Standpunkt der Bequemlichkeit und der Flexibilität aus gesehen, haben Gleitkommazahlen sehr viel für sich. GUG verwendet ja auch ein Weltkoordinatensystem aus Gleitkommazahlen, um es Ihnen leicht zu machen. Intern ist GUG jedoch so optimiert, daß die Transformation von Weltkoordinaten in ganzzahlige Gerätekoordinaten sofort und mit geringstmöglichem Rechenaufwand erfolgt. Alle weiteren internen Berechnungen zum Zeichnen der Objekte werden dann mit Ganzzahlarithmetik durchgeführt. Dies macht sich besonders bei Texten bemerkbar, die

8.1 Arithmetik

GUG geradezu blitzartig zeichnet. Bei vielen anderen Graphikbibliotheken mit Gleitkommakoordinaten, kann man das Zeichnen eines Textes wie „Hallo, Welt!" gemütlich bei einer Tasse Kaffee verfolgen. Ein Film mit Text, wie Prg. 5-8, wäre ein Ding der Unmöglichkeit.

Jedoch dankt Ihr Rechner es Ihnen, wenn Sie in Ihren Filmen (außer den unvermeidlichen, internen Gleitkommarechnungen von GUG) selbst möglichst wenig, am besten keine, Gleitkommarechnungen verwenden. Das trifft vor allem dann zu, wenn Sie keinen numerischen Koprozessor besitzen.

Sowohl Microsoft C als auch Turbo C haben eine sogenannte *Emulationsbibliothek*. Diese Bibliothek stellt zur Laufzeit des Programmes fest, ob ein Koprozessor installiert ist. Falls ja wird er verwendet, falls nein *emuliert* die Bibliothek den fehlenden 80x87-Koprozessor. Das heißt, der Koprozessor wird, mit allen seinen Eigenschaften und Fähigkeiten, exakt per Programm nachgebildet. Das ist sehr aufwendig und kostet entsprechend viel Zeit. Vor allem auch deswegen, weil der Koprozessor intern Gleitkommazahlen mit 80 Bit Länge verwendet und auch seine Rechnungen stets mit 80 Bit Länge durchführt. Außerdem müssen auch ständig Umwandlungen des Datenformats von C-Format (4 Byte, 32 Bit) in Koprozessorformat und umgekehrt gemacht werden. Die Emulationsbibliotheken rechnen also sehr gründlich. So gründlich und genau, wie Sie es in den allermeisten Fällen gar nicht brauchen können.

Aus diesem Grund bietet Microsoft C eine Alternative zur Emulationsbibliothek an. Die heißt dann auch *alternate math library* und wird beim Übersetzen mit der Option *-FPa* angesprochen; beim Binden muß die Bibliothek *llibfa.lib* gebunden werden. Diese Bibliothek schert sich nicht im geringsten um den Koprozessor, rechnet auch nicht mit 80 Bit, sondern mit Gleitkommazahlen im C-Format, so daß auch nicht ständig das Format gewandelt werden muß. Auf Rechnern ohne Koprozessor ist sie dafür auch etwa um den Faktor 4 schneller als die Emulationsbibliothek (allerdings auch ungenauer, aber das spielt normalerweise keine Rolle). Leider gibt es eine solche alternative Gleitkommabibliothek für Turbo C nicht. Das ist der Grund, warum Filme mit Microsoft C etwas schneller sind als mit Turbo C (zumindest auf Rechnern ohne Koprozessor).

Ganzzahlrechnung ist aber selbst gegenüber der *alternate math lib* von Microsoft C um einen Faktor 20–30 (gegenüber der Emulationsbibliothek sogar 100 mal) schneller. Das zeigt ganz klar und deutlich, daß sich jede eingesparte Gleitkommarechnung lohnt.

Zur Demonstration werden wir jetzt einen unserer alten Bekannten auf Geschwindigkeit trimmen: DINO, den lustigen Dinosaurier. Wir nehmen Prg. 5-5 her und stellen die Berechnung der Zwischenstufen der Bewegung auf Ganzzahlarithmetik um. Betrachten Sie dazu Prg. 8-1.

```c
#include <stdlib.h>  /* für abs */
#include <GuG.h>
#include "dino.h"  /* dino1, dino2 */
#include "ente.h"  /* ente1, ente2 */
extern int ges_bild;  /* wird in film_init() verwendet */
#define LEN(feld) (sizeof(feld)/sizeof(feld[0]))
typedef struct {int X,Y;} Gri_Punkt;  /* int-Punkt */
static Gri_Punkt dinodiff [LEN(dino1)], entediff [LEN(ente1)];
static Gri_Punkt dino1i [LEN(dino1)], ente1i [LEN(ente1)];
static G_Punkt dino [LEN(dino1)], ente [LEN(dino1)];
static int dv;

film_init()
{ G_Rechteck welt, geraet; int i;
  dv = 24000 / ges_bild;
  welt.Links=0.0; welt.Rechts=24000.0; welt.Unten=0.0; welt.Oben=18000.0;
  geraet.Links=0.0; geraet.Rechts=24.0; geraet.Unten=0.0; geraet.Oben=18.0;
  G_Massstab (welt, geraet);
  for (i = 0; i < LEN(dino1); i++)
  { dino1i[i].X = 18000.0*dino1[i].X; dino1i[i].Y = 18000.0*dino1[i].Y;
    dinodiff[i].X = ((int) 18000.0*dino2[i].X) - dino1i[i].X;
    dinodiff[i].Y = ((int) 18000.0*dino2[i].Y) - dino1i[i].Y;
  } /* for i */
  for (i = 0; i < LEN(ente1); i++)
  { ente1i[i].X = 18000.0*ente1[i].X; ente1i[i].Y = 18000.0*ente1[i].Y;
    entediff[i].X = ((int) 18000.0*ente2[i].X) - ente1i[i].X;
    entediff[i].Y = ((int) 18000.0*ente2[i].Y) - ente1i[i].Y;
  } /* for i */
} /* film_init */

film_bild(bild_nr, ch)
int bild_nr, ch;
{ register int i; int v, f;
  v = 18000 - bild_nr*dv; f = abs ((bild_nr&0x0f) - 8); if (!f) f = 1;
  for (i = 0; i < LEN(dino1); i++)
  { dino[i].X = dino1i[i].X + dinodiff[i].X / f - v;
    dino[i].Y = dino1i[i].Y + dinodiff[i].Y / f;
  } /* for i */
  for (i = 0; i < LEN(ente1); i++)
  { ente[i].X = ente1i[i].X + entediff[i].X / f - v;
    ente[i].Y = ente1i[i].Y + entediff[i].Y / f;
  } /* for i */
  G_Linien (LEN(dino1), dino); G_Linien (LEN(ente1), ente);
} /* film_bild */
```

Prg. 8-1 DINO jagt die Ente jetzt noch schneller

Daten vom Typ *int* sind auf dem PC 16 Bit lang und können ganze Zahlen im Bereich $-32\,768\ldots 32\,767$ aufnehmen. DINOs Koordinaten bewegen sich alle im Bereich $[0, 1{,}333] \times [0, 1]$. Um mit ihnen in Ganzzahlarithmetik rechnen zu können, transformieren wir die Koordinaten in *film_init()* in den (ganzzahligen) Bereich von $0\ldots 24\,000 \times 0\ldots 18\,000$. Damit wir DINO auf dem Bildschirm sehen, müssen wir natürlich mit *G_Massstab()* das Weltrechteck entsprechend einstellen. Der Rest geht im Prinzip genauso wie in Prg. 5-5, außer daß wir jetzt im laufenden Film das Weltkoordinatensystem unverändert lassen und die Verschiebung „von Hand" berechnen. Das tun wir deshalb, weil wir nun die Verschiebung ebenfalls in Ganzzahlarithmetik berechnen können, während eine Änderung des Weltkoordinatensystems in jedem Filmbild GuG-intern rund 50 Gleitkommaoperationen kosten würde.

Während unser ursprünglicher Film (Prg. 5-5) auf einem 80286-AT mit 10 MHz Takt und Hercules-Graphik etwa 3 Bilder pro Sekunde erreichte, kommt Prg. 8-1 auf demselben Rechner auf 7 Bilder/Sekunde. Unser Jungbrunnen für DINO hat also wahre Wunder gewirkt und seine Geschwindigkeit mehr als verdoppelt. Die höhere Geschwindigkeit haben wir allerdings erkauft mit einem etwas unübersichtlicheren Programm. So ist das Leben!

8.2 Übersetzer

Schalten Sie alle verfügbaren Übersetzeroptionen zum Optimieren des erzeugten Maschinenprogrammes ein. Wie diese lauten und was sie bedeuten, finden Sie im Handbuch Ihres Übersetzers. Versprechen Sie sich aber nicht allzuviel von solchen Maßnahmen! Viele Leute überschätzen den Einfluß solcher Optimierungen auf die Laufzeit ihrer Programme ganz gewaltig. Im allgemeinen bringt eine konsequente Verringerung der Gleitkommaarithmetik (Abschnitt 8.1) erheblich mehr.

8.3 Graphikmodus

Grundsätzlich gilt: je besser der Graphikmodus, desto langsamer der Film. Das ist ganz klar! Denn „besser" bedeutet ja: mehr Bildpunkte und/oder mehr Farben. Und das bedeutet zugleich: der Bildspeicher wird größer. Folglich wird allein schon die zum Löschen des Bildschirms erforderliche Zeit zwischen zwei Filmbildern größer. Mehr Bildpunkte bedeuten außerdem: Beim Zeichnen von Linien oder Füllen von Flächen müssen mehr einzelne Bildpunkte gesetzt werden. Die Bilder sehen aufgrund der höheren Auflösung natürlich besser aus. Dafür dauert das Malen länger!

Falls Sie stolzer Besitzer einer VGA-Karte sind, haben Sie die Qual der Wahl, in welchem Graphikmodus Sie Ihre Filme betrachten wollen. Die beste Qualität bietet natürlich der EGA-Modus (Farbe eben!), der vom Filmrahmen (Prg. 5-2) bei VGA-Karten automatisch eingestellt wird. Eine VGA-Karte kann man aber üblicherweise per mitgelieferten Programm auch so umschalten, daß Sie sich genauso wie eine Hercules-Karte verhält. Im Hercules-Modus sind Ihre Filme zwar nur noch schwarzweiß, aber dafür etwas schneller. Beachten Sie aber unbedingt, daß nicht nur Ihre Graphikkarte, sondern auch Ihr Monitor für die gewünschte Betriebsart geeignet sein muß (s. Abschnitt 11.3)!

Falls Sie eine VGA- oder EGA-Karte und einen dafür geeigneten Monitor haben, können Sie auch einmal versuchen, Ihre Filme im CGA-Modus abzuspielen. Öffnen Sie dazu einfach GUG im Rahmen mit der Anweisung:

```
G_Anfang (G_CGA);
```

Wie bereits in Abschnitt 5.3 erwähnt, hat zwar eine echte CGA-Karte zuwenig Bildspeicher für das Doppelpufferverfahren. VGA/EGA-Karten verfügen aber über erheblich mehr Speicher (üblich sind mindestens 256 KByte), so daß man eine solche Karte normalerweise auch im CGA-Modus mit Doppelpuffer betreiben kann. Da der CGA-Modus nur etwa halb soviel Bildpunkte wie der Hercules-Modus hat, sind Filme im CGA-Modus mit Abstand am schnellsten.

8.4 GUG

Natürlich braucht auch GUG zum Zeichnen eines jeden Bildobjekts eine gewisse Zeit. Wieviel, das hängt von einer ganzen Reihe von Einflußgrößen ab. Manche davon sind klar: je mehr Punkte eine Punktreihe enthält, je länger und je dicker die zu zeichnenden Linien bzw. je größer die zu füllende Fläche, desto länger dauert das Zeichnen. Andere sind nicht so ohne weiteres klar, weil sie von internen Abläufen GUGs abhängen. Zum Beispiel sind bestimmte Füllmuster beim Flächenfüllen besonders schnell, weil bei diesen Mustern manche waagrechte Linien ganz leer sind, also nicht gezeichnet zu werden brauchen. Daher folgt nun eine kleine Übersicht darüber, auf was Sie bei den vier Ausgabefunktionen GUGs achten sollten, wenn Sie möglichst schnelle Filme haben wollen.

Linien Linienzüge mit den Merkmalen G_Durchgezogen und Strichdicke 1 werden am schnellsten gezeichnet.

Gebiet Die folgenden Muster sind beim Füllen von Gebieten besonders schnell: G_0_Weit, G_Punkte_Weit, G_0_Eng, G_Punkte_Eng. Natürlich ist ein Linienzug immer wesentlich schneller gezeichnet als ein Füllgebiet.

Marken Marken werden um so schneller gezeichnet, je kleiner sie sind.

Text Die Geschwindigkeit bei Texten hängt natürlich von der Größe der Zeichen ab: je kleiner, desto schneller. Außerdem unterscheiden sich die drei Zeichensätze GUGs in der Geschwindigkeit wie folgt: Am schnellsten ist G_Schnell, dann kommt G_Grotesk, am langsamsten ist G_Antiqua.

8.5 Ganz andere Verfahren

Rufen wir uns noch einmal den grundsätzlichen Aufbau unserer Filme ins Gedächtnis:

> *Wiederhole*
> Lösche altes Bild in aktiver Bildspeicherseite
> Bestimme aktuelle Bildnummer
> Berechne entsprechendes Bild des Films, schreibe es in aktive Seite
> Vertausche sichtbare und aktive Seite miteinander
> *Ende Wiederhole*

Wir löschen also in jedem Filmbild den ganzen Bildschirm und zeichnen das Bild komplett neu. Dieses Verfahren ist universell anwendbar. Es wird allerdings zeitaufwendig, wenn die einzelnen Filmbilder sehr kompliziert und vielgestaltig sind. Insbesondere dann, wenn sich zwischen je zwei Filmbildern nur relativ wenig ändert, wird man sich überlegen, ob man nicht lieber auf das Bildschirmlöschen verzichtet, und nur den sich ändernden Teil des Bildes neu zeichnet. Der typische Anwendungsfall ist ein Videospiel, bei dem sich eine kleine Figur über einen relativ komplexen Hintergrund (Rasterbild) bewegt.

Wie macht man das, nur den sich ändernden Teil des Bildes neu zeichnen? Man muß dabei ja nicht nur das sich bewegende Objekt neu zeichnen, sondern auch dafür sorgen, daß die alte Position des Objektes von der Bildfläche verschwindet. Mit anderen Worten, man muß den Hintergrund wiederherstellen. Dafür gibt es verschiedene Möglichkeiten:

- Man schreibt das Objekt mit einer sogenannten *xor*-Operation (exklusives Oder) in den Bildspeicher. Dies bewirkt eine Invertierung des Bitmusters an der betreffenden Stelle. Der Vorteil ist, daß man diesen Effekt einfach dadurch wieder rückgängig machen kann, daß man die *xor*-Operation wiederholt. Damit ist das Objekt gelöscht und der Hintergrund wiederhergestellt. Allerdings hängt die Farbe des Objekts vom vorherigen Inhalt des Bildspeichers ab, also von der Farbe des Hintergrunds. *xor*-Operationen werden typischerweise bei graphischen Eingaben, zur Darstellung und Bewegung des Fadenkreuzes, verwendet.

- Außer für Fadenkreuze bzw. Schreibmarken läßt sich die *xor*-Methode normalerweise nicht verwenden, da das Aussehen des gezeichneten Objekts nicht vorhergesagt werden kann. Es bleibt also nichts übrig, als vor dem Überschreiben des Bildspeichers, das betreffende Stück des Hintergrundes in einen schnellen Zwischenspeicher zu kopieren. Ob, und wenn ja, wieviel solcher schneller Zwischenspeicher zum Retten des Hintergrundes zur Verfügung steht, hängt von der verwendeten Graphikhardware ab. Natürlich begrenzt das auch den Einsatzbereich dieser Methode sehr stark. Nehmen wir als Beispiel den PC mit einer VGA-Karte mit 256 KByte Speicher, $640 \cdot 480$ Bildpunkten und 16 Farben. Der Speicherbedarf für einen Bildschirm beträgt $640 \cdot 480 \cdot 4 = 1\,228\,800$ Bit $= 150$ KByte. In dieser Betriebsart stehen also noch 106 KByte Speicher unbenutzt als Zwischenspeicher zur Verfügung, was für etwas mehr als 2/3 des Bildschirms ausreichend wäre. Da die VGA-Karte Befehle für schnelle Blocktransfers innerhalb des Bildspeichers zur Verfügung stellt, könnte man mit dieser Methode also kleine Objekte über einen VGA-Schirm bewegen. Als allgemeines Verfahren ist das allerdings nicht anwendbar.

Das Fazit ist, daß die beiden obengenannten Verfahren zwar in den erwähnten Spezialfällen sinnvoll sein mögen. Sie sind allerdings als allgemein einsetzbare Verfahren zum Erzeugen von Filmen ungeeignet, im Gegensatz zu der in Kapitel 5 vorgestellten Methode.

Zum Abschluß sei noch ein ganz anderes Verfahren zur Darstellung von Bewegungen genannt, das Sie wahrscheinlich schon in vielen Schaufenstern bewundert haben: die *Farbtabellenanimation*. Mit dieser Methode lassen sich beeindruckende Effekte und sehr schnelle Bewegungen erzeugen, obwohl – oder gerade weil – sich in Wahrheit überhaupt nichts bewegt. Es ist allerdings auch nicht allgemein anwendbar, sondern nur in bestimmten Fällen, insbesondere nur dann, wenn Sie eine farbfähige Graphikausrüstung haben (EGA/VGA).

```
#include <GuG.h>  /* Definitionen für GuG */
zeichne_bild()
{ static G_Punkt Dreieck[ ]={{ 0,0}, {1.5,0}, {0.75,1}, {0,0}};
  static G_Farbe Farbe_0 = { 0.0, 0.0, 0.0};
  static G_Farbe Farbe_1 = { 0.5, 1.0, 0.0};
  int i, j;
  for (i = 1; i < 16; i++)
  { G_Linien_Attr (i, G_Alt_Linie, G_Alt_Breite);
    G_Linien (4, Dreieck);
    for (j = 0; j < 4; j++) Dreieck[j].X += 1.6;
  } /* for i */
  getch (); /* warte auf Tastendruck */

  for (i = 1; i < 16; i++) G_Farbtabelle (i, Farbe_0);
  getch (); /* warte auf Tastendruck */
  while (!kbhit())
  { for (i = 1; i < 16; i++)
    { G_Farbtabelle (i−1, Farbe_0);
      for (j=1;j<100;j++) sin ((float)i); /* Warteschleife */
      G_Farbtabelle (i, Farbe_1);
    } /* for i */
  } /* while */
  getch ();
} /* zeichne_bild */
```

Prg. 8-2 Farbtabellenanimation

Machen wir zur Erläuterung ein kleines Beispiel (Prg. 8-2). Wir zeichnen eine Figur, z. B. ein Dreieck, an 15 Stellen auf den Bildschirm, jedesmal mit einem anderen Farbindex im Bereich von 1–15. Wir haben das Dreieck also zunächst in 15 verschiedenen Farben auf dem Schirm. Dann setzen wir mit *G_Farbtabelle()* (s. Kapitel 4, Abschnitt 11.7) die Farben von 1–15 auf Schwarz. Jetzt wird mit einem Schlag der Bildschirm leer. Die Dreiecke sind unsichtbar, da sie sich vom ebenfalls schwarzen Hintergrund nicht mehr abheben. Aber sie sind alle noch vorhanden (ihre Bitmuster stehen nach wie vor im Bildspeicher). Das sehen Sie, sobald Sie die Farbe 1 z. B. auf Rot setzen. Sofort leuchtet das Dreieck an Position 1 rot auf. Jetzt setzen Sie Farbe 1 wieder auf Schwarz und dafür Farbe 2 auf Rot. Es sieht jetzt so aus, als habe sich das Dreieck von Position 1 auf Position 2 bewegt. So geht es weiter. Das Verfahren ist klar. Wir knipsen in einer Schleife über alle Farbtabelleneinträge, von 1 bis 15, den aktuellen Eintrag an, nachdem wir den vorhergehenden auf Schwarz gesetzt haben. Auf dem Bildschirm sieht es so aus, als bewegte sich das Dreieck zyklisch über alle seine 15 Positionen, obwohl in Wahrheit alle 15 Dreiecke dort bleiben, wo sie sind.

Auf einem schnellen Rechner ist es leicht möglich, daß die Schleife zu schnell durchlaufen wird. Dann sieht man alle 15 Dreiecke gleichzeitig flimmern. Deshalb haben wir in Prg. 8-2 eine Warteschleife eingebaut, in der wir 100 mal die Funktion *sin()* aufrufen. Diese Warteschleife müssen Sie evtl. an die Geschwindigkeit Ihres Rechners anpassen.

Kapitel 9

Mausen will gelernt sein

In den letzten Jahren ist die Maus zum beliebtesten Haustier der Komputergraphiker geworden. Sie ist genügsam, leise und überaus nützlich. In diesem Kapitel erfahren wir, wie wir mit GuG in unserem Anwendungsprogramm graphische Eingabe mit der Maus und mit der Tastatur machen können.

9.1 Eingabe mit GuG

Anwendungen mit graphischer Eingabe sind für GuG kein Problem. GuG unterstützt als physikalische Eingabegeräte *Maus* und *Tastatur*. In der Terminologie von GKS[1] ausgedrückt, können Sie diese Geräte als *Lokalisierer* und *Auswähler* in der Betriebsart *Anforderung* verwenden. Falls Sie nicht genau wissen, was das bedeutet, schadet das auch nichts. Wichtiger ist, was wir praktisch damit anfangen können. Für graphische Eingabe hat GuG eine einzige, überaus einfach zu benutzende und doch mächtige Funktion: *G_Fadenkreuz (Anfang, Ende, Taste)* (s. 11.18). Die Funktion bewirkt folgendes:

1. Sie zeichnet ein Fadenkreuz an die Position *Anfang*. Der Eingabeparameter *Anfang* ist vom Typ *G_Punkt*. Er bezeichnet die Initialposition des Fadenkreuzes in Weltkoordinaten.

2. Fahren Sie jetzt mit der Maus spazieren. GuG führt das Fadenkreuz automatisch mit. Sie können das Fadenkreuz mit der Maus oder mit speziellen Tasten Ihrer Tastatur bewegen (Pfeiltasten, Bild↑, Bild↓, Pos1, Ende usw., s. Abschnitt 11.18). Auf diese Weise gestattet Ihnen GuG, graphische Eingaben auch ohne Maus vorzunehmen. Wenn Sie den gewünschten Zielpunkt erreicht haben, drücken Sie eine Maustaste oder eine Taste Ihrer Tastatur.

---

1 *Graphisches Kernsystem*, eine international normierte Graphikschnittstelle, siehe auch [EKP84]

3. Jetzt kehrt *G_Fadenkreuz()* ins aufrufende Programm zurück. Das Fadenkreuz verschwindet vom Bildschirm und die beiden Ausgabeparameter *Ende* und *Taste* gefüllt. *Ende* enthält die letzte Position des Fadenkreuzes in Weltkoordinaten und *Taste* enthält den Kode der gedrückten Taste, die *G_Fadenkreuz()* beendete. Das ist der Zeichenkode des Tastaturzeichens oder die um 10000 erhöhte Nummer der Maustaste (10001 für die linke, 10002 für die rechte Maustaste. Da *Ende* und *Taste* Ausgabeparameter sind, sind sie beide *Zeiger*, nämlich Zeiger auf *G_Punkt* bzw. Zeiger auf *int*.

```
#include <ctype.h> /* für toupper */
#include <GuG.h> /* Definitionen für GuG */
#define ANZ_PKT 1000 /* Maximale Länge des Linienzugs */
static G_Punkt Linie[ANZ_PKT]; /* aktueller Linienzug */
static int anz_pkt; /* Anzahl Punkte in Linie */
static G_Punkt Mitte = {12, 9}; /* Mitte des Bildschirms */
zeichne_bild()
{ int akt_tast; G_Punkt akt_pos, neu_pos;
    akt_pos = Mitte; /* Fadenkreuz zu Beginn in Bildschirmmitte */
    for (anz_pkt = 0; ; anz_pkt++)
    { G_Fadenkreuz (akt_pos, &neu_pos, &akt_tast);
      if (toupper (akt_tast) == 'E') break;
      akt_pos = Linie[anz_pkt] = neu_pos;
      G_Linien (anz_pkt, Linie); /* ganzen Linienzug zeichnen */
    } /* for anz_pkt */
} /* zeichne_bild */
```

Prg. 9-1   Graphische Eingabe für Linienzüge

Jetzt ist alles sonnenklar. Der Sachverhalt ist ja auch tatsächlich sehr einfach. Ungläubige sollten einen Blick in Prg. 9-1 werfen. Dieses Prögrämmchen erlaubt Ihnen, Linienzüge graphisch interaktiv einzugeben. Es nimmt Ihnen die Mühe ab, sich Koordinaten auszudenken und einzutippen. Das ein solches Miniprogramm derart viel leistet, ist allein darauf zurückzuführen, daß *G_Fadenkreuz()* die meiste Arbeit erledigt, ohne daß Sie als GuG-Programmierer viel davon merken oder darüber wissen müßten.

9.2 Linienzugeditor

Bei Prg. 9-1 handelt es sich um das Herzstück eines sehr nützlichen graphischen Editors, genannt *Led* (Linienzugeditor), mit dem Sie Linienzüge eingeben und editieren können — wie der Name schon sagt. Diesen Editor wollen wir nun im Rest dieses Kapitels Schritt für Schritt entwickeln, als Beispiel einer etwas größeren, ernsthaften GuG-Anwendung.

Da wir uns bei diesem Beispiel auf das Wesentliche, d. h. auf die graphische Eingabe und Ausgabe, konzentrieren, ist die Verwaltung der erstellten Linienzüge rigoros vereinfacht: *Led* hat zu jedem Zeitpunkt nur einen, den sogenannten *aktuellen* Linienzug in Bearbeitung. Dieser wird bei Programmende auf die Datei *linie.h* im aktuellen Verzeichnis gespeichert. Beim Programmstart liest *Led* die Datei *linie.h* (falls vorhanden) und übernimmt den dort definierten Linienzug als aktuellen Linienzug. Wollen Sie also hintereinander mehrere Linienzüge mit *Led* erstellen und speichern, so müssen Sie nach jedem Linienzug das Programm verlassen, *linie.h* umbenennen und *Led* neu starten. Oder Sie nehmen den Quelltext von *Led* her und passen das Programm Ihren Wünschen an. Ihrer Phantasie und Ihrem Spieltrieb sind keine Grenzen gesetzt.

Ein mit *Led* erstellter Linienzug wird als C-Programmstück (intialisiertes Feld vom Typ *G_Punkt* mit Namen *Linie*) in *linie.h* gespeichert. Sie können diese Datei z. B. mittels *#include* in Ihr Programm einfügen.

9.3 Bedienung des Linienzugeditors

Bevor wir uns den Innereien unseres Linienzugeditors *Led* zuwenden, beschreiben wir an dieser Stelle die Benutzerschnittstelle. Damit verfolgen wir zwei Ziele. Erstens haben Sie damit ein Handbuch zur Bedienung von *Led* zur Verfügung. Und zweitens ist die interne Struktur eines Programms besser verständlich, wenn man weiß, wozu es gut ist und was es eigentlich macht. Bestimmt könnte man sich die Bedienung eines graphischen Editors eleganter vorstellen. Aber es sei noch einmal gesagt: Wir wollen uns hier wirklich auf die wesentlichen Gesichtspunkte, also die Graphik, konzentrieren und nehmen dafür eine vielleicht etwas gewöhnungsbedürftige (aber durchaus wirksame) Bedienung in Kauf.

Die Bedienung von *Led* sieht generell so aus: Sie fahren das Fadenkreuz auf dem Bildschirm spazieren (mit Maus oder Pfeiltasten) und drücken irgendwann auf eine Taste (Maus oder Tastatur). Bedeutung hat in den meisten Fällen sowohl die Position des Fadenkreuzes zu diesem Zeitpunkt als auch die Taste, die Sie drücken. Der Linienzugeditor bietet Ihnen ein Menü von Kommandos an, die Sie durch Eingabe eines Buchstabens auswählen:

e   *Ende*. *Led* wird beendet und der aktuelle Linienzug auf die Datei *linie.h* geschrieben.

n   *Neuen Linienzug* eingeben. Es kann mittels Maus oder Tastatur das Fadenkreuz positioniert werden. Durch Drücken einer Taste wird die augenblickliche Position des Fadenkreuzes als neuer Punkt des Linienzugs übernommen. Drücken der Taste **e** beendet die Eingabe. Der alte Inhalt des aktuellen Linienzugs geht verloren.

b   *Bewegt* einzelnen Punkt des aktuellen Linienzugs auf eine neue Position. Bewegt wird der Punkt des Linienzugs, der dem Fadenkreuz bei Eingabe des Kommandos **b** am nächsten ist (euklidischer Abstand). Dieser Punkt wird

markiert. Geben Sie anschließend die neue Position des Punktes mit dem
Fadenkreuz ein oder drücken Sie **e**, um das Kommando abzubrechen.

l *Löscht* einzelnen Punkt des aktuellen Linienzugs. Gelöscht wird der Punkt
des Linienzugs, der dem Fadenkreuz bei Eingabe des Kommandos **l** am
nächsten ist. Dieser Punkt wird markiert. Anschließend können Sie sich
noch einmal überlegen, ob Sie ihn wirklich löschen wollen. Drücken Sie **e**,
um das Löschen abzubrechen, oder eine andere Taste, um den Punkt zu
löschen.

v, h *Fügt* einen neuen Punkt *vor* oder *hinter* dem Punkt des Linienzugs ein, der
dem Fadenkreuz bei Eingabe des Kommandos am nächsten ist. Die Einfügestelle wird markiert. Drücken Sie dann **e**, um den Einfügevorgang abzubrechen, oder geben Sie die Position des neuen Punktes mit dem Fadenkreuz
ein.

t *Transformiert* den Linienzug als Ganzes. Mögliche Transformationen sind
Verschieben, Strecken, Drehen (s. Abschnitt 5.8 und Kapitel 7). Mögliche
Unterkommandos sind:

    v *Verschiebt* Linienzug. Die Fadenkreuzposition bei Eingabe des Kommandos wird markiert. Anschließend geben Sie mit dem Fadenkreuz
die neue Position des markierten Punktes ein. Der Linienzug wird als
Ganzes entsprechend verschoben.

    s *Streckt* (oder *staucht*) den Linienzug. Die Fadenkreuzposition bei Eingabe des Kommandos wird markiert. Sie gibt das Streckzentrum an.
Es wird ein Rechteck gezeichnet, dessen linke untere Ecke markiert ist.
Geben Sie nun mit dem Fadenkreuz die neue Position der rechten oberen Ecke des Rechtecks ein. Die Streck- bzw. Stauchfaktoren für x und
y ergeben sich aus den Verhältnissen von Breiten und Höhen des alten
zum neuen Rechteck.

    d *Dreht* den Linienzug. Die Fadenkreuzposition bei Eingabe des Kommandos wird markiert. Sie gibt den Punkt an, um den gedreht wird.
Es erscheint ein über den ganzen Bildschirm reichendes Kreuz, dessen
Schnittpunkt in der Bildschirmmitte markiert ist. Geben Sie nun mit
dem Fadenkreuz einen Punkt ein. Die Verbindungslinie dieses Punktes
mit der markierten Bildschirmmitte schließt einen Winkel mit der positiven (nach rechts laufenden) x-Achse ein. Um diesen Winkel wird der
ganze Linienzug gedreht, und zwar im mathematisch positiven Sinn,
also entgegen dem Uhrzeiger.

9.4 *Led* – das Programm

Beginnen wir mit dem Hauptprogramm von *Led*, also der Funktion *zeichne_bild()*
(Prg. 9-3).

9.4 Led – das Programm

```
#include <stdio.h>  /* für FILE */
#include <math.h>   /* für sin, cos, ... */
#include <ctype.h>  /* für toupper */
#include <GuG.h>    /* Definitionen für GuG */

#define ANZ_PKT 1000 /* Maximale Länge des Linienzugs */
#define DATEI "linie.h" /* Dateinamen zum Speichern des Linienzugs */
#define SQR(x) ((x)*(x)) /* Quadrat einer Zahl */

static G_Punkt Mitte = {12,9}; /* Bildschirmmitte */
static G_Punkt Linie[ANZ_PKT]; /* aktueller Linienzug */
static int anz_pkt; /* Anzahl Punkte in Linie */
static G_Punkt Ta; /* aktuelle Textposition */
static float dy; /* Zeilenabstand für Textausgabe */
```

Prg. 9-2 Dateikopf, globale Vereinbarungen für *Led*

Das Herzstück ist die *do ... while*-Schleife, die die Funktion *G_Fadenkreuz()* aufruft und das eingegebene Kommando auswertet und ausführt. Zu Beginn der Schleife wird die Funktion *bild_zeichnen()* (Prg. 9-4) aufgerufen. Sie löscht den Bildschirm, stellt verschiedene Attribute ein, zeichnet Menütexte und den aktuellen Linienzug (sowohl mit *G_Linien()* als auch mit *G_Marken()*). Der aktuelle Linienzug befindet sich stets im Feld *Linie*, die Variable anz_pkt enthält die Zahl der Punkte im aktuellen Linienzug.

Für das Kommando **n** (neuen Linienzug zeichnen), wird die Funktion *lz_neu()* aufgerufen (Prg. 9-5). Sie ist im Prinzip mit Prg. 9-1 identisch.

Die Aktionen **l** (lösche aktuellen Punkt), **b** (bewege aktuellen Punkt) und **v, h** (füge Punkt vor oder hinter aktuellem Punkt ein) sind sich im internen Ablauf alle sehr ähnlich. In jedem Fall muß als erstes der *aktuelle Punkt* bestimmt werden. Das ist der Punkt des Linienzugs, der im Augenblick der Kommandoeingabe dem Fadenkreuz am nächsten war. Das erledigt die Funktion *such_naechsten()* (Prg. 9-6), die einen Punkt als Parameter bekommt und den Index des dazu nächsten Punktes im Feld *Linie* als Ergebnis zurückliefert. Der Abstand d zwischen den Punkten $P = (x,y)$ und $P' = (x',y')$ ergibt sich nach dem *Satz des Pythagoras* zu:

$$d = \sqrt{(x-x')^2 + (y-y')^2}$$

Wir wollen den Abstand aber gar nicht genau ausrechnen, sondern wir interessieren uns nur für den Punkt, mit dem geringsten Abstand zu einem vorgegebenen Punkt. Da aus $0 < z < z'$ folgt: $\sqrt{z} < \sqrt{z'}$ (mathematisch gesprochen: die Quadratwurzel ist eine streng monoton steigende Funktion), ist das Ausrechnen der Wurzel in unserem Fall überflüssig und kann eingespart werden. Wurzelziehen ist nämlich nicht nur beim Zahnarzt eine quälende Operation. Für Ihren Rechner ist sie quälend langsam (s. Kapitel 8), was bei Linienzügen mit sehr vielen Punkten durchaus ins Gewicht fallen kann.

```
zeichne_bild()
{ register int i; int akt_tast, akt_pkt, versatz; G_Punkt akt_pos, neu_pos, hilf;
  akt_pos = Mitte; anz_pkt = 0; hole_linie (DATEI, &anz_pkt, Linie);
  do
  { bild_zeichnen ();
AUSWAHL: G_Fadenkreuz (akt_pos, &neu_pos, &akt_tast); akt_pos = neu_pos;
    switch (toupper (akt_tast)) /* Tastendruck auswerten */
    { case 'E': /* Programm beenden */ goto ENDE;
      case 'N': /* neuen Linienzug eingeben */
        Ta.Y -= 2*dy; G_Text (Ta, "Linienzug eingeben, E für Ende");
        lz_neu (); break;
      case 'L': /* Punkt löschen */ if (anz_pkt<=0) goto AUSWAHL;
        Ta.Y -= 2*dy; G_Text (Ta, "Löschen, E für Abbruch");
        akt_pkt = such_naechsten (akt_pos);
        if (mark_ein (1, Linie+akt_pkt, akt_pos, &neu_pos)) break;
        anz_pkt --;
        for (i=akt_pkt; i<anz_pkt; i++) Linie[i] = Linie [i+1];
        akt_pos = neu_pos; break;
      case 'B': /* Punkt bewegen */ if (anz_pkt<=0) goto AUSWAHL;
        Ta.Y -= 2*dy; G_Text (Ta, "Neue Position eingeben, E für Abbruch");
        akt_pkt = such_naechsten (akt_pos);
        if (mark_ein (1, Linie+akt_pkt, akt_pos, &neu_pos)) break;
        akt_pos = Linie [akt_pkt] = neu_pos; break;
      case 'V': /* vor Punkt zufügen */ versatz = 0; goto ZUFUEGEN;
      case 'H': /* hinter Punkt zufügen */ versatz = 1;
ZUFUEGEN: if ((anz_pkt<=0) || (anz_pkt>=ANZ_PKT)) goto AUSWAHL;
        Ta.Y -= 2*dy; G_Text (Ta, "Neuen Punkt eingeben, E für Abbruch");
        akt_pkt = such_naechsten (akt_pos) + versatz;
        if (akt_pkt == 0) hilf = Linie[0];
        else if (akt_pkt == anz_pkt) hilf = Linie [anz_pkt-1];
        else
        { hilf.X = 0.5*(Linie[akt_pkt].X + Linie[akt_pkt-1].X);
          hilf.Y = 0.5*(Linie[akt_pkt].Y + Linie[akt_pkt-1].Y);
        } /* else */
        if (mark_ein (1, &hilf, akt_pos, &neu_pos)) break;
        for (i=anz_pkt; i>akt_pkt; i--) Linie [i] = Linie [i-1];
        akt_pos = Linie [akt_pkt] = neu_pos; anz_pkt++; break;
      case 'T': /* Linienzug transformieren */
        Ta.Y -= 2*dy; G_Text (Ta, "Transformation wählen, E für Abbruch");
        transformiere (akt_pos); break;
      default: goto AUSWAHL;
    } /* switch */
  } while (1);
ENDE: if (anz_pkt>0) speichere_linie (DATEI, anz_pkt, Linie);
} /* zeichne_bild */
```

Prg. 9-3 Hauptprogramm des Linienzugeditors *Led*

9.4 Led – das Programm

```
static bild_zeichnen ()
/* Löscht Bildschirm, initialisiert Merkmale und */
/* zeichnet Menütexte und aktuellen Linienzug Linie. */
{ G_Text_Attr (G_Helltuerkis, G_Grotesk, 0.4, G_Alt_Breite, G_Alt_Richtung);
  G_Marken_Attr (G_Hellrot, G_Plus, 0.8);
  G_Linien_Attr (G_Gelb, G_Durchgezogen, 1.0);
  G_Neues_Bild ();
  G_Marken (anz_pkt, Linie); G_Linien (anz_pkt, Linie);
  Ta.X = 0.1; Ta.Y = 17.9; dy = 0.6;
  Ta.Y -= dy;
  G_Text (Ta, "E)nde N)eu L)öschen B)ewegen V)or H)inter T)ransf.");
} /* bild_zeichnen */
```

Prg. 9-4 *bild_zeichnen() für Led*

```
static lz_neu ()
/* Erlaubt die interaktive Eingabe eines neuen Linienzuges */
/* in das Feld Linie. Der alte Inhalt von Linie geht verloren. */
{ G_Punkt akt_pos, neu_pos; int akt_tast;
  akt_pos = Mitte; /*Fadenkreuz zu Beginn in Bildschirmmitte*/
  for (anz_pkt = 0; ; anz_pkt++)
  { G_Fadenkreuz (akt_pos, &neu_pos, &akt_tast);
    if (toupper (akt_tast) == 'E') break;
    akt_pos = Linie[anz_pkt] = neu_pos;
    G_Marken (1, Linie+anz_pkt); /* Marke an neuen Punkt setzen */
    if (anz_pkt>0) G_Linien (2, Linie+(anz_pkt-1)); /* neue Linie zeichnen */
  } /* for anz_pkt */
} /* lz_neu */
```

Prg. 9-5 *lz_neu() für Led*

```
static such_naechsten (Punkt)
G_Punkt Punkt;
/* Hilfsfunktion: sucht den zu <Punkt> nächsten Punkt im Feld Linie */
/* und liefert dessen Index als Ergebnis zurück. */
{ register int i; register int mini = 0;
  float abst, abstmin = SQR(Linie[0].X-Punkt.X) + SQR(Linie[0].Y-Punkt.Y);
  for (i=1; i<anz_pkt; i++)
    if ((abst=SQR(Linie[i].X-Punkt.X)+SQR(Linie[i].Y-Punkt.Y))<abstmin)
    { mini = i; abstmin = abst; }
  return (mini);
} /* such_naechsten */
```

Prg. 9-6 *such_naechsten() für Led*

```
static transformiere (akt_pos)
G_Punkt akt_pos;
/* Führt lineare Transformationen des ganzen Linienzuges Linie durch. */
{ register int i; int akt_tast; G_Punkt neu_pos, hilf[2];
  float hx, hy, winkel, sinus, cosin;
  static G_Punkt Rechteck[5]={{9,7},{15,7},{15,11},{9,11},{9,7}};
  static G_Punkt Drehkreuz[5]={{0,9},{24,9},{12,9},{12,0},{12,18}};
  Ta.Y -= dy; G_Text (Ta, "V)erschieben S)trecken D)rehen");
  G_Fadenkreuz (akt_pos, &neu_pos, &akt_tast); akt_pos = neu_pos;
  switch (toupper(akt_tast))
  { case 'V': /* akt_pos ist Anfangspunkt des Verschiebevektors */
      Ta.Y -= 2*dy; G_Text (Ta, "Endpunkt für Verschiebung, E für Abbruch");
      if (mark_ein (1, &akt_pos, akt_pos, &neu_pos)) break;
      hx = neu_pos.X - akt_pos.X; hy = neu_pos.Y - akt_pos.Y;
      for (i=0; i<anz_pkt; i++) { Linie[i].X += hx; Linie[i].Y += hy; }
      break;
    case 'S': /* akt_pos ist Streckzentrum */
      Ta.Y -= 2*dy; G_Text (Ta, "Neue Rechteckdiagonale, E für Abbruch");
      G_Linien_Attr (G_Hellblau, G_Punktiert, 1.0); G_Linien (5, Rechteck);
      hilf[0] = Rechteck[0]; hilf[1] = akt_pos;
      if (mark_ein (2, hilf, hilf[0], &neu_pos)) break;
      hx = (neu_pos.X-Rechteck[0].X)/(Rechteck[2].X-Rechteck[0].X);
      hy = (neu_pos.Y-Rechteck[0].Y)/(Rechteck[2].Y-Rechteck[0].Y);
      for (i=0; i<anz_pkt; i++)
      { Linie[i].X = (Linie[i].X - hilf[1].X)*hx + hilf[1].X;
        Linie[i].Y = (Linie[i].Y - hilf[1].Y)*hy + hilf[1].Y;
      } /* for i */
      break;
    case 'D': /* akt_pos ist Drehzentrum */
      Ta.Y -= 2*dy; G_Text (Ta, "Winkel gegen Waagrechte, E für Abbruch");
      G_Linien_Attr (G_Hellblau, G_Punktiert, 1.0); G_Linien (5, Drehkreuz);
      hilf[0] = Mitte; hilf[1] = akt_pos;
      if (mark_ein (2, hilf, hilf[0], &neu_pos)) break;
      hx = neu_pos.X - Mitte.X; hy = neu_pos.Y - Mitte.Y;
      winkel = atan2 (hy, hx); sinus = sin (winkel); cosin = cos (winkel);
      for (i=0; i<anz_pkt; i++)
      { hx = (Linie[i].X-hilf[1].X)*cosin
           - (Linie[i].Y-hilf[1].Y)*sinus + hilf[1].X;
        hy = (Linie[i].X-hilf[1].X)*sinus
           + (Linie[i].Y-hilf[1].Y)*cosin + hilf[1].Y;
        Linie[i].X = hx; Linie[i].Y = hy;
      } /* for i */
      break;
  } /* switch */
} /* transformiere */
```

Prg. 9-7 *transformiere() für Led*

9.4 Led – das Programm

Als nächstes wird der erkannte Punkt markiert und erneut das Fadenkreuz aktiviert, um eine Eingabe entgegenzunehmen. Da diese Sequenz mehrfach vorkommt, haben wir zur Abkürzung die Hilfsfunktion *mark_ein()* definiert (Prg. 9-8). Sie erhält als Eingabeparameter eine Zahl, ein Feld von Punkten und noch einen Extra-Punkt. Sie markiert soviele Punkte aus dem Feld, wie der erste Parameter angibt, mit *G_Marken()*. Dann aktiviert sie das Fadenkreuz mit dem Extra-Punkt als Startposition. Als Ausgabeparameter liefert sie die neue Position des Fadenkreuzes zurück. Außerdem liefert sie den Rückgabewert 1, falls der Benutzer die Fadenkreuzeingabe durch Drücken von e beendet hat. Andernfalls liefert *mark_ein()* den Wert 0 zurück. Die in *mark_ein()* geänderten Merkmale für *G_Linien()* und *G_Marken()* werden beim nächsten Bildaufbau durch *bild_zeichnen()* wieder zurückgesetzt.

```
    static mark_ein (anz, pos, akt_pos, neu_pos)
    int anz;
    G_Punkt *pos, akt_pos, *neu_pos;
    /* Hilfsfunktion: markiert <anz> Punkte aus dem Feld <pos> mit anderen */
    /* Markenattributen, setzt Fadenkreuz auf Position <akt_pos> und liefert */
    /* <neu_pos> als neue Fadenkreuzposition zurück. */
    /* Funktionsergebnis ist 1 falls der Benutzer die Tasten 'E' */
    /* oder 'e' (Abbruch) drückt, sonst 0. */
    { int akt_tast;
        G_Marken_Attr (G_Hellgruen, G_Stern, 2.0); G_Marken (anz, pos);
        G_Fadenkreuz (akt_pos, neu_pos, &akt_tast);
        return ( (toupper(akt_tast) == 'E') ? 1 : 0);
    } /* mark_ein */
```

Prg. 9-8 *mark_ein()* für Led

Die Funktionen des Kommandos **t** erledigt allesamt die Funktion *transformiere()* (Prg. 9-7). Deren Wirkungsweise sollte nach den bisherigen Beschreibungen klar sein. Die Formeln für die drei linearen Transformationen finden Sie in Abschnitt 5.8 und Kapitel 7. Der Parameter von *transformiere()* hat den Zweck, das Fadenkreuz auf den zuletzt eingegebenen Punkt zu positionieren. Damit haben wir den Linienzugeditor *Led* fast vollständig besprochen. Wir können Linienzüge eingeben und editieren. Was fehlt, ist noch das Speichern auf und das Lesen von Datei. Diese Aufgaben erledigen zwei Funktionen: *speichere_linie()* und *hole_linie()* (Prg. 9-9).

Der Funktion *speichere_linie()* wird der Name der Datei übergeben, auf der der Linienzug abgelegt werden soll. Weitere Parameter sind die Anzahl der Punkte im Punktfeld und das Punktfeld selbst. Auf der Datei wird ein C-Feld mit dem konstanten Namen *Linie* angelegt, welches mit den Koordinaten des Linienzugs initialisiert wird. Dieses Punktfeld können Sie am einfachsten mit einer #include-Anweisung in Ihre Programme einbinden. Beachten Sie dabei, daß *Led* zum Speichern des Linienzugs nur einen festen Namen verwendet!

```
static speichere_linie (datei, anz, linie)
char *datei; int anz;
G_Punkt linie[ ];
/* Speichert Linienzug <linie> mit <anz> Punkten auf Datei <datei> */
/* in C-Syntax als Feld vom Typ G_Punkt. */
/* Mit speichere_linie() erzeugte Dateien können von hole_linie() */
/* gelesen werden. */
{ int i; FILE *d;
    d = fopen (datei, "w");
    fprintf (d, "G_Punkt Linie[ ]=\n{\n {%g,%g}\n", linie[0].X, linie[0].Y);
    for (i=1; i<anz; i++) fprintf (d, ",{%g,%g}\n", linie[i].X, linie[i].Y);
    fprintf (d, "};\n");
    fclose (d);
} /* speichere_linie */

static hole_linie (datei, anz, linie)
char *datei; int *anz;
G_Punkt linie [ ];
/* Holt Linienzug <linie> von Datei <datei> und liefert die */
/* Anzahl der Punkte in <anz> zurück. */
/* Diese Funktion arbeitet nur richtig, wenn <datei> das Format */
/* einer mit speichere_linie () erzeugten Datei hat. */
{ FILE *d; char z[128];
    if ((d=fopen (datei, "r")) == NULL) return;
    *anz = 0;
    while (fgets (z, sizeof(z), d)) /* Datei zeilenweise lesen */
    { if (2!=sscanf (z, "%*[ ,]{%f,%f}", &(linie[*anz].X), &(linie[*anz]).Y))
            continue;
        (*anz) ++; if (*anz >= ANZ_PKT) break;
    } /* while */
} /* hole_linie */
```

Prg. 9-9 *speichere_linie()* und *hole_linie()* für Led

hole_linie() benutzt die weithin unbekannten Fähigkeiten der ANSI-C-Funktionen der *scanf()*-Familie zur lexikalischen Analyse von Eingabefeldern. Näheres finden Sie im Handbuch zur Laufzeitbibliothek Ihres Übersetzers. Wichtig ist, daß *hole_linie()* nur funktioniert, wenn die Eingabedatei das Format hat, wie es von *speichere_linie()* erzeugt wird. Das ist vor allem dann zu beachten, wenn Sie die erzeugten Dateien von Hand editieren, um z.B. den Namen des Punktfeldes zu ändern.

Kapitel 10

Schöne Kurven

Nun ist es an der Zeit, uns mit der Ästhetik schöner und merkwürdiger Kurven zu beschäftigen. In diesem Kapitel erfahren wir einiges über Kurven, deren geheimnisvolle Schönheit und Harmonie zum Teil seit dem Altertum gerühmt wird. Doch auch modernere Schöpfungen, sogenannte *fraktale* Kurven, deren pathologische Eigenschaften unserem intuitiven Verständnis einer Kurve als eindimensionalem, linienhaftem Gebilde hohnspricht, wollen wir vorstellen.

Um elegante Kurven zu zeichnen, müssen wir sie berechnen. Um sie zu berechnen, brauchen wir ihre Formeln. Leider – oder glücklicherweise – geht es also ohne etwas Mathematik nicht weiter. Doch keine Angst. Wenn Sie auf mathematischen Gebiet nicht so beschlagen sind, dann nehmen Sie die Formeln und Programme, die wir im weiteren vorstellen, einfach gläubig zur Kenntnis, programmieren sie und erfreuen sich an den schönen Bildern, die dabei herauskommen.

10.1 Wie kriegen wir die Kurve?

Was ist eigentlich eine Kurve? Nun, wir betrachten ausschließlich Kurven in der zweidimensionalen Ebene. Das bedeutet, jeder Punkt der Kurve ist durch ein Koordinatenpaar (x, y) eindeutig bestimmt. Da die Kurve selbst aber (meistens) ein *eindimensionales* Gebilde ist, sind x und y nicht unabhängig voneinander. Sie sind vielmehr miteinander verknüpft und verwoben, so daß letztlich nur ein Freiheitsgrad übrigbleibt, wie es einer unendlich dünnen Linie zukommt. Kurven werden durch *Formeln* beschrieben. Die Formel einer Kurve legt fest, wie die Verknüpfung der Koordinaten aussieht. Die Formel kann auf verschiedene Arten dargestellt werden. Die zwei wichtigsten und gebräuchlichsten sind die *Funktionsgleichung* und die *Parameterdarstellung*.

10.2 Funktionsgleichungen

Funktionsgleichungen bestimmen den Wert von y in Abhängigkeit des Werts von x. Dafür schreibt man symbolisch $y = f(x)$. Man geht davon aus, daß die *unabhängige* Variable x in einem bestimmten Bereich der reellen Zahlen – der sogenannten *Definitionsmenge* – Werte annehmen darf. Zu jedem Wert von x gehört genau *ein* Wert von y. Dieser wird durch die Gleichung $f(x)$ berechnet. Statt $y = f(x)$ findet man auch oft die Schreibweise $x \mapsto f(x)$. y nennt man auch die *abhängige* Variable.

Machen wir ein konkretes Beispiel:

$$y = f(x) = x^2$$

ist die Gleichung einer *Parabel*. Bild 10-1 zeigt den Verlauf dieser Parabel im Bereich $-3 \leq x \leq 3$.

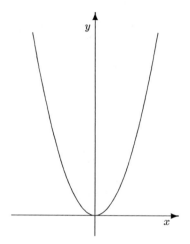

Bild 10-1 Parabel $y = x^2$, $-3 \leq x \leq 3$

Haben wir eine Funktionsgleichung, wie die obige, in der Form $y = f(x)$ vorliegen, dann können wir sofort die zugehörige Funktion mit GuG zeichnen. Wir können eine kontinuierliche Funktion in unserem Rechner natürlich nur an bestimmten, einzelnen *Stützpunkten* berechnen. Zwischen zwei Stützpunkten zeichnen wir einfach jeweils eine gerade Linie. Wenn die Stützpunkte nur dicht genug gewählt sind, so erscheint unserem Auge die dargestellte Kurve als rund und glatt. Wir legen also ein Intervall fest, in dem sich die unabhängige Variable x bewegen soll. In diesem Intervall bestimmen wir n gleichweit voneinander entfernte Punkte. Diese Punkte sind unmittelbar die x-Koordinaten unseres Linienzugs. Die zugehörigen y-Koordinaten berechnen wir, in dem wir die Formel $f(x)$ berechnen und die x-Koordinate als Wert der Variablen x einsetzen. Damit haben wir einen Linienzug

10.2 Funktionsgleichungen

von n Punkten, den wir mit *G_Linien()* zeichnen. Vorher müssen wir noch den Maßstab mit *G_Massstab()* so einstellen, daß das Weltrechteck das Intervall für x und den Wertebereich von y umfaßt (s. Abschnitt 2.8).

Funktionsgleichungen sind schön und gut. Aber was machen wir, wenn unsere Kurve gar keine Funktion ist? Ein sehr einfaches Beispiel für eine derartige Kurve ist der *Kreis*. Die Formel für den Kreis lautet $x^2 + y^2 = 1$. Genauer gesagt ist das die Formel für den *Einheitskreis* mit Mittelpunkt $(0,0)$ und Radius 1. Anders ausgedrückt: $y^2 = 1 - x^2$. „Prima!", denken wir. „Jetzt haben wir's geschafft! Wir brauchen nur noch die Wurzel zu ziehen und haben dann wieder unsere altbekannte Funktionsgleichung $y = f(x)$.". Aber Vorsicht! Wir bekommen zwei mögliche Lösungen:

$$y = +\sqrt{1-x^2}, \quad y = -\sqrt{1-x^2}.$$

Die beiden Lösungen unterscheiden sich durch das Vorzeichen. Welche davon ist nun richtig? Antwort: beide! Die erste Gleichung beschreibt den *oberen* Halbkreis, die zweite den *unteren* (Bild 10-2). Die Kreisgleichung läßt sich deshalb nicht eindeutig nach y auflösen, weil der Kreis keine Funktion ist. Beim Kreis gehören nämlich zu ein und demselben x-Wert mehrere (genau zwei) y-Werte. Alle derartigen Kurven (dazu gehören selbstverständlich alle *geschlossenen* Kurven) lassen sich verständlicherweise aus demselben Grund nicht durch eine eindeutige Gleichung der Form $y = f(x)$ darstellen.

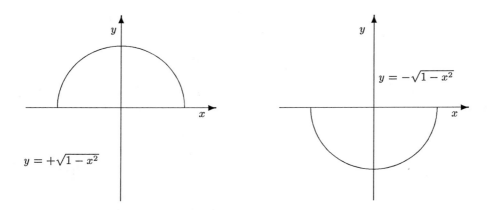

Bild 10-2 Oberer und unterer Halbkreis

10.3 Polarkoordinaten

In solchen und vielen anderen Fällen ist eine Darstellung der Kurve in *Parameterform* leichter und einfacher zu verstehen und zu berechnen. Eng damit verbunden ist der Begriff der *Polarkoordinaten*, den wir deshalb jetzt zuerst erläutern. Was sind Polarkoordinaten? Nun, bei kartesischen Koordinaten ist ein Punkt P in der Ebene eindeutig festgelegt durch ein Zahlenpaar (x, y). Diese Zahlen beschreiben den Abstand von P von zwei aufeinander senkrecht stehenden Koordinatenachsen, die sich im Ursprung O schneiden (s. Abschnitt 2.3, Bild 10-3).

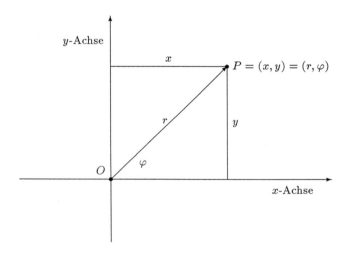

Bild 10-3 Polar- und kartesische Koordinaten des Punktes P

Ziehen Sie eine Linie von O nach P. Diese Linie hat eine bestimmte Länge r und schneidet die positive x-Achse unter einem gewissen Winkel φ. Das Zahlenpaar (r, φ) beschreibt P genauso eindeutig wie (x, y). (r, φ) sind die *Polarkoordinaten* von P.

Nehmen wir wieder den Einheitskreis als Beispiel. In Abschnitt 10.2 haben wir gesehen, daß selbst diese äußerst einfache Kurve große Schwierigkeiten bereitet, wenn wir sie in kartesischen Koordinaten als Gleichung in der Form $y = f(x)$ darstellen wollen. Kurven kann man aber, statt durch eine Gleichung $y = f(x)$, auch durch eine Gleichung $r = g(\varphi)$ in Polarkoordinaten beschreiben. Die Gleichung des Einheitskreises z.B. stellt sich in Polarkoordinaten überraschend einfach dar: $r = 1$ lautet sie. Das ist ganz klar, denn für alle Punkte auf dem Einheitskreis gilt per Definiton $r = 1$, der Polarwinkel φ spielt dabei keine Rolle. Entsprechend lautet die Gleichung für einen Kreis um den Ursprung mit beliebigem Radius R: $r = g(\varphi) = R$.

Mit GuG – wie übrigens mit den meisten sonstigen Graphikpaketen auch – können Sie Kurven in Polarkoordinaten nicht direkt zeichnen. Aber das ist nicht weiter tragisch: Sie können Polarkoordinaten leicht in kartesische Koordinaten umrechnen. (Siehe auch Bild 5-7.) Die Formeln dafür lauten:

$$x = r\cos\varphi, \quad y = r\sin\varphi.$$

Der umgekehrte Fall – Sie haben kartesische Koordinaten und wollen die zugehörigen Polarkoordinaten berechen – kommt erheblich seltener vor. Die Formeln dafür lauten:

$$r = \sqrt{x^2 + y^2}, \quad \varphi = \arctan\frac{y}{x},$$

wobei bei der Berechnung von φ sowohl der Spezialfall $x = 0$, wie auch die Vorzeichen von x und y zu beachten sind, damit Sie den Winkel im richtigen Quadranten erhalten. In der Mathematikbibliothek von C gibt es daher die Funktion *atan2 (y, x)*, die genau diese Randbedingungen beachtet und das Ergebnis φ im richtigen Bereich liefert.

10.4 Parameterdarstellung

Kehren wir nun wieder zum berühmt-berüchtigten Kreis zurück. Wie in Abschnitt 10.3 erwähnt, lautet die Gleichung des Kreises um den Ursprung mit Radius R in Polarkoordinaten $r = g(\varphi) = R$. Wir wollen nun den Kreis berechnen und mit GuG zeichnen. Dazu brauchen wir aber kartesische Koordinaten. Kein Problem, wir kennen ja jetzt die Umrechnungsformeln und erhalten:

$$x = R\cos\varphi, \quad y = R\sin\varphi.$$

Anders ausgedrückt: Der Punkt mit den Koordinaten $(R\cos\varphi, R\sin\varphi)$ durchläuft einmal die Kreislinie, wenn φ den Bereich $[0, 360°]$, entsprechend $[0, 2\pi]$ im Bogenmaß (s. Abschnitt 5.5), durchläuft. Dies ist die Kreisgleichung in *Parameterdarstellung*. Der Parameter dabei ist φ. Das ist die unabhängige Variable; x und y sind abhängige Variable.

Allgemein bedeutet die Parameterdarstellung einer Kurve, daß wir von der Gleichung $y = f(x)$ übergehen zu zwei Gleichungen:

$$x = f_1(t), \quad y = f_2(t).$$

Das bedeutet, wir drücken sowohl x als auch y separat als Funktionen eines dritten Parameters, t, aus. Der Parameter t kann dabei aus geometrischen Überlegungen, wie beim Kreis, als *Winkel*, oft aber auch aus physikalischen Betrachtungen als *Zeit* interpretiert werden (Bewegungskurve eines Körpers in Abhängigkeit von der Zeit). Für die Berechnung spielt das keine Rolle. Grundsätzlich übernimmt t einfach die Stelle der *unabhängigen* Variablen, von der nun sowohl x als auch y abhängen. Mit diesem Trick „aus eins mach zwei" befreien wir uns aus dem Dilemma der nicht eindeutigen Funktionsgleichungen.

10.5 Der Kreis im Wandel

Sie wissen jetzt also, wie Sie mit GuG einen Kreis zeichnen können. Natürlich können Sie die unendlich vielen Punkte, aus denen eine Kreislinie besteht, nicht alle in Ihrem Rechner unterbringen (nicht einmal, wenn Sie eine CRAY im Keller haben), aber das ist zum Glück auch gar nicht nötig. Es genügt, wenn Sie im Parameterintervall $[0, 2\pi]$ hinreichend (aber endlich) viele, gleichweit voneinander entfernte Stützpunkte festlegen. Berechnen Sie die Kreislinie an diesen endlich vielen Punkten gemäß obiger Formel, und zeichnen Sie sie mit *G_Linien()*. GuG verbindet diese endlich vielen Einzelpunkte mit geraden Linien. Der Kreis wird also durch einen Linienzug angenähert. Wenn die Stützpunkte nur genügend dicht beieinander liegen, sieht dieser Linienzug fürs Auge glatt aus, auch wenn er in Wahrheit aus vielen einzelnen geraden Linien zusammengesetzt ist. Aber das verraten Sie keinem!

Bild 10-4 Familie von Astroiden

Probieren wir das gleich mal. Allerdings ist der Kreis als Beispiel nicht so furchtbar interessant. Deshalb stellen wir in unserem ersten Beispiel für schöne Kurven

10.5 Der Kreis im Wandel

die *Astroide* (*Sternkurve*) vor (Prg. 10-1) Sie ist gegeben durch die Parameterdarstellung:

$$x = R\cos^3\varphi,$$
$$y = R\sin^3\varphi, \quad 0 \leq \varphi \leq 2\pi, \quad R > 0 \text{ fest.}$$

R bestimmt dabei, wie beim Kreis, die *Größe* der Astroide. Das ist unmittelbar einleuchtend, denn da $|\sin\varphi| \leq 1$ und $|\cos\varphi| \leq 1$, folgt sofort $|x| \leq R$, $|y| \leq R$. Wegen der 2π-Periodizität der trigonometrischen Funktionen ist die Kurve geschlossen. Prg. 10-1 zeichnet nicht nur eine, sondern gleich eine ganze *Familie* von Astroiden, die wir dadurch erhalten, daß wir mehrere Astroiden mit unterschiedlichem R in ein Bild zeichnen (Bild 10-4).

```
#include <math.h>   /* für mathematische Funktionen */
#include <GuG.h>    /* Definitionen für GuG */
#define PI 3.14159265358979323846
#define BOGENMASS(w) ((w)*PI/180.0) /* Grad -> Bogenmaß */
zeichne_bild()
{ G_Rechteck welt, geraet; G_Punkt Kurve[2];
  float anft, endt, dt, t, cost, sint, r;
  welt.Links= -12.0;welt.Rechts=12.0;welt.Unten= -9.0;welt.Oben=9.0;
  geraet.Links=0.0;geraet.Rechts=24.0;geraet.Unten=0.0;geraet.Oben=18.0;
  G_Massstab (welt, geraet); /* Nullpunkt in Bildmitte verschieben */
  anft = 0.0; endt = 2.0*PI; dt=BOGENMASS(30.0); /* Schrittweite 30 Grad */
  for ( r = 1.0; r < 9.1; r += 0.3)
  { /* Familie von Sternen zeichnen */
    Kurve[0].X = r; Kurve[0].Y = 0.0;
    for (t = anft+dt; t <= endt; t += dt)
    { /* Kurvenzug berechnen */
      cost=cos(t); sint=sin(t);
      Kurve[1].X=r*cost*cost*cost; Kurve[1].Y=r*sint*sint*sint;
      G_Linien (2, Kurve); /* Linienstück ausgeben */
      Kurve [0] = Kurve[1];
    } /* for t */
  } /* for r */
  getch(); /* Warten auf Tastendruck */
} /* zeichne_bild */
```

Prg. 10-1 Sternkurven

Da der Nullpunkt des Koordinatensystem das Zentrum der Astroide ist, verschieben wir ihn mittels *G_Massstab()* in die Mitte des Bildschirms. Andernfalls müßten wir zu den obigen Gleichungen für (x, y) die Koordinaten der Bildschirmmitte hinzuaddieren, um die Astroiden vollständig zu bewundern. Die Schrittweite für die Unterteilung des Intervalls $[0, 2\pi]$ ist mit $\pi/6$, entsprechend 30°, recht groß gewählt[1], so daß ein verhältnismäßig ungenaues, eckiges Bild der Astroide entsteht, das aber nichtsdestotrotz sehr reizvoll aussieht (Bild 10-4). Wenn Sie die Astroide glatt sehen wollen, so verringern Sie die Schrittweite z. B. auf $\pi/60$, entsprechend $3°$.

Die Variablen *anft*, *endt*, *dt* werden vor Beginn der Schleife auf Anfangswert, Endwert und Schrittweite des Parameterintervalls gesetzt. Die Kurve selbst wird stückweise gezeichnet, d. h. jedes gerade Linienstück wird extra gezeichnet. Die Alternative wäre, alle Stützpunkte der Kurve vorab zu berechnen und dann die ganze Kurve auf einen Schlag mit nur einem Aufruf von *G_Linien()* zu zeichnen. Dazu müßten wir aber ein Feld vereinbaren, das groß genug ist, alle Stützpunkte aufzunehmen. Die Größe dieses Feldes müßte mit der eingestellten Schrittweite schwanken. Das hier gezeigte Verfahren kommt dagegen ohne ein solches Feld aus, egal wie fein die Schrittweite ist, die Sie einstellen. Prg. 10-1 kann daher sehr leicht zum Zeichnen anderer Kurven mit anderen Parameterintervallen und Schrittweiten angepaßt werden.

Die nächste Kurve beschreiben wir durch eine Formel $r = g(\varphi)$ in Polarkoordinaten:
$$r = g(\varphi) = R\cos[s\sin(k\varphi)], \quad 0 \leq \varphi \leq 2\pi, \quad R > 0 \text{ fest.}$$

s und k sind Parameter, mit denen Sie spielen können, um die Gestalt der Kurve zu verändern. k wird als ganzzahlig vorausgesetzt. Durch Variieren von R erhalten wir wieder eine ganze Kurvenfamilie. In Bild 10-5 sehen Sie das Ergebnis für $s = 101{,}2$ und $k = 30$ mit einer Schrittweite von $\pi/36$, entsprechend $5°$.

Wählen Sie einmal eine andere Schrittweite. Sie werden vom Resultat überrascht sein.

10.6 LISSAJOUS-Figuren

Sind Sie ein Hardwarebastler, der oft vor einem Oszilloskop sitzt? Dann haben Sie bestimmt schon LISSAJOUS-Figuren gesehen. Sie entstehen, wenn Sie die horizontale und vertikale Ablenkung Ihres Oszilloskops mit sinusförmigen Spannungen beschicken. Wissenschaftlicher ausgedrückt handelt es sich um die Überlagerung zweier zueinander senkrechter linearer Schwingungen verschiedener Frequenzen, die zueinander im Verhältnis ganzer Zahlen stehen (die Frequenzen). Daraus folgen unmittelbar (oder nicht?) die Gleichungen:
$$\begin{aligned} x &= a\cos(\varphi/k), \\ y &= b\sin(\varphi/l), \quad k, l \text{ ganze Zahlen}, \quad a, b > 0. \end{aligned}$$

---

[1] Das ist so, als wollten Sie einen Kreis durch ein Zwölfeck annähern, indem Sie die Stundenmarkierungen auf dem Ziffernblatt einer Uhr durch gerade Linien verbinden. Sollten Sie zu der Generation gehören, die nur noch blinkende und piepsende Digitaluhren kennt, so vergessen Sie diese Bemerkung schnell wieder.

10.7 Miszellaneen – Mischmasch

Bild 10-5 Eine andere Kurvenfamilie

Im Rechteck mit den Seiten $[-a, a]$ und $[-b, b]$ findet ein wilder Tanz der Kurve statt. k und l bestimmen die Frequenzen der Schwingungen und legen damit die Form der Kurve fest. Auch Kreis und Ellipse sind LISSAJOUS-Figuren: Für $k = l = 1$ erhalten Sie eine Ellipse mit den Halbachsen a und b. Setzen Sie zusätzlich $a = b = R$, so entsteht ein Kreis mit Radius R. Andere Werte von k und l ergeben allerdings erheblich komplexere Figuren (Bild 10-6 und Bild 10-7). Sei j das *kleinste gemeinsame Vielfache* von k und l, dann muß φ das Intervall $[0, j2\pi]$ durchlaufen, bis die Kurve vollständig gezeichnet ist. Mit einer Schrittweite von $\pi/60$, entsprechend $3°$, erzielen wir eine glatte Kurve.

10.7 Miszellaneen – Mischmasch

Das Feld der Mathematik bietet noch viel Platz für aufregende Entdeckungsreisen. Ihrer Phantasie sind keine Grenzen gesetzt. Anregungen finden Sie in vielen

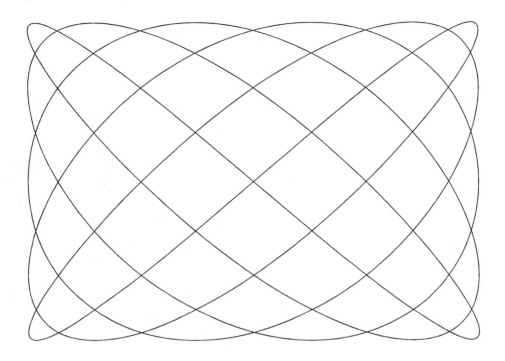

Bild 10-6 Lissajous-Figur: $k = 6, l = 5, a = 11, b = 8$

Büchern und Zeitschriftenartikeln, z. B. [EE89] und [Dew88], in dem die nun folgenden beiden Beispiele vorgestellt wurden.

Betrachten Sie die Klasse der Kurven

$$\begin{aligned} x &= a\sin(b\varphi) + c\cos(d\varphi), \\ y &= e\sin(f\varphi) + g\cos(h\varphi), \quad 0 \leq \varphi, \quad a,b,c,d,e,f,g,h \text{ fest.} \end{aligned}$$

Für a=7, b=0,99, c= −4,9, d=3,01, e=0,7, f=15,03, g=7, h=1,01 und mit der Schrittweite $\pi/60$ für φ ergibt sich ein faszinierend dreidimensional wirkendes Maschennetz (Bild 10-8).

Eine seltsame Kurve anderer Qualität liefert folgende Gleichung:

$$r = e^{\cos\varphi} - 2\cos 40 + \sin^5 \frac{\varphi}{12}.$$

Lassen Sie φ im Intervall $[0, 24\pi]$ mit einer Schrittweite von $\pi/60$ laufen und stellen Sie erstaunt fest, daß sich auf Ihrem Bildschirm ein Schmetterling zum ersten Flügelschlag anschickt (Bild 10-9).

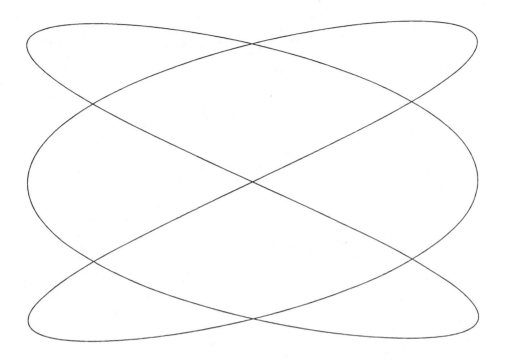

Bild 10-7 Lissajous-Figur: $k = 2$, $l = 3$, $a = 11$, $b = 8$

10.8 Leise rieselt der Schnee

Nach dem Motto „ein Schmetterling macht noch keinen Frühling", wollen wir uns jetzt mit dem Winter beschäftigen. Genauer gesagt, wir wollen eine *Schneeflocke* zeichnen.

Die Schneeflocke ist ein bekanntes Beispiel für eine sogenannte KOCHsche Kurve. Diese Kurven werden, ausgehend von einer Grundfigur, *rekursiv* definiert, nach dem Schema:

> Ersetze eine Seite der Grundfigur durch eine verkleinerte Ausgabe der ganzen Grundfigur.

Die Grundfigur der Schneeflocke ist ein gleichseitiges Dreieck der Seitenlänge l (Rekursionsstufe 0). In der Rekursionsstufe 1 wird jede Seiten des Dreiecks dreigeteilt und das Mittelstück jeweils durch ein gleichseitiges Dreieck der Seitenlänge $l/3$ ersetzt (Bild 10-10). Das geht in jeder folgenden Rekursionsstufe so weiter: Jede gerade Seite der Figur wird dreigeteilt und das Mittelstück durch einen Zacken mit der neuen Seitenlänge ersetzt, die nur noch 1/3 der alten beträgt.

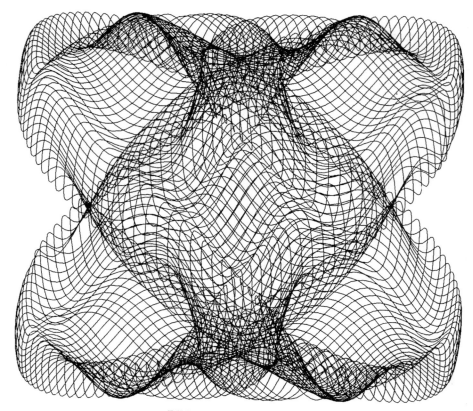

Bild 10-8 Maschennetz

Um die Schneeflocke zu zeichnen, müssen wir die Koordinaten der Eckpunkte berechnen. Dafür eine explizite mathematische Formel aufzustellen, wie bei den Kurven in den vorigen Abschnitten dieses Kapitels, ist gar nicht so einfach. Sehr einfach dagegen ist es, eine *Konstruktionsvorschrift* für die Kurve anzugeben. Wir gehen aus von der Schneeflocke der Stufe $n-1$ mit Seitenlänge l. Die Schneeflocke der Stufe n erhalten wir, indem wir jede Seite der Länge l gemäß folgender Vorschrift ersetzen:

1. Gehe vom Startpunkt aus in Richtung der aktuellen Seite die Strecke $l/3$.
2. Drehe dich um 60° nach links.
3. Gehe $l/3$ nach vorn.
4. Drehe dich um 120° nach rechts.
5. Gehe $l/3$ nach vorn.

10.8 Leise rieselt der Schnee

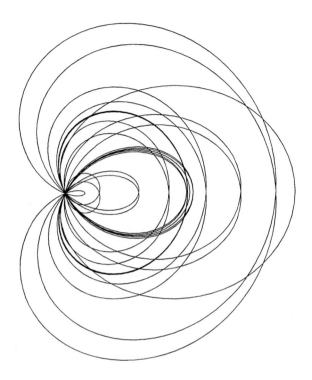

Bild 10-9 Schmetterling

6. Drehe dich um 60° nach links.

7. Gehe $l/3$ nach vorn.

Wenn Sie diese Vorschrift befolgen, laufen Sie genau die Schneeflockenkurve entlang. Versuchen Sie das aber am besten bei sich zu Hause, wenn niemand Sie sieht. Sonst denkt man womöglich, Sie hätten nicht alle Tassen im Schrank ...

Wahrscheinlich aber meinen Sie, daß wir diesen Tanz auf der Schneeflocke lieber dem Rechner überlassen sollten. Der ist nun einmal im Befolgen solcher sturer, mechanischer Vorschriften Weltmeister.

Hervorragend geeignet zur Formulierung einer Konstruktionsvorschrift wie der obigen, ist die sogenannte *Schildkrötengraphik (turtle graphic)*. Ihr liegt die Vorstellung zugrunde, daß eine Schildkröte (engl.: *turtle*) über die Zeichenfläche wandert. Die Schildkröte hat zu jedem Zeitpunkt eine *aktuelle Position*, auf der sie sich gerade befindet, und eine *aktuelle Richtung*, in die sie sich gerade bewegt. Die ganze Schildkrötengraphik baut nun auf den zwei Befehlen *DREHDICH (Winkel)*

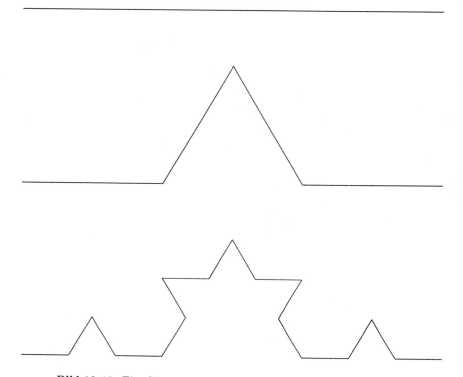

Bild 10-10 Eine Seite der Schneeflocke in den Rekursionsstufen 0, 1, 2

und *GEH (Laenge, Zeichne)* auf. *DREHDICH* ändert die Bewegungsrichtung der Schildkröte um den angegebenen Winkel. *GEH* läßt die Schildkröte um die Strecke *Laenge* in ihre aktuelle Bewegungsrichtung laufen. Der Parameter *Zeichne* gibt an, ob bei der Bewegung eine Linie gezeichnet werden soll oder nicht.

Der wesentliche Unterschied zwischen der Schildkrötengraphik und den Zeichenkommandos, die wir bisher kennengelernt haben, ist der, daß bisher unsere Koordinaten stets *absolut* waren (innerhalb eines festen Weltkoordinatensystems), d.h. die Wirkung eines Zeichenbefehls war unabhängig von vorausgegangenen Befehlen. Bei der Schildkröte ist das anders. Der Befehl *GEH (10.0, 1)* zeichnet eine Strecke der Länge 10. Wo und in welche Richtung diese Strecke jedoch auf dem Bildschirm verläuft, hängt ganz vom augenblicklichen *Zustand* der Schildkröte ab, d.h. von ihrer aktuellen Position und Richtung.

Natürlich können wir die Schildkrötengraphik leicht mit GuG realisieren. Dazu erstellen wir eine Datei *kroete.h*, die die benötigten Funktionen als Makros für den C-Vorprozessor definiert (Prg. 10-2). Jedes GuG-Programm, das Schildkrötengra-

```
#include <math.h>  /* für sin (), cos () */
#define PI180 0.0174532  /* PI/180 */
#define BOGENMASS(w) ((w)*PI180)  /* Grad -> Bogenmaß */

static G_Punkt kroete_pos[2];  /* alte und aktuelle Position der Schildkröte */
static float kroete_richtung;  /* aktuelle Richtung der Schildkröte */

#define INIT_KROETE(p, r) \
   { kroete_pos[1] = (p); kroete_richtung = BOGENMASS(r); }
#define DREHDICH(w) (kroete_richtung += BOGENMASS(w))
#define GEH(l, z) \
   { if (z) kroete_pos[0] = kroete_pos[1]; \
     kroete_pos[1].X += (l)*cos (kroete_richtung), \
     kroete_pos[1].Y += (l)*sin (kroete_richtung); \
     if (z) G_Linien (2, kroete_pos); \
   } /* Ende von GEH */
```

Prg. 10-2 Schildkrötengraphik: *kroete.h*

phik verwenden möchte, kann die Kommandos mit der Anweisung

   #include <kroete.h>

verfügbar machen.

Zusätzlich zu DREHDICH und GEH enthält *kroete.h* noch ein weiteres Makro, INIT_KROETE *(Punkt, Richtung)*, mit dem der Schildkröte zu Beginn eine absolute Position und Richtung zugewiesen werden kann. Die Schildkrötengraphik gibt Bewegungen mittels Richtung und Länge an, also praktisch in Polarkoordinaten (s. Abschnitt 10.3). So ist es kein Wunder, daß die Umrechnung in das Weltkoordinatensystem von GuG im Prinzip mit den in 10.3 vorgestellten Formeln zur Umrechnung von Polar- in kartesische Koordinaten erfolgt. Der Unterschied ist nur, daß der Bezugspunkt für die Polarkoordinaten, der *Pol*, im Gegensatz zu 10.3 nicht fest im Ursprung des kartesischen Koordinatensystems liegt, sondern mit der Schildkröte wandert.

Nachdem wir nun über die Schildkrötengraphik verfügen, können wir uns endlich auf das Programm zum Zeichnen der Schneeflocke stürzen. Da die Schneeflockenkurve rekursiv definiert ist, ist es am einfachsten ein rekursives Programm dafür zu schreiben. In der Rekursionsstufe n wird jede Seite mit der Länge l der Rekursionsstufe $n-1$ ersetzt durch 4 Seiten der Länge $l/3$, gemäß der Vorschrift von Seite 154. Das läßt sich in einer Sprache wie C, die rekursive Funktionen (also Funktionen, die sich selbst aufrufen) erlaubt, sehr leicht formulieren. Wir definieren die Funktion *Seite (Stufe, Laenge)*, die eine Seite der Rekursionsstufe *Stufe* mit der Länge *Laenge* zeichnet (Prg. 10-3).

Die ganze Schneeflocke erhalten wir, wenn wir drei Seiten in Form eines gleichseitigen Dreiecks aneinandersetzen. Das wird von der Funktion *zeichne_bild()* in Prg. 10-3 erledigt.

```
#include <math.h>   /* für sqrt */
#include <GuG.h>    /* Definitionen für GuG */
#include <kroete.h> /* für Schildkrötengraphik */
#define MAXSTUFE 8 /* Max. Rekursionsstufe */
#define LAENGE 14.0 /* Seitenlänge des Ausgangsdreiecks */
#define DRITTEL 0.3333333333333333

zeichne_bild ()
{ int Stufe; float Hoehe_23; G_Punkt Anfang;

  for (Stufe = 0; Stufe < MAXSTUFE; Stufe++)
  { Hoehe_23 = LAENGE*sqrt(3.0)*DRITTEL;  /* 2/3 der Dreieckshöhe */
    Anfang.X = 0.5*(24.0−LAENGE); Anfang.Y = 0.5*(18.0−Hoehe_23);
    INIT_KROETE (Anfang, 60.0);
    G_Neues_Bild ();
    Seite (Stufe, LAENGE); DREHDICH (−120.0);
    Seite (Stufe, LAENGE); DREHDICH (−120.0);
    Seite (Stufe, LAENGE);
    getch ();
  } /* for Stufe */
} /* zeichne_bild */

static Seite (Stufe, Laenge)
int Stufe;
float Laenge;
{ if (Stufe == 0) { GEH (Laenge, 1); }
  else
  { Seite (Stufe−1, DRITTEL*Laenge); DREHDICH (60.0);
    Seite (Stufe−1, DRITTEL*Laenge); DREHDICH (−120.0);
    Seite (Stufe−1, DRITTEL*Laenge); DREHDICH (60.0);
    Seite (Stufe−1, DRITTEL*Laenge);
  } /* Stufe > 0 */
} /* Seite */
```

Prg. 10-3 Schneeflocke: *zeichne_bild()* und *Seite()*

Bild 10-11 zeigt die Schneeflockenkurve in verschiedenen Rekursionsstufen. Eine hübsche Variante der Schneeflocke erhalten wir, wenn wir in der Funktion Seite() (Prg. 10-3) die Linksdrehungen durch Rechtsdrehungen und umgekehrt ersetzen. Dadurch klappen die neu entstehenden Zacken nach innen statt nach außen. Zur Programmierung drehen wir nur die Vorzeichen der Winkel um (*DREHDICH (60.0)* dreht die Schildkröte um 60° nach links, *DREHDICH (−60.0)* dreht sie um 60° nach rechts). Das Ergebnis sehen Sie in Bild 10-12.

10.9 Mathematisches zur Schneeflocke

Die Schneeflockenkurve (Bild 10-11) ist nicht nur sehr schön; sie ist auch mathematisch äußerst interessant. Sie hat eine Reihe von merkwürdigen Eigenschaften. In

10.9 Mathematisches zur Schneeflocke

Bild 10-11 Schneeflocke der Rekursionsstufen 0, 1, 2, 3, 4 in verschiedenen Größen

diesem Abschnitt wollen wir für Sie, den mathematisch interessierten Leser, einige dieser Eigenschaften mit dem Licht der (nicht allzu komplizierten) Mathematik erhellen.

Betrachten wir die Schneeflocke der Stufe 0. Sie besteht aus 3 Seiten. In der Stufe 1 hat die Schneeflocke 12 Seiten, in der Stufe 2 schon 48 Seiten (Bild 10-11, zählen Sie nach!). Allgemein wird jede Seite der Stufe $n-1$ durch 4 Seiten der Stufe n ersetzt (Bild 10-10). Die Anzahl der Seiten der Schneeflockenkurve der Stufe n, A_n, ist also

$$A_n = 3 \cdot 4^n.$$

In der Stufe 0 hat jede Seite eine gewisse Länge l. In jeder weiteren Stufe beträgt die Länge einer Seite nur noch 1/3 der Seitenlänge der vorherigen Stufe. Allgemein hat eine Seite der Schneeflocke in Stufe n also die Länge

$$L_n = \frac{l}{3^n}.$$

Bild 10-12 Schneeflocke der Rekursionsstufe 4, nach innen geklappte Zacken

Der Umfang U_n (die Länge der Randlinie) der Schneeflockenkurve in Stufe n ist daher

$$U_n = A_n \cdot L_n = 3 \cdot 4^n \frac{l}{3^n} = 3l \left(\frac{4}{3}\right)^n.$$

Stellen wir uns nun vor, wir treiben die Rekursionsstufe der Schneeflockenkurve immer weiter hoch, verfeinern die Zacken ins Unendliche. Mit der Stufe n wächst auch der Umfang U_n der Schneeflocke über alle Grenzen ins Unendliche. Oder wie die Mathematiker sagen:

$$\lim_{n \to \infty} U_n = \lim_{n \to \infty} \left[3l \left(\frac{4}{3}\right)^n\right] = \infty.$$

Aber wie verhält es sich mit dem Flächeninhalt F_n der Schneeflocke n-ter Stufe? Die Schneeflocke der Stufe 0 ist ein gleichseitiges Dreieck mit der Seitenlänge l. Für den Flächeninhalt eines Dreiecks gilt allgemein die Formel $F_\triangle = lh/2$. Dabei ist l die Länge einer Seite und h die zugehörige *Höhe* des Dreiecks (Bild 10-13). Bei einem *gleichseitigen* Dreieck läßt sich die Höhe sehr leicht berechnen: $h = l\frac{\sqrt{3}}{2}$. Somit erhalten wir für den Flächeninhalt $F(l)$ eines gleichseitigen Dreiecks mit der Seitenlänge l die Formel

$$F(l) = \frac{lh}{2} = \frac{\sqrt{3}}{4}l^2.$$

10.9 Mathematisches zur Schneeflocke

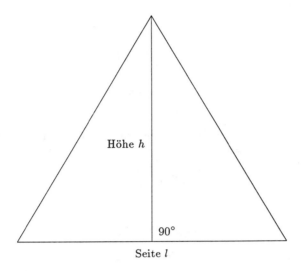

Bild 10-13 Höhe im Dreieck

Das ist also die Fläche unseres Ausgangsdreiecks, der Schneeflocke in Stufe 0. Bei jeder weiteren Stufe der Vefeinerung kommen nun zusätzliche gleichseitige Dreiecke dazu. Der Flächeninhalt nimmt daher ständig zu. In Stufe n kommen soviele Dreiecke neu dazu, wie in der vorigen Stufe Seiten vorhanden waren, also A_{n-1}. Die neuen Dreiecke in Stufe n haben die Seitenlänge L_n. Somit erhalten wir für den Flächeninhalt F_n der Schneeflocke in Stufe n:

$$
\begin{aligned}
F_n &= F(l) + \sum_{i=1}^{n} A_{i-1} F(L_i) \\
&= F(l) + \sum_{i=1}^{n} 3 \cdot 4^{i-1} F\left(\frac{l}{3^i}\right) \\
&= F(l) + \sum_{i=1}^{n} 3 \cdot 4^{i-1} \cdot \frac{\sqrt{3}}{4} \left(\frac{l}{3^i}\right)^2 \\
&= F(l) + \frac{3\sqrt{3}}{4} \sum_{i=1}^{n} 4^{i-1} \frac{l^2}{9^i} \\
&= F(l) + \frac{3\sqrt{3}}{16} l^2 \sum_{i=1}^{n} \left(\frac{4}{9}\right)^i \\
&= F(l) + \frac{3\sqrt{3}}{16} l^2 \left(\frac{1 - \left(\frac{4}{9}\right)^{n+1}}{1 - \frac{4}{9}} - 1\right)
\end{aligned}
$$

$$= F(l)\left[1 + \frac{3}{4}\left(\frac{4}{5} - \frac{9}{5}\left(\frac{4}{9}\right)^{n+1}\right)\right]$$
$$= F(l)\left(1 + \frac{3}{5} - \frac{3}{5}\left(\frac{4}{9}\right)^{n}\right)$$
$$= F(l)\left(\frac{8}{5} - \frac{3}{5}\left(\frac{4}{9}\right)^{n}\right).$$

Lassen wir nun n gegen Unendlich streben, so nähert sich der Flächeninhalt einer festen Zahl. Es gilt nämlich
$$\lim_{n\to\infty}\left(\frac{4}{9}\right)^{n} = 0$$
und daher
$$\lim_{n\to\infty} F_n = \frac{8}{5}F(l).$$

Der Flächeninhalt der Schneeflocke ist also, egal wie hoch wir n wählen, kleiner als 8/5 der Fläche des Ausgangsdreiecks.

Diese Resultate sind für ein linienhaftes Gebilde etwas überraschend und laufen unserer durch die euklidische Geometrie geprägten Anschauung zuwider. Obwohl die von der Schneeflockenkurve umschlossene Fläche mit jeder Rekursionsstufe größer wird, und obwohl die Grenzkurve der Schneeflocke ($n \to \infty$) eine unendlich lange Randlinie besitzt, ist die von der Grenzkurve umschlossene Fläche endlich, nämlich 8/5 der Fläche des Ausgangsdreiecks. Das bedeutet, die Kurve muß sich sozusagen unendlich falten und zerknittern, damit die unendlich lange Randlinie in dieser begrenzten Fläche Platz hat. Außerdem hat die Schneeflocke für $n = \infty$ keine Tangenten. Oder, wie die Mathematiker sagen, sie ist keinem Punkt differenzierbar, obwohl sie in jedem Punkt stetig ist, also keine Sprünge oder Lücken aufweist. Als Kurven dieser Art zum erstenmal entdeckt wurden, haben Sie nicht wenigen Mathematikern Kopfschmerzen verursacht. Es gab damals wohl auch einige, die solche Konstruktionen für „Teufelswerk" hielten und es ablehnten, sich überhaupt damit auseinanderzusetzen. Das hat sich heutzutage allerdings gründlich geändert.

Die Schneeflocke für $n = \infty$ ist ein Beispiel für eine *fraktale* Kurve. Fraktale Kurven haben die Eigenschaft der *Selbstähnlichkeit*. Das bedeutet, daß sie bei jeder Vergrößerung gleich aussehen, ohne ihre Struktur zu verlieren. Wenn Sie ein kleines Stück der Schneeflockenkurve ausschneiden und es unter ein Mikroskop legen, sehen Sie dieselbe Kurve wie im Großen. Egal wie stark auch immer Sie die Kurve vergrößern, Sie sehen immer dieselben feinen Verästelungen und Zacken unter dem Mikroskop. Eine weitere Eigenschaft fraktaler Kurven ist, daß ihre Dimension größer als 1 ist. Die Schneeflocke hat z.B. die Dimension $d = \log 4/\log 3 \approx 1{,}216$. Durch das Einführen solcher *gebrochener Dimensionen* tragen die Mathematiker der Tatsache Rechnung, daß Kurven wie die Schneeflocke Eigenschaften haben,

10.9 Mathematisches zur Schneeflocke

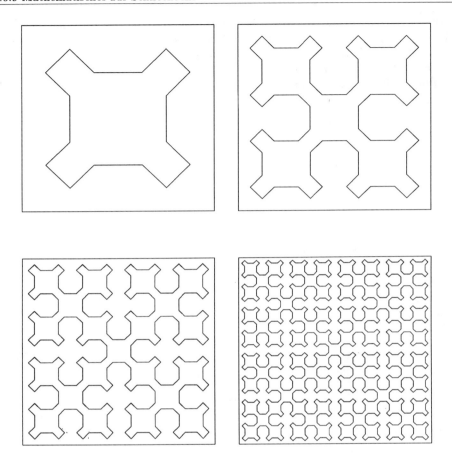

Bild 10-14 SIERPINSKI-Kurven der Stufen 1, 2, 3, 4

die zwischen denen einer „normalen" eindimensionalen Kurve und denen einer zweidimensionalen Fläche liegen.

Mit dem Thema *fraktale Kurven*, ihren faszinierenden Eigenschaften und ihrem unerschöpflichen Formenreichtum ließen sich mühelos viele Bücher füllen – und tatsächlich wurden auch schon viele Bücher damit gefüllt. Wir können leider im Rahmen dieses Buches das Thema nicht weiter behandeln; es würde sonst denselbigen sprengen. Wenn Sie mehr über Fraktale erfahren wollen, können Sie z.B. in [BD89] und [Bec87] nachschlagen. An dieser Stelle müssen wir uns leider damit begnügen, uns mit einem Bild der vielleicht bekanntesten und schönsten Kurve dieser Art aus der geheimnisvolle Welt der fraktalen Kurven zu verabschieden. In Bild 10-14 sehen Sie die SIERPINSKI-Kurve in verschiedenen Rekursionsstufen. Die SIERPINSKI-Kurve gehört – anders als die Schneeflocke – zur Klasse der *flächenfüllenden* PEANO-Kurven. Die Grenzkurve ($n \to \infty$) ist unendlich lang und füllt das in Bild 10-14 eingezeichnete Quadrat vollständig aus, umschließt aber nur 5/12 seines Inhalts! Trotz ihres linienhaften Entstehens, hat diese „Kurve" die Dimension 2. Versuchen Sie doch mal, das rekursive Bildungsgesetz für die SIERPINSKI-Kurve herauszufinden!

Kapitel 11

Beschreibung der Bibliothek

Die geräteunabhängige Graphikbibliothek GuG stellt Ihnen eine Reihe mächtiger Funktionen zur Verfügung, die wir im folgenden detailliert beschreiben. Wir haben uns bemüht, sowohl die Funktionsnamen leicht merkbar und aussagekräftig zu wählen, als auch die Parameterlisten einfach zu halten. Deshalb haben wir auf übermäßig viele eigene Typdefinitionen verzichtet. Die Namen aller Funktionen, Konstanten, Variablen und Typen, die Ihnen GuG zur Verfügung stellt, beginnen mit einem großen G, gefolgt von einem Unterstrich (_) und dem eigentlichen Namen. Zusammengesetzte Namen bestehen aus einzelnen Wörtern, die jeweils mit einem Großbuchstaben beginnen und durch Unterstrich getrennt sind, z.B. *G_Neue_Seite()*. So sind die Namen gut lesbar, und der Tippaufwand hält sich in Grenzen.

Für alle Funktionen einheitlich, haben wir den Ergebnistyp *int* gewählt. Jede Funktion liefert als Ergebnis die Zahl 0, falls die übergebenen Parameter sinnvoll sind, und die Funktion ordnungsgemäß abgelaufen ist. In allen anderen Fällen – wenn GuG den Aufruf für fehlerhaft hält – wird eine von Null verschiedene Zahl zurückgegeben (Ausnahme: die Funktion *G_Karte()*, s. 11.5). Falls Sie den Fehlerkodes von GuG nachspüren wollen, können Sie also schreiben:

```
if ( G_Funktionsname ( Parameterliste ) )
{ Fehlerbehandlung ;
} /* if */
```

Noch geschickter (und auch trickreicher) ist es, für die Fehlerprüfung ein Makro zu verwenden, das die Fehlermeldung auf eine Datei protokolliert. Das Makro könnte dann beispielsweise so aussehen wie in Prg. 11-1.
Dabei nutzen wir aus, daß der C-Makroprozessor den Namen der gerade bearbeiteten Datei im Makro __FILE__ und die aktuelle Zeilennummer im Makro __LINE__ zur Verfügung stellt. Desweiteren verwenden wir den #-Operator zum Umwandeln des Funktionsnamens in eine Zeichenkette, so daß wir den Funktionsnamen

```
#define GUG(fkt,param) \
    { int e; \
      if (e=fkt param) \
      { FILE *dat=fopen ("fehler.gug", "a"); \
        fprintf ( dat, "%s: %d: GuG-Fehler %d in Funktion %s.\n" \
                , __FILE__, __LINE__, e, #fkt ); \
        fclose (dat); \
      } /* if */ \
    } /* Ende Block GUG */
```

Prg. 11-1 Makro *GUG* zum Überprüfen der Fehlerkodes

als Text ausgeben können. Wichtig ist, daß wir beim Aufruf des Makros *GUG* die Parameterliste der GuG-Funktion *mit* den Klammern an den Makroparameter *param* übergeben. Auch wenn die GuG-Funktion nur einen oder gar keinen Parameter hat, müssen die Klammern unbedingt dastehen. Der Aufruf zum Zeichnen einer Linie lautet dann z. B. so:

GUG (G_Linien , (8, pkte));

Nachdem wir gründlich getestet haben und sicher sind, daß wir alle Fehler aus unserem Programm vertrieben haben (sind wir da jemals sicher?), können wir die gesamte Fehlerbehandlung durch eine Änderung des Makros *GUG* ausbauen. Am Programm selbst brauchen wir gar nichts zu ändern. Wir müssen es nur neu übersetzen, und schon ist die Fehlerbehandlung entfernt. Es wird dadurch auch etwas schneller und kleiner. Das Makro *GUG* sieht dann so aus:

#define GUG(fkt,param)   fkt param

11.1 Verwendete Typen

Zwei bekannte Schlagworte, die derzeit durch alle Zeitschriften geistern, sind *objektorientiertes* und *strukturiertes* Programmieren. Beides ist von großer Wichtigkeit — insbesondere bei großen und langlebigen Programmpaketen. Auch bei kleinen Programmen behalten wir leichter den Überblick, wenn wir uns selbst beschränken und *Struktur* in unsere Programme bringen. So sparen wir viel Zeit und Grips bei der sonst unvermeidlich langwierigen Fehlersuche. Im vorliegenden Buch haben wir uns daher bemüht, gut strukturierte Programme zu zeigen. Wir haben z. B. gleichbleibende, und damit häufig wiederverwendbare, Programmrahmen entwickelt. So konnten wir uns bei den Beispielen auf das Neue und Wesentliche beschränken.

Die Verwendung von selbst definierten, zusammengesetzten Typen erhöht ebenfalls den Grad der Strukturierung eines Programms und trägt damit zu besserer Lesbarkeit bei. Da dieses Buch nicht in erster Linie als Handbuch für Graphik-Großsystem-Programmierer gedacht ist, haben wir für GuG nur drei eigene Typen definiert und ansonsten auf die Standardtypen von ANSI-C zurückgegriffen.

11.2 Fehlermeldungen

```
typedef struct { float X, Y; } G_Punkt;
typedef struct { float Links, Rechts, Unten, Oben; } G_Rechteck;
typedef struct { float Rot, Gruen, Blau; } G_Farbe;
```

Prg. 11-2 Die Typen von GuG

Damit wird die Handhabung leichter und der Lernaufwand geringer. Das Programmstück 11-2 zeigt die Typdefinitionen. Bild 11-1 veranschaulicht die Bedeutung der Komponenten der Typen *G_Punkt* und *G_Rechteck*.

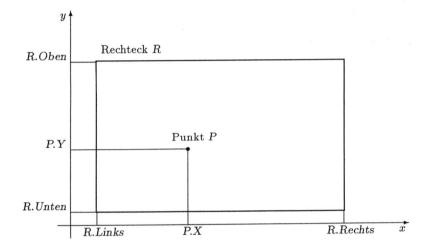

Bild 11-1 *G_Punkt* und *G_Rechteck*

11.2 Fehlermeldungen

Das Graphikpaket GuG gibt selbst keine Fehlermeldungen auf dem Bildschirm aus. Fehler werden dem Benutzer durch den Ergebniswert der Funktionen mitgeteilt. Es folgt nun die Liste aller möglichen Ergebniswerte (Fehlernummern), zusammen mit einem erläuternden Text:

0 Es ist kein Fehler entdeckt worden.
1 Das Graphikpaket ist schon offen.
3 Die Gerätebezeichnung ist ungültig.
4 Die Graphikkarte unterstützt den gewählten Gerätetyp nicht.
5 Der Druckertreiber hat nicht genug Hauptspeicher.
6 Das Graphikpaket ist nicht offen.
7 Datenübertragungsfehler bei der graphischen Ausgabe.

8 Das Weltrechteck ist ungültig.
9 Das Geräterechteck ist ungültig.
10 Das Geräterechteck liegt nicht vollständig im Gerät.
11 Der Farbtabellenindex ist nicht verfügbar.
12 Die Farbdefinition ist ungültig.
13 Es sind zu wenig Punkte angegeben.
16 Der Linienbreitefaktor ist kleiner oder gleich Null.
17 Der Markentyp ist ungültig.
18 Der Markenvergrößerungsfaktor ist kleiner oder gleich Null.
20 Die Schriftart ist nicht verfügbar.
21 Die Schriftgröße ist kleiner oder gleich Null.
22 Die Schriftbreite ist kleiner oder gleich Null.
26 Die Seite ist nicht verfügbar.
28 Am Drucker ist kein Fadenkreuz verfügbar.

11.3 G_Anfang

int G_Anfang (Geraet)
int   Geraet;   /* Gerät für graphische Ausgabe */

Wirkung
Das Ausgabegerät *Geraet* wird für die graphische Ausgabe vorbereitet. Das Graphikpaket wird in den Zustand *offen* gesetzt und initialisiert. Die Merkmale der Ausgabefunktionen werden mit Standardwerten vorbelegt. Siehe dazu auch Abschnitt 2.1.

- Der Zeichenmaßstab ist 1:1, d. h. das Weltrechteck $[0, 24] \times [0, 18]$ wird auf die gesamte virtuelle Zeichenfläche GuGs abgebildet.

- Alle Ausgaben werden mit der Farbe 14 (Gelb) gezeichnet.

- Linien werden dünn und durchgezogen gezeichnet.

- Gebiete werden ganz ausgefüllt.

- Marken werden als normalgroße Sterne gezeichnet (1% der Bildhöhe).

- Texte werden in der Schriftart Grotesk mit der Größe 1 (in Weltkoordinaten, zunächst also $\frac{1}{18}$ der Bildhöhe) in Normalbreite und mit der Schreibrichtung 0°, also waagerecht und aufrecht stehend von links nach rechts, geschrieben.

Falls Sie Ihre Graphik auf dem Bildschirm betrachten wollen, können Sie statt einer Konstanten für den Bildschirmtyp auch die Funktion *G_Karte()* (s. 11.5) verwenden, die ermittelt, welcher Bildschirmadapter in Ihrem System installiert ist. Die Tabelle auf Seite 169 zeigt die Liste der von GuG unterstützten Geräte.

Gerät	Punkte (24 × 18)	Farben	Speicher pro Seite	Seiten
G_Hercules	720 × 348	2	31 KByte	2
G_CGA	640 × 200	2	16 KByte	1–2
G_EGA	640 × 350	16	110 KByte	2
G_VGA	640 × 480	16	150 KByte	1
G_FX80_60	680 × 425	2	36 KByte	1
G_FX80_120	1360 × 850	2	142 KByte	1
G_LQ500	1704 × 1275	2	267 KByte	1

Liste der von GuG unterstützten Geräte

Falls Sie glücklicher Besitzer einer VGA-Karte sind, können Sie auch die anderen Bildschirmmodi verwenden – vorausgesetzt, Sie haben auch einen Mehrfrequenz- (Multisync-, Multiscan-, ...) Monitor. Ihre Graphikkarte oder Ihr Bildschirm können beschädigt werden, wenn Sie unzulässige Betriebsarten einstellen! Wenn Sie nicht sicher sind, was Ihre Graphikausrüstung verkraftet, schauen Sie ins Handbuch Ihrer Karte und Ihres Monitors. Noch ein guter Rat für Abenteuerlustige: Sollte Ihr Monitor singende Geräusche und/oder Rauchzeichen von sich geben, ist es höchste Zeit, ihn abzuschalten!

Eine echte CGA-Karte unterstützt nur eine Bildspeicherseite. Falls jedoch auf einer EGA- oder VGA-Karte in CGA-Auflösung gezeichnet wird, stehen meist zwei Bildspeicherseiten zur Verfügung. Dann sind sehr schnelle Filme in einer allerdings nicht sehr hohen Auflösung möglich. Beachten Sie bitte, daß der Bildspeicher von VGA-Karten bei hoher Auflösung und 16 Farben nur für eine Graphikseite ausreicht. Deshalb sind im VGA-Modus keine Filme mit Doppelpufferverfahren möglich. Verwenden Sie für Filme auf VGA-Karten den Aufruf *G_Anfang (G_EGA)*, falls Sie einen entsprechenden Monitor haben.

Drei Möglichkeiten haben Sie, Ihre Bilder Schwarz auf Weiß zu drucken. Die Qualität der Druckausgabe wird mit höherer Auflösung natürlich besser, jedoch steigt damit auch unweigerlich der Bedarf an Hauptspeicher (s. Tabelle Seite 169). GuG unterstützt Druckertypen, die von fast allen gängigen Druckern emuliert werden können. Dies ist für 8- oder 9-Nadeldrucker der Epson FX80, den wir in zwei Auflösungen unterstützen: $60 \cdot 72$ dpi[1] (*G_FX80_60*) und $120 \cdot 144$ dpi (*G_FX80_120*). Für 24-Nadeldrucker untertützen wir den Epson LQ500 mit $180 \cdot 180$ dpi (*G_LQ500*). Der Drucker muß an der ersten Parallelschnittstelle (*lpt1:*) angeschlossen sein. Das Bild wird gedruckt, wenn *G_Neues_Bild()* (s. 11.8) oder *G_Ende()* (s. 11.4) aufgerufen wird.

Mögliche Fehler
   1 Das Graphikpaket ist schon offen.
   3 Die Gerätebezeichnung ist ungültig.
   4 Die Graphikkarte unterstützt den gewählten Gerätetyp nicht.
   5 Der Druckertreiber hat nicht genug Hauptspeicher.

Siehe auch
G_Karte, G_Ende, G_Farbtabelle, G_Zeige_Seite, G_Schreibe_Seite.

---

[1] *dots per inch*, Bildpunkte pro Zoll. 1 Zoll = 2,54 cm.

11.4 G_Ende

int G_Ende ( )

Wirkung

Das graphische Ausgabegerät wird wieder in den Anfangszustand (Textmodus) zurückgesetzt. Das Graphikpaket wird in den Zustand *geschlossen* gesetzt. Falls das Ausgabegerät ein Drucker ist, wird das Bild nun gedruckt. Der Drucker fängt erst bei diesem Aufruf an, seine Nadeln aufs Papier zu hämmern. Siehe auch Abschnitt 2.1.

Mögliche Fehler

    6 Das Graphikpaket ist nicht offen.

    7 Datenübertragungsfehler bei der graphischen Ausgabe.

Siehe auch

G_Anfang.

11.5 G_Karte

int G_Karte ( )

Wirkung

Es wird der aktive Bildschirmadapter bestimmt. Der Ergebniswert dieser Funktion kann direkt als Parameterwert an *G_Anfang()* (s. 11.3) übergeben werden, wodurch sich Ihr GUG-Graphikprogramm automatisch an die Graphikkarte des ausführenden Rechners anpaßt. Siehe auch Abschnitt 2.1.

Die Funktion *G_Karte()* liefert folgende Ergebniswerte: *G_Unbekannt*, *G_Hercules*, *G_CGA*, *G_EGA* oder *G_VGA*.

Falls die Funktion *G_Karte()* den Wert *G_Unbekannt* zurückliefert, sollten Sie das Benutzerhandbuch Ihrer Karte zu Rate ziehen und nachschlagen, wie Sie Ihre Karte in einen der Standardmodi umschalten können.

Mögliche Fehler

Keine.
Diese Funktion verhält sich anders als alle anderen Funktionen. Sie liefert keine Fehlernummer, sondern den Adaptertyp Ihres Rechners.

Siehe auch

G_Anfang.

11.6 G_Massstab

int G_Massstab (Welt, Geraet)
G_Rechteck   Welt;   /* Bereich der Weltkoordinaten */
G_Rechteck   Geraet;   /* Bereich der Gerätekoordinaten */

Wirkung
Die angegebene Maßstabdefinition wird von nun an verwendet. Das größtmögliche Geräterechteck ist festgelegt durch: links=0, unten=0, rechts=24, oben=18. Am Anfang gilt: Das Weltrechteck ist das größte Geräterechteck mit Maßstab 1:1. Also decken die Weltkoordinaten den Bereich $[0, 24] \times [0, 18]$ ab. Siehe auch Abschnitt 2.8.

Rechteckdefinitionen sind ungültig, falls die linke Grenze nicht kleiner als die rechte Grenze ist, oder falls die untere Grenze nicht kleiner als die obere Grenze ist. Der Datentyp *G_Rechteck* ist definiert als

    typedef struct { float Links, Rechts, Unten, Oben };

(siehe auch Bild 11-1).

Mögliche Fehler
    6 Das Graphikpaket ist nicht offen.
    8 Das Weltrechteck ist ungültig.
    9 Das Geräterechteck ist ungültig.
    10 Das Geräterechteck liegt nicht vollständig im Gerät.

Siehe auch
G_Linien, G_Marken, G_Gebiet, G_Text.

11.7 G_Farbtabelle

int G_Farbtabelle (Index, Farbe)
int   Index;   /* Nummer der zu ändernden Farbe */
G_Farbe   Farbe;   /* Beschreibung der neuen Farbe */

Wirkung
Siehe auch Kapitel 4, insbesondere Abschnitt 4.2. Es wird die Farbe des durch den Index angegebenen Eintrags in der Farbtabelle ersetzt. Die Farbbeschreibung wird auf die nächste am Gerät verfügbare Farbbeschreibung gerundet. Die Rot-, Grün- und Blauwerte der Farbdefinition müssen im Bereich [0, 1] liegen. Der Wert ist proportional zur Intensität der jeweiligen Grundfarbe. Für die Geräte G_EGA und G_VGA wird am Anfang die Standard-Farbpalette eingestellt. Für die Standardfarben sind Namen vordefiniert (siehe Tabelle auf Seite 174).

Nummer	GuG-Name	voreingestellte Farbe
0	G_Schwarz	Schwarz
1	G_Blau	Blau
2	G_Gruen	Grün
3	G_Tuerkis	Türkis (Cyan)
4	G_Rot	Rot
5	G_Violett	Violett (Magenta)
6	G_Braun	Braun
7	G_Hellgrau	Hellgrau
8	G_Dunkelgrau	Dunkelgrau
9	G_Hellblau	Hellblau
10	G_Hellgruen	Hellgrün
11	G_Helltuerkis	Helltürkis
12	G_Hellrot	Hellrot
13	G_Hellviolett	Hellviolett
14	G_Gelb	Gelb
15	G_Weiss	Weiß

Voreingestellte Farbtabelle für EGA/VGA-Karten

- Farbindex 0 beschreibt die Farbe des Bildhintergrunds. Mit dieser Farbe wird der Bildschirm gelöscht (Funktion G_Neues_Bild(), s. 11.8). Das Fadenkreuz wird mit dem Farbindex 15 (normalerweise Weiß) gezeichnet.

- Bei monochromen Geräten werden alle Farben außer Schwarz auf Weiß abgebildet.

- Bei CGA-Karten kann man entweder die Vordergund- oder die Hintergrundfarbe wählen; die jeweils andere Farbe ist immer Schwarz. VGA-Karten im CGA-Modus verhalten sich manchmal etwas anders.

- Die Drucker erzeugen mit der voreingestellten Standardfarbtabelle ein monochromes, invertiertes Bild, d.h. schwarze Linien auf weißem Grund.

Mögliche Fehler
- *6* Das Graphikpaket ist nicht offen.
- *11* Der Farbtabellenindex ist nicht verfügbar.
- *12* Die Farbdefinition ist ungültig.

Siehe auch
G_Linien_Attr, G_Marken_Attr, G_Gebiet_Attr, G_Text_Attr, G_Neues_Bild, G_Fadenkreuz.

11.8 G_Neues_Bild

int G_Neues_Bild ( )

Wirkung
Die Zeichenfläche wird gelöscht, d.h. mit Hintergrundfarbe überschrieben. Hintergrundfarbe ist die Farbe mit dem Index 0. Falls das Ausgabegerät ein Drucker ist, wird erst das bisherige Bild gedruckt und dann ein neues Bild begonnen. Diese Funktion wirkt – wie alle Ausgabefunktionen – nur auf die aktive, also die beschreibbare Seite des Bildspeichers.

Mögliche Fehler
  6 Das Graphikpaket ist nicht offen.

Siehe auch
G_Ende, G_Anfang, G_Schreibe_Seite.

11.9 G_Linien

int G_Linien (Anzahl, Punkte)
   int   Anzahl;   /* Anzahl der übergebenen Punkte */
   G_Punkt   Punkte[ ];   /* Feld, das die Punkte enthält */

Wirkung
Die übergebenen Punkte sind die Ecken eines Linienzugs, der mit den aktuellen Linienattributen gezeichnet wird. Die Punkte werden mit dem aktuellen Maßstab auf die virtuelle Zeichenfläche G∪Gs abgebildet. Es müssen mindestens zwei Punkte angegeben werden. Siehe auch Abschnitt 2.5.

Mögliche Fehler
   6 Das Graphikpaket ist nicht offen.
   13 Es sind zu wenig Punkte angegeben (< 2).

Siehe auch
G_Linien_Attr, G_Massstab.

11.10 G_Marken

int G_Marken (Anzahl, Punkte)
  int   Anzahl;   /* Anzahl der übergebenen Punkte */
  G_Punkt   Punkte[ ];   /* Feld, das die Punkte enthält */

Wirkung

An jedem übergebenen Punkt wird eine Marke mit den aktuellen Markenattributen gezeichnet. Die Punkte werden mit dem aktuellen Maßstab auf die Zeichenfläche abgebildet. Siehe auch Abschnitt 2.5.

Mögliche Fehler
   6 Das Graphikpaket ist nicht offen.
  13 Es sind zu wenig Punkte angegeben (< 1).

Siehe auch
G_Marken_Attr, G_Massstab.

11.11 G_Gebiet

int G_Gebiet (Anzahl, Punkte)
   int   Anzahl;   /* Anzahl der übergebenen Punkte */
   G_Punkt   Punkte[ ];   /* Feld, das die Punkte enthält */

Wirkung

Die übergebenen Punkte sind die Ecken eines Linienzugs, der den Rand des zu füllenden Gebiets festlegt. Der Rand kann bis zu 500 Eckpunkte enthalten. Die Ausfüllung richtet sich nach den aktuellen Gebietsattributen. Die Punkte werden mit dem aktuellen Maßstab auf die Zeichenfläche abgebildet. Es müssen mindestens drei Punkte angegeben werden. Der begrenzende Linienzug wird, falls nötig, von *G_Gebiet()* selbsttätig geschlossen, jedoch nicht gezeichnet. Siehe auch Abschnitt 2.5.

Mögliche Fehler

    6 Das Graphikpaket ist nicht offen.

   13 Es sind zu wenig Punkte angegeben (< 3).

Siehe auch

G_Gebiet_Attr, G_Massstab.

11.12 G_Text

int G_Text (Punkt, Text)
G_Punkt   Punkt;   /* Position des Textes */
char   Text[ ];   /* zu zeichnender Text */

Wirkung
Siehe auch Kapitel 3. Der angegebene Punkt wird mit dem aktuellen Maßstab abgebildet. Beginnend an diesem Punkt, wird der Text mit den aktuellen Textattributen auf der Zeichenfläche dargestellt.

Mögliche Fehler
  6 Das Graphikpaket ist nicht offen.

Siehe auch
G_Text_Attr, G_Text_Ende, G_Massstab.

11.13 G_Text_Ende

int G_Text_Ende (Punkt, Text, Fortsetzung)
G_Punkt   Punkt;   /* Position des Textes */
char   Text[ ];   /* zu zeichnender Text */
G_Punkt   *Fortsetzung;   /* Position des Textendes */

Wirkung
Siehe auch Kapitel 3. Diese Funktion führt dieselben Aktionen wie *G_Text()* (s. 11.12) aus, nur zeichnet sie den Text nicht. Sie tut nur so, und liefert stattdessen im Ausgabeparameter *Fortsetzung* den Punkt zurück, an dem der Text endet, wenn Sie ihn mit den augenblicklichen Textattributen wirklich mit *G_Text()* ausgeben.

Mögliche Fehler
    6 Das Graphikpaket ist nicht offen.

Siehe auch
G_Text, G_Text_Attr, G_Massstab.

11.14 G_Linien_Attr

int G_Linien_Attr (Farbe, Muster, Breite)
int   Farbe;   /* Index in die Farbtabelle */
unsigned int   Muster;   /* Strichmuster der Linie */
float   Breite;   /* Faktor für die Linienbreite */

Wirkung

Von nun an werden alle Linien mit den hier angegebenen Attributen gezeichnet. Siehe auch Abschnitt 2.6.

- *Farbe* ist ein Index in die Farbtabelle. Gültige Indizes liegen im Bereich 0–15. Zu Beginn ist die Linienfarbe 14 (Gelb) eingestellt. Die Farbe 0 ist die Hintergrundfarbe, mit der der Bildschirm gelöscht wird. Für die Geräte *G_EGA* und *G_VGA* wird am Anfang die Standard-Farbpalette eingestellt. Für die Standardfarben sind Namen vordefiniert (s. 11.7, Tabelle auf Seite 174).

  Der Spezialwert *G_Alt_Farbe* läßt die momentane Linienfarbe unverändert.

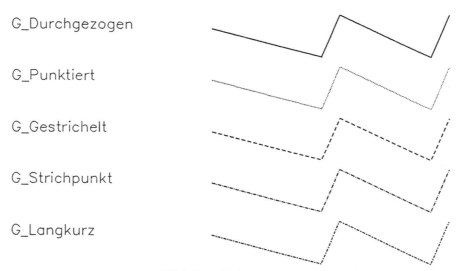

Bild 11-2 Linienmuster

- Zu Beginn ist das Strichmuster *G_Durchgezogen* eingestellt. Fünf Strichmuster sind vordefiniert (Bild 11-2).

  Sie können auch beliebige Linienmuster selbst definieren. Jedem gesetzten Bit in *Muster* entspricht ein gesetzter Bildpunkt. Dem Wert *0xAAAA* entspricht die Bitfolge *1010 1010 1010 1010*, und dies ergibt eine Linie, bei der abwechselnd Bildpunkte geschrieben und ausgelassen werden. Durch den Aufruf

     G_Linien_Attr (G_Alt_Farbe, 0xAAAA, G_Alt_Breite);

stellen Sie also sehr eng punktierte Linien ein.

Der Spezialwert *G_Alt_Linie* läßt das momentane Linienmuster unverändert.

- Zu Beginn ist die Linienbreite 1,0 eingestellt. Das entspricht einer Linie, die 1 Bildpunkt breit ist. Mit *Breite* geben Sie an, wieviel breiter Ihre Linien werden sollen.

Der Spezialwert *G_Alt_Breite* läßt die momentane Linienbreite unverändert.

Mögliche Fehler
 6 Das Graphikpaket ist nicht offen.
11 Der Farbtabellenindex ist nicht verfügbar.
16 Der Linienbreitefaktor ist kleiner oder gleich Null.

Siehe auch
G_Linien, G_Farbtabelle.

11.15 G_Marken_Attr

int G_Marken_Attr (Farbe, Typ, Groesse)
int   Farbe;   /* Index in die Farbtabelle */
int   Typ;   /* Art der Marke */
float   Groesse;   /* Markenvergrößerungsfaktor */

Wirkung

Von nun an werden alle Marken mit den hier angegebenen Attributen gezeichnet. Siehe auch Abschnitt 2.6.

- *Farbe* ist ein Index in die Farbtabelle. Gültige Indizes liegen im Bereich 0–15. Zu Beginn ist die Markenfarbe 14 (Gelb) eingestellt. Die Farbe 0 ist die Hintergrundfarbe, mit der der Bildschirm gelöscht wird. Für die Geräte *G_EGA* und *G_VGA* wird am Anfang die Standard-Farbpalette eingestellt. Für die Standardfarben sind Namen vordefiniert (s. 11.7, Tabelle auf Seite 174).

  Der Spezialwert *G_Alt_Farbe* läßt die momentane Markenfarbe unverändert.

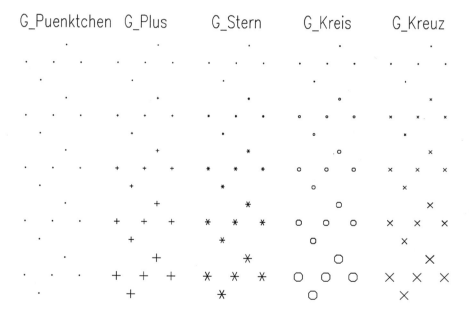

Bild 11-3 Vielfalt der Marken

- Zu Beginn ist der Markentyp *G_Stern* eingestellt. Fünf Markentypen sind definiert (Bild 11-3).

  Der Markentyp *G_Puenktchen* ist, unabhängig vom Maßstab GuGs und unabhängig vom Markenvergrößerungsfaktor, immer der kleinste darstellbare

```
Setze_Punkt (x, y, f)
int x, y, f;
{ G_Punkt P;  P.X=x; P.Y=y;
  G_Marken_Attr (f, G_Puenktchen, G_Alt_Groesse);
  G_Marken (1, &P);
} /* Setze_Punkt */
```

Prg. 11-3 *Setze_Punkt()* für Rasterbilder

Punkt auf dem Gerät. Das eröffnet die Möglichkeit, mit GuG auch Rasterbilder zu erzeugen. Stellen Sie als Weltrechteck den Bereich der Rasterbildpunkte Ihres Geräts ein (z. B. $[0, 639] \times [0, 479]$ für VGA) Dann können Sie eine Funktion *Setze_Punkt (x, y, f)* definieren, die den Rasterpunkt (x, y) auf die Farbe f setzt (Prg. 11-3).

Der Spezialwert *G_Alt_Marke* läßt den momentanen Markentyp unverändert.

- Zu Beginn ist die Markengröße 1,0 eingestellt. Das entspricht einer Marke, die 1/100 der Bildhöhe groß ist. Mit *Groesse* geben Sie an, wieviel größer Ihre Marken werden sollen. Die Größe der Marken hängt nur von diesem Markenvergrößerungsfaktor ab. Der eingestellte Maßstab von GuG hat keinen Einfluß auf die Markengröße.

Der Spezialwert *G_Alt_Groesse* läßt die momentane Markengröße unverändert.

Mögliche Fehler
6 Das Graphikpaket ist nicht offen.
11 Der Farbtabellenindex ist nicht verfügbar.
17 Der Markentyp ist ungültig.
18 Der Markenvergrößerungsfaktor ist kleiner oder gleich Null.

Siehe auch
G_Marken, G_Farbtabelle.

11.16 G_Gebiet_Attr

int G_Gebiet_Attr (Farbe, Art)
int   Farbe;   /* Index in die Farbtabelle */
int   Art[ ];   /* Art der Ausfüllung */

Wirkung

Von nun an werden alle Gebiete mit den hier angegebenen Attributen gezeichnet und gefüllt. Siehe auch Abschnitt 2.6.

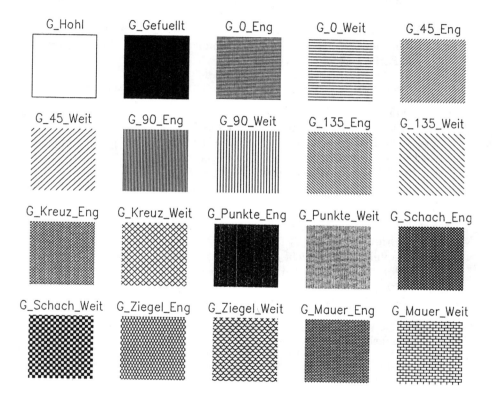

Bild 11-4   Gebiete: schraffiert und gemustert

- *Farbe* ist ein Index in die Farbtabelle. Gültige Indizes liegen im Bereich 0–15. Zu Beginn ist die Gebietsfarbe 14 (Gelb) eingestellt. Die Farbe 0 ist die Hintergrundfarbe, mit der der Bildschirm gelöscht wird. Für die Geräte *G_EGA* und *G_VGA* wird am Anfang die Standard-Farbpalette eingestellt. Für die Standardfarben sind Namen vordefiniert (s. 11.7, Tabelle auf Seite 174).

  Der Spezialwert *G_Alt_Farbe* läßt die momentane Gebietsfarbe unverändert.

11.16 G_Gebiet_Attr

- Zu Beginn ist die Ausfüllungsart *G_Gefuellt* eingestellt. Vordefiniert sind 20 Arten zum Füllen von Gebieten (Bild 11-4).

  Sie können auch beliebige Muster zum Füllen von Gebieten selbst definieren. Da Gebiete, im Gegensatz zu Linien, zweidimensional sind, brauchen wir als Muster diesmal ein 16 × 16 Bitfeld. Deshalb ist der Parameter *Art* ein Feld von 16 *int* zu je 16 Bit. Weiter müssen Sie nur wissen, daß jedem gesetzten Bit im Muster *Art* ein gesetzter Bildpunkt entspricht. Dem Wert *0xf0f0* entspricht die Bitfolge *1111 0000 1111 0000*. Betrachten Sie folgendes Beispiel. Es zeigt die Musterdefinition für das Schachbrett mit den kleinen Feldern, *G_Schach_Eng*:

  ```
  static int art[16] = { 0xf0f0, 0xf0f0, 0xf0f0, 0xf0f0    /* 1.-4. Zeile */
                       , 0x0f0f, 0x0f0f, 0x0f0f, 0x0f0f    /* 5.-8. Zeile */
                       , 0xf0f0, 0xf0f0, 0xf0f0, 0xf0f0    /* 9.-12. Zeile */
                       , 0x0f0f, 0x0f0f, 0x0f0f, 0x0f0f    /* 13.-16. Zeile */
                       };
  G_Gebiet_Attr (G_Alt_Farbe, art);
  ```

  Der Spezialwert *G_Alt_Gebiet* läßt die momentane Gebietsart unverändert.

Mögliche Fehler

6 Das Graphikpaket ist nicht offen.

11 Der Farbtabellenindex ist nicht verfügbar.

Siehe auch

G_Gebiet, G_Farbtabelle.

11.17 G_Text_Attr

int G_Text_Attr (Farbe, Schrift, Groesse, Breite, Richtung)
int   Farbe;   /* Index in die Farbtabelle */
int   Schrift;   /* Schriftart */
double   Groesse;   /* Größe in Weltkoordinaten */
double   Breite;   /* Schriftbreitenfaktor */
double   Richtung;   /* Winkel der Schreibrichtung */

Wirkung
Von nun an werden alle Texte mit den hier angegebenen Attributen geschrieben. Siehe auch Kapitel 3.

- *Farbe* ist ein Index in die Farbtabelle. Gültige Indizes liegen im Bereich 0–15. Zu Beginn ist die Textfarbe 14 (Gelb) eingestellt. Die Farbe 0 ist die Hintergrundfarbe, mit der der Bildschirm gelöscht wird. Für die Geräte *G_EGA* und *G_VGA* wird am Anfang die Standard-Farbpalette eingestellt. Für die Standardfarben sind Namen vordefiniert (s. 11.7, Tabelle auf Seite 174).

  Der Spezialwert *G_Alt_Farbe* läßt die momentane Textfarbe unverändert.

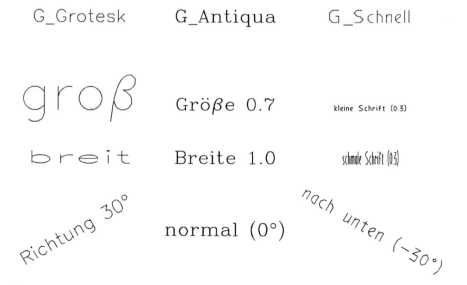

Bild 11-5 Schriftarten und Textattribute

- Zu Beginn ist die Schriftart *G_Grotesk* eingestellt. Drei Schriftarten stehen zur Auswahl (Bild 11-5). Die Zeichensätze stellen außer den Groß- und

Kleinbuchstaben, den Ziffern und üblichen Sonderzeichen auch Graphiksymbole zur Verfügung. Auf den Seiten 190–192 finden Sie für jeden Zeichensatz eine Tabelle mit allen verfügbaren Zeichen, aus der Sie die Kodierung der Graphiksymbole entnehmen können. Soweit möglich, wurde das Kodierungsschema des IBM-PC verwendet.

Der Spezialwert *G_Alt_Schrift* läßt die momentane Schriftart unverändert.

- Zu Beginn ist die *Groesse* 1,0 eingestellt. Die Größe wird in Weltkoordinaten angegeben und bezeichnet die Höhe der Großbuchstaben. Sie ist vom eingestellten Maßstab (y-Richtung) abhängig. Eine Skalierung in x-Richtung hat keinen Einfluß auf den Text.

  Der Spezialwert *G_Alt_Groesse* läßt die momentane Schriftgröße unverändert.

- Zu Beginn ist die *Breite* 1,0 eingestellt. So sehen die Zeichen am schönsten aus, weil sie dafür entworfen wurden. *Breite* ist ein Faktor, der angibt, wieviel breiter als „normal" die Zeichen werden. Der Wert 2,0 legt fest, daß alle Zeichen doppelt so breit als üblich werden. Mit dem Wert 0,5 wird die Schrift zur Schmalschrift.

  Der Spezialwert *G_Alt_Breite* läßt den momentanen Breitefaktor unverändert.

- Die Schreibrichtung wird in Grad (nicht im Bogenmaß!) angegeben und legt fest, in welcher Richtung die Schreibzeile verläuft. Der Winkel wird – wie in der Mathematik üblich – gegen die positive x-Achse im Gegenuhrzeigersinn angegeben. Voreingestellt ist 0°, also waagerecht von links nach rechts.

  Der Spezialwert *G_Alt_Richtung* läßt die momentane Schreibrichtung unverändert.

Mögliche Fehler
  6 Das Graphikpaket ist nicht offen.
11 Der Farbtabellenindex ist nicht verfügbar.
20 Die Schriftart ist nicht verfügbar.
21 Die Schriftgröße ist kleiner oder gleich Null.
22 Die Schriftbreite ist kleiner oder gleich Null.

Siehe auch
G_Text, G_Text_Ende, G_Farbtabelle, G_Massstab.

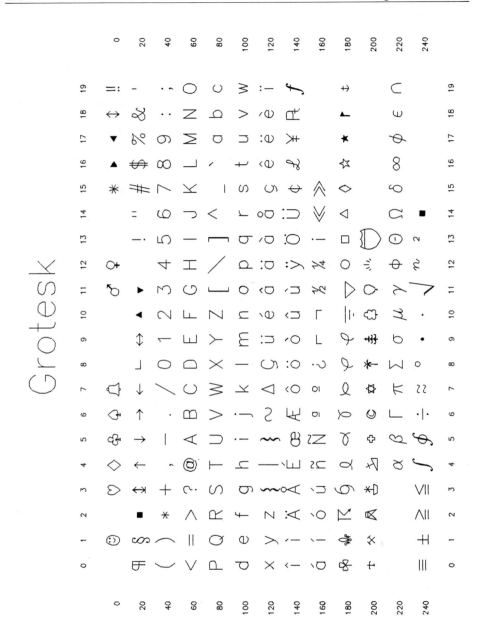

Bild 11-6 Kodierung des Zeichensatzes *G_Grotesk*

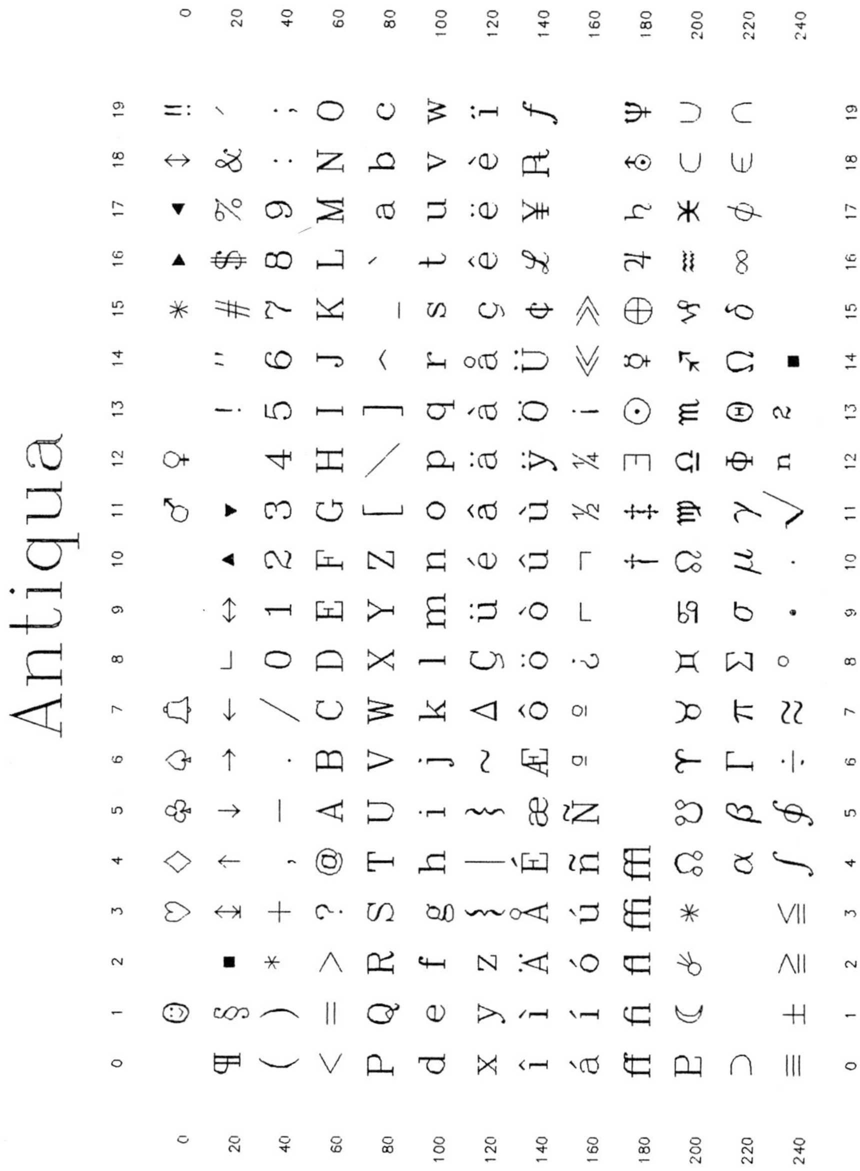

11.17 G_Text_Attr

Bild 11-7 Kodierung des Zeichensatzes *G_Antiqua*

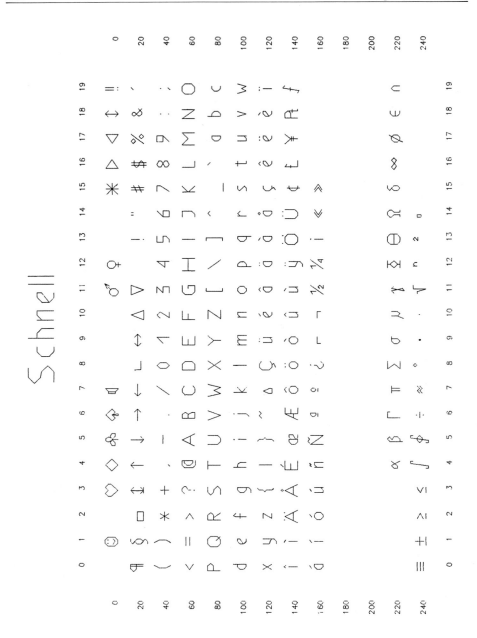

Bild 11-8 Kodierung des Zeichensatzes *G_Schnell*

11.18 G_Fadenkreuz

int G_Fadenkreuz (Anfang, Ende, Taste)
G_Punkt   Anfang;   /* Anfangspunkt des Fadenkreuzes */
G_Punkt   *Ende;   /* Endpunkt des Fadenkreuzes */
int   *Taste;   /* betätigte Endetaste */

Wirkung
Siehe auch Kapitel 9. Anfangs- und Endpunkt des Fadenkreuzes sind in Weltkoordinaten angegeben. Im Punkt *Anfang* erscheint ein kleines Fadenkreuz, das Sie mit mit der Maus bewegen können. Das Fadenkreuz läßt sich, außer mit der Maus, auch mit der normalen PC-Tastatur steuern. Die Bedeutung der Tasten ist in der Tabelle auf Seite 193 beschrieben. Das Fadenkreuz wird mit dem Farbindex 15 gezeichnet.

Die Funktion kehrt zurück und das Fadenkreuz verschwindet, sobald Sie eine Maustaste drücken, oder eine Taste der alphanumerischen Tastatur, die nicht der Fadenkreuzsteuerung dient. Der Ausgabeparameter *Ende* enthält die letzte Position des Fadenkreuzes in Weltkoordinaten. Im Ausgabeparameter *Taste* wird der Tastaturkode bzw. die um 10000 erhöhte Nummer der Maustaste (10 001 für die linke, 10 002 für die rechte Taste) zurückgeliefert.

Taste	Fadenkreuzbewegung
Strg-Pos1	linker Bildschirmrand
Strg-Ende	rechter Bildschirmrand
Strg-Bild↑	oberer Bildschirmrand
Strg-Bild↓	unterer Bildschirmrand
Pos1	10 Bildpunkte nach links
Ende	10 Bildpunkte nach rechts
Bild↑	10 Bildpunkte nach oben
Bild↓	10 Bildpunkte nach unten
Strg-←	5 Bildpunkte nach links
Strg-→	5 Bildpunkte nach rechts
←	1 Bildpunkt nach links
→	1 Bildpunkt nach rechts
↑	1 Bildpunkt nach oben
↓	1 Bildpunkt nach unten

Steuerung des Fadenkreuzes mit der Tastatur

Hier noch ein Hinweis aus eigener, leidvoller Erfahrung: Es gibt Maustreiber, die selbsttätig und ungefragt Register der Graphikkarten (vornehmlich EGA) programmieren. Dies stört erheblich die Graphikroutinen von GuG. Sollte bei Ihnen, nachdem Sie Eingabe mit dem Fadenkreuz gemacht haben, die normale graphische Ausgabe nicht mehr richtig funktionieren, so verbannen Sie probehalber Ihren Maustreiber aus dem Speicher. GuGs Fadenkreuz läßt sich problemlos auch ohne Maus und Maustreiber mit der Tastatur steuern. Wenn jetzt alles funktioniert, so ist Ihr Maustreiber Schuld daran, daß die Ausgabefunktionen GuGs nur noch

Schmierzeichen auf dem Bildschirm hinterlassen! Dazu noch ein weiterer Tip: Suchen Sie sich einen anderen Maustreiber!

Mögliche Fehler
6 Das Graphikpaket ist nicht offen.
28 Am Drucker ist kein Fadenkreuz verfügbar.

Siehe auch
G_Massstab, G_Farbtabelle.

11.19   G_Zeige_Seite

int G_Zeige_Seite (Nummer)
int   Nummer;   /* Nummer der zu zeigenden Seite */

Wirkung
Siehe auch Abschnitt 5.3. Es wird die Seite ausgewählt, die am Bildschirm sichtbar ist. Nicht in jedem Graphikmodus sind mehrere Bildspeicherseiten verfügbar. Die Numerierung der Seiten beginnt ab 1. Zu Beginn ist die Seite 1 sichtbar.

Mögliche Fehler
  6 Das Graphikpaket ist nicht offen.
 26 Die Seite ist nicht verfügbar.

Siehe auch
G_Schreibe_Seite, G_Anfang.

11.20 G_Schreibe_Seite

int G_Schreibe_Seite (Nummer)
   int   Nummer;   /* Nummer der zu beschreibenden Seite */

Wirkung
Siehe auch Abschnitt 5.3. Es wird die Seite des Bildspeichers ausgewählt, die beschrieben werden soll. Nicht in jedem Graphikmodus sind mehrere Bildspeicherseiten verfügbar. Die Numerierung der Seiten beginnt ab 1. Zu Beginn wird die Seite 1 beschrieben.

Mögliche Fehler
    6 Das Graphikpaket ist nicht offen.
  26 Die Seite ist nicht verfügbar.

Siehe auch
G_Zeige_Seite, G_Anfang, G_Neues_Bild, G_Text, G_Linien, G_Marken, G_Gebiet.

Literaturverzeichnis

[BD89] Karl-Heinz Becker und Michael Dörfler. *Dynamische Systeme und Fraktale*. Vieweg Verlag, Braunschweig, 3., bearbeit. Auflage, 1989.

[Bec87] Uwe Beck. *Computer-Graphik*. Programm-Praxis (Band 8). Birkhäuser Verlag, Basel, Boston, 1987.

[Ber88] Marc Berger. *Computergrafik mit Pascal*. Addison-Wesley Verlag, Bonn, 1988.

[Dew88] A. K. Dewdney. Computer-Kurzweil. *Spektrum der Wissenschaft*, 7/88:8–11, 1988.

[dW87] Spektrum der Wissenschaft. Sonderheft „Computer-Kurzweil". Heidelberg, 1987.

[EaS86] José Encarnação und Wolfgang Straßer. *Computer Graphics*. Reihe Datenverarbeitung. R. Oldenbourg Verlag, München, Wien, 2., völlig überarb. und erw. Auflage, 1986.

[EE89] Kurt Endl und Robert Endl. *Computergrafik 1*. Würfel-Verlag, Hainstraße 27, D-6301 Biebertal-Vetzberg, 1989.

[EKP84] Günter Enderle, Klaus Kansy und Günther Pfaff. *Computer Graphics Programming*. Symbolic Computation. Springer Verlag, Berlin Heidelberg, New York, Tokyo, 1984.

[End86] Kurt Endl. *Kreative Computergrafik*. VDI-Verlag GmbH, Düsseldorf, 1986.

[Fel88] Wolf-Dietrich Fellner. *Computer Grafik*. Reihe Informatik Nr. 58. B.I. Wissenschaftsverlag, Mannheim, Wien, Zürich, 1988.

[FH88] Herbert W. Franke und Horst Helbig. *Die Welt der Mathematik*. VDI-Verlag GmbH, Düsseldorf, 1988.

[Han90] Augie Hansen. *Programmieren lernen mit C*. Vieweg Verlag, Braunschweig, 1990.

[Her89]   Dietmar Herrmann. *Effektiv Programmieren in C*. Vieweg Verlag, Braunschweig, 1989.

[KR90]   Brian W. Kernighan und Dennis M. Ritchie. *Programmieren in C*. Carl Hanser Verlag, München, Wien, 2., Auflage, 1990.

[KW84]   Joël Klos und Alfred Wittmann. *Wörterbuch der Datenverarbeitung*. R. Oldenbourg Verlag, München, Wien, 4., verb. u. erw. Auflage, 1984.

[LO89]   Wolfram Luther und Martin Ohsmann. *Mathematische Grundlagen der Computergraphik*. Vieweg Verlag, Braunschweig, 2., verbess. Auflage, 1989.

[MSW87] Heinrich Müller, Bernhard Stauß und Herbert Weidner. *On-line-Animation auf einem Unix-Arbeitsplatzrechner*. Angewandte Informatik, 7/87:289–295, 1987.

[NS86]   William M. Newman und Robert F. Sproull. *Grundzüge der interaktiven Computergrafik*. McGraw-Hill Book Company GmbH, Hamburg, 1986.

[PB90]   P.J. Plauger und Jim Brodie. *Programmierleitfaden Standard C*. Vieweg Verlag, Braunschweig, 1990.

[PR86]   Heinz-Otto Peitgen und Peter H. Richter. *The Beauty of Fractals*. Springer Verlag, Berlin, Heidelberg, New York, Tokyo, 1986.

[Wir79] Niklaus Wirth. *Algorithmen und Datenstrukturen*. Leitfäden der angewandten Mathematik und Mechanik, Band 31. B. G. Teubner Verlag, Stuttgart, 2., durchgesehene Auflage, 1979.

Sachwortverzeichnis

80x87, 123–125
87.lib, 124

Abbildung
    lineare, 80, 81
    verknüpfen, 81
alternate math lib, 124, 125
Anforderung, 133
Animation, → Film
Ansatzpunkt, 44
Antiqua, 45
ARCHIMEDES, 28
Astroide, 148, 149
atan2(), 147
Attribut, → Merkmal
Auflösung, 30
Auflösungsverhältnis, 30
Ausgabefunktion, 31–33
    schnell, 128
Außenfläche, 120
Auswähler, 133

Balken_3D(), 100, 101
Balkendiagramm, 94–102
    als Film, 97–99
    mit 3D-Effekt, 100–102
Balken_einfach(), 96
Bereichstransformation, 40, 91
    Seitenverhältnis, 42
    Verzerrung, 42
Bewegung
    fließend, 77, 79
    ruckartig, 77, 79
    von Texten, 79
    Zwischenstadium, 81
Bezugspunkt, 49
Bildfrequenz, 62, 71, 73, 77
Bildlupe, 42
bild_nr, 73
Bildschirm
    Ausgabe auf, 24, 56, 169–170
    löschen, 25, 68, 69, 129, 174
Bildspeicher
    Seiten des, 66–68, 170
        aktive, 67, 68, 196
        sichtbare, 67, 68, 195
        umschalten, 66, 68–69
bild_zeichnen(), 137, 139, 141
Bit, 66
Bitmuster, 129, 131
Blocktransfer, 130
Bogenmaß, 76, 89
    Umrechnung in Gradmaß, 76
Breitefaktor, 46, 189
Byte, 66

CARTESIUS, → DESCARTES, RENÉ
CGA-Karte, 68, 128, 170, 174
CGA-Modus, 128, 170, 174
clock(), 71
cos(), 75, 76, 89

Darstellungsfläche, → Zeichenfläche
Definitionsmenge, 144
DESCARTES, RENÉ, 30
differenzierbar, 162
Dimension
    gebrochene, 162
DINO, 81–86, 125–127
Dinosaurier, 81
Doppelpufferverfahren, 67–69, 73, 128, 170
Drahtgittermodell, 61, 116
Drehbuch, 64, 73
DREHDICH, 155
Drehung, 80, 81, 86, 108, 112–136
Drehwinkel, 81
DREHZEIGER, 90
Drehzentrum, 80, 81
dreidimensional, 107
dreidimensionale Szene, 115
Drucker
    Ausgabe auf, 24, 25, 30, 56, 170–171, 174, 176
Druckertyp, 170

Ebenenspiegelung, 110
Echtzeit, 61
EGA-Karte, 67, 128, 170, 193
Eingabegerät, 133
Einheitskreis, 73, 74, 103, 145, 146
Einzelbild, 69, 78, 79, 123
Ellipse, 81, 151

Emulationsbibliothek, 125
Endepunkt, 44, 49
entfernen verdeckter Bildteile, 119
Epson FX80, 170
Epson LQ500, 170
euklidische Geometrie, 162
euklidischer Abstand, 135
exklusives Oder, 129

Fadenkreuz, 129, 133–141, 193–194
Farbe
    additive Mischung, 51
    als Empfindung, 51
    als Index, 35, 45, 56, 174
    des Hintergrundes, 57
Farbendoppelkegel, 52, 53
Farbenkreis, 53
Farbenwürfel, 51, 52
Farbmodell, 51–55
Farbpalette, 174
Farbtabelle, 35, 45, 56, 131, 174
    Voreinstellung, 56, 174
Farbtabellenanimation, 130
Farbton, 52, 54
Fehlernummern
    von GuG, 167–168
FILE, 165
Film
    3D-, 115
    allgemein, 60–63
    beenden, 71
    Entwurfssystem, 83
    interaktiv, 117
    rücksetzen, 71
    schnell, 123–131
    Statistik, 71
    Steuerung, 71
    Wiedergabe von, 60–61
film_bild(), 69, 72
    Beispiel, 74
film_init(), 69, 72
    Beispiel, 73
    für Pyramide, 117
Filmrichtung, 71
Filmschleife, 65, 67, 69, 79
flackern, 66, 77
flimmern, 66, 131
floating point operation, → Gleitkommaoperation
Flop, → Gleitkommaoperation
font, → Zeichensatz
fotorealistisch, 60, 61, 78
Fraktale, 163
Füllgebiet, → Gebiet
Füllmuster, → Muster, Schraffur
    selbst definierte, 187
Funktionsgleichung, 143–145

G_0_Eng, 128
G_0_Weit, 128
G_3D_2D(), 114
G_Alt_Breite, 183, 189
G_Alt_Farbe, 182, 184, 186, 188
G_Alt_Gebiet, 187
G_Alt_Groesse, 185, 189
G_Alt_Linie, 183
G_Alt_Marke, 185
G_Alt_Richtung, 189
G_Alt_Schrift, 189
G_Anfang(), 24, 57, 67, 128, 169–170
G_Antiqua, 45, 128, 191
Ganzzahlrechnung, 123–127
G_Blau, 56, 174
G_Braun, 56, 174
G_CGA, 24, 172
G_Drehung_X(), 114
G_Drehung_Y(), 114
G_Drehung_Z(), 114
G_Dunkelgrau, 56, 174
G_Durchgezogen, 35, 128, 182
Gebiet, 32, 36, 179
    Rand von, 32
    schnell, 128
gebrochene Dimension, 162
G_EGA, 24, 67, 172
GEH, 156
G_Eins(), 114
G_Ende(), 24, 171
Geom-3d.c, 115
Geom-3d.h, 115
Geradenspiegelung, 109, 110
Geräterechteck, 40–42, 173
    Beispiel, 95
    Voreinstellung, 42
geräteunabhängige Graphik, → GuG
Gesamttransformation, 109, 113
ges_bild, 70, 72
Geschäftsgraphik, 93–106
getch(), 27
getchar(), 27
G_Fadenkreuz(), 133–134, 193–194
G_Farbe, 57, 167
G_Farbtabelle(), 57, 131, 174–175
G_FX80_120, 24, 170
G_FX80_60, 24, 170
G_Gebiet(), 32, 179
G_Gebiet_Attr(), 36, 186–187
G_Gefuellt, 36, 187
G_Gelb, 56, 174
G_Grotesk, 45, 128, 188, 190
G_Gruen, 56, 174
G_Hellblau, 56, 174
G_Hellgrau, 56, 174
G_Hellgruen, 56, 174
G_Hellrot, 56, 174

Sachwortverzeichnis

G_Helltuerkis, 56, 174
G_Hellviolett, 56, 174
G_Hercules, 24, 172
G_Karte(), 24, 169, 172
GKS, 133
Glanzlicht, 61
gleichseitiges Dreieck, 153
    Höhe, 160
Gleitkommabibliothek, 125
Gleitkommadivision, 73
Gleitkommaoperation, 84–86
Gleitkommarechnung, 123–127
Gleitkommazahl, 125
G_Linien(), 26, 32, 177
G_Linien_Attr(), 35, 182–183
G_LQ500, 24, 170
G_Marken(), 32, 178
G_Marken_Attr(), 37, 184–185
G_Massstab(), 40, 86, 173
G_Matrix, 114
G_Mauer_Eng, 36
G_Neues_Bild(), 68, 176
G_Puenktchen, 184
G_Punkt, 26, 167
G_Punkt_3D, 113
G_Punkte_Eng, 128
G_Punkte_Weit, 128
Gradmaß, 76
    Umrechnung in Bogenmaß, 76
Graphikkarte
    Betriebsart, 25
    Farbfähigkeit, 56–58
Graphikmodus, 127
Graphikprozessor, 61
Graphiksymbol, 189
graphische Eingabe, 129, 133–135, 193–194
graphischer Editor, 135
Graphisches Kernsystem, 133
Grauton, 51, 53, 54
G_Rechteck, 40, 167, 173
G_Rot, 56, 174
Grotesk, 45
Grundfarbe, 51, 174
G_Schach_Eng, 187
G_Schnell, 45, 91, 128, 192
G_Schreibe_Seite(), 68, 196
G_Schwarz, 56, 174
G_Sichtbar(), 121
G_Skalierung(), 114
G_Stern, 37, 184
G_Text(), 33, 44, 49, 180
G_Text_Attr(), 38, 45, 91, 188–189
G_Text_Ende(), 49, 181
G_Tuerkis, 56, 174
GUG, 166
GuG
    allgemeines, 19–21

Beschreibung der Bibliothek, 165–196
Fehlernummern, 167–168
Installation, 22
öffnen, 24, 67, 128, 169
schließen, 24, 171
Voraussetzungen, 21
GuG.h, 24, 35, 56
G_Unbekannt, 172
G_Verschiebung(), 114
G_VGA, 24, 172
G_Violett, 56, 174
G_Weiss, 56, 174
G_Zeige_Seite(), 68, 195

Helligkeit, 52, 54
Hercules-Karte, 66
Hintergrund, 129
    retten, 129
    wiederherstellen, 129
Hintergrundfarbe, 174, 176
HLS-Modell, 52–53
    Umrechnung in RGB-Werte, 54
hls_nach_rgb(), 54
Höhe eines Dreiecks, 160, 161
hole_linie(), 141, 142
homogene Koordinaten, 109
hue, → Farbton

in betweening, 82
in line, 124
#include, 135
INIT_KROETE, 157
Innenfläche, 120
interaktiv, 134
Interpolation
    lineare, 81
interpolieren, 82
Intervall, 144
Invertierung, 129
irrationale Zahl, 77

kartesische Koordinaten
    umrechnen in Polar-, 147
kbhit(), 65
KByte, 66
klippen, 42
KOCHsche Kurve, 153
Kode, 134
Kodierungsschema, 189
Konstruktionsvorschrift, 154
konvexer Körper, 120
Koordinaten, 26, 28–30, 38–42
    3D-, 107–112
    homogene, 109
    Welt-, → Weltkoordinaten
    Wertebereich, 29–30
Koordinatensystem, 26, 28–30

3D-, 108
  kartesisches, 30
  Verschieben des, 42, 86
Koprozessor, 84, 123–125
  emulieren, 125
Kosinus, 75, 76, 112, 124
Kreis, 145, 146, 151
  Radius, 76
  Umfang, 76
Kreis(), 103, 104
Kreisbogen, 76, 102
Kreisfunktionen, 75, 76
Kreisgleichung, 145
  in Parameterdarstellung, 147
  in Polarkoordinaten, 146
Kreissektor, 102
Kreiszahl, 77
kroete.h, 156, 157
Kurve, 143–164
  flächenfüllende, 164
  fraktale, 162, 163
  Funktionsgleichung, 144–145
  geschlossene, 145

Led, 134–142
LEN, 38
Leuchtkraft, 52, 54
lexikalische Analyse, 142
liesmich, 22
*_LINE_*, 165
Linie, 135
linie.h, 135
Linienbreite, 183
Liniendicke, → Strichdicke
Linienmuster, → Strichmuster, 182
  selbst definiert, 182
Linienzug, 26, 32, 34, 35, 177
  aktueller, 135–137
  schnell, 128
  transformieren, 136
Linienzugeditor, 134–142
linksbündig, 49
LISSAJOUS-Figuren, 150–153
llibfa.lib, 124, 125
llibfp.lib, 124
Lokalisierer, 133
lpt1:, 24, 170
luminosity, → Helligkeit
Lupe, 109
lz_neu, 137, 139

Makro
  DREHDICH, 155
  DREHZEIGER, 90
  *_FILE_*, 165
  GEH, 156
  GUG, 166

INIT_KROETE, 157
LEN, 38
*_LINE_*, 165
Marke, 32, 37, 178
  natürliche Größe, 37
  schnell, 128
mark_ein(), 141
Markentyp, 37, 184
Markenvergrößerungsfaktor, 37, 185
Maschennetz, 152, 154
Maschinenbefehl, 123
Maßstab, → Weltkoordinatensystem, 73, 173
Mathematikbibliothek, 75, 147
math.h, 75
Matrix, 108
Matrizenprodukt, 109
Maus, 133–135, 193
Maustaste, 133, 134
Maustreiber, 193
Menü, 135
Menütext, 137
Merkmal, 34–38
  beibehalten, 95
  von Gebiet, 36, 186–187
  von Linien, 34, 35, 182–183
  von Marken, 37, 184–185
  von Text, 38, 45–48, 188–189
  Voreinstellung, 35–38
Merkmalsfunktion, 34–38, 56
Monitor, 68, 128, 169
  Mehrfrequenz-, 169
Muster, 32, 187
  schnell, 128

Nullpunkt, 28, 107

objektorientiert, 166
off line animation, 60, 61
on line animation, 61, 62
Optik, 115, 121
Optimierung, 50, 98, 127
Option, 125, 127
Oszilloskop, 150

Parabel, 144
Parallelprojektion, 115, 121
Parameterdarstellung, 143, 147
Parameterform, 146
Parameterintervall, 148
  Anfangswert, 150
  Endwert, 150
  Schrittweite, 150
PEANO-Kurve, 164
Periode, 71, 78
Perspektive, 121
perspektivische Projektion, 108
Pfeiltaste, 133, 135

Sachwortverzeichnis

Pixel, 17
Plankalkül, 31
Pol, 157
Polarkoordinaten, 146–147
    Beispiel, 150
    umrechnen in kartesische, 147
Portabilität, 19
Projektion, 108, 109, 114, 115
Prototyp, 75
Punkt, 28
    3D-, 107–108
Punktspiegelung, 109, 110
Pyramide, 115–122
Pythagoras, 137

Quadrato, 31, 32
Quadratur des Kreises, 73
Quadratwurzel, 137

Rahmen
    für Einzelbilder, 23–25
    für Film, 68–71
Rasterbild, 129, 185
Rastergraphik, 60
räumlicher Eindruck, 115
Rechenplan, 31
Rechenzeit, 84
rechtsbündig, 49
rekursiv, 153, 157
RGB-Modell, 51, 52
    Umrechnung in HLS-Werte, 55
rgb_nach_hls(), 55
Rotation, → Drehung
rucken, 77

Sättigung, → Leuchtkraft
saturation, → Leuchtkraft
Satz des Pythagoras, 137
scanf(), 142
Schattenwurf, 61
Schildkrötengraphik, 155–157
Schleife
    innerste, 123
Schmalschrift, 189
Schmetterling, 152, 155
Schneeflockenkurve, 153–164
    Anzahl der Seiten, 159
    Flächeninhalt, 161
    Länge der Randlinie, 160
    Länge der Seiten, 159
    mathematisches, 158–164
Schnittstelle
    parallele, 24, 170
    von Rahmen zu Film, 69
Schraffur, 32
Schreiblinie, 46
Schreibrichtung, 46, 189

Schreibwinkel, 46, 47
Schrift, 43–50
Schriftart, 45–46, 188
Schriftbreite, 46, 47, 189
Schriftgröße, 44, 46, 189
Schriftschnitt, 45
Schrumpfwachs, 64, 78
    mit Doppelpuffer, 72
    ohne Doppelpuffer, 65
Schwingung, 150
Seite(), 157, 158
Seiten
    des Bildspeichers, → Bildspeicher
Selbstähnlichkeit, 162
Serifen, 45
Setze_Punkt(), 185
SIERPINSKI-Kurve, 163
sin(), 75, 76, 89
Sinus, 75, 76, 112, 124
skalieren, 74
Skalierung, → Streckung, 108–111
Skalierungsfaktor, 109, 110
speichere_linie(), 141, 142
Speicherverbrauch, 84
Spiegelung, 61
sprintf(), 97
Standbild, 71
Sternkurve, 148, 149
stetig, 162
Streckfaktor, 81
Streckung, 79, 80, 86, 136
Streckzentrum, 79–81, 136
Strichdicke, 35, 128
Strichmuster, 35, 182
string, → Zeichenkette
strukturiert, 166
Stützpunkt, 144, 148
such_naechsten(), 137, 139
Symmetrie
    des Quadrats, 65, 74

Tangente, 82, 162
Tastatur, 133–135, 193
Tastaturpuffer, 66
Text, 33, 38, 43–50, 180
    im Film, 50, 91–125
    schnell, 46, 128
Textausrichtung, 48–50
Textpositionierung, 49
Text_zentriert(), 49
Torte(), 104, 105
Tortendiagramm, 102–106
Transformation, 108, 136
    3D-, 107–112
    einfache, 113, 114
    Reihenfolge, 112, 113
    verketten, 108, 113

Transformationsmatrix, 108, 114–115
    multiplizieren, 109
transformiere(), 140, 141
Translation, → Verschiebung
Triangulum vulgaris, 25
Trickfilm, → Film
trigonometrische Funktionen, → Kreisfunktionen
turtle graphic, → Schildkrötengraphik
Typen von GuG, 166–167
Typographie, 43
Typwandlung, 73

Übersetzeroption, 127
Übertragbarkeit, 19
Uhr
    als Film, 86–90
Ursprung, 28, 74, 146

Vektorzeichensatz, 33
verdeckte Kanten/Seiten, 118–121
Vergrößerung, 81, 86, 109
Verkleinerung, 81, 86, 109
Versalien, 46
Verschiebung, 79, 80, 108, 111–112, 136
Verzeichnis
    aktuelles, 135
Verzerrung, 81, 86, 109, 110
VGA
    im EGA-Modus, 67, 69, 73, 127
VGA-Karte, 25, 67, 127, 129, 169
VGA-Modus, 170
Videospiel, 129
Vollwinkel, 76

Warteschleife, 131
Wechselpufferverfahren, → Doppelpufferverfahren
Wellenlänge, 51
Weltkoordinaten, 30, 41, 73, 173
Weltkoordinatensystem, 38–42
    Beispiel, 64, 73, 95
    im Film, 86
Weltrechteck, 40–42, 173
    Voreinstellung, 42
Wurzel, 137

x-Achse, 28, 107
xor, 129

y-Achse, 28, 107

z-Achse, 107
Zeichenfläche
    reale, 29
    virtuelle, 29–30, 38–42, 73
Zeichengenerator, 43

Zeichenkette, 44
Zeichenkode, 134
Zeichensatz, 45, 128, 188
zeichne_bild(), 24–27
    für Film, 63, 64
    für *Led*, 136
    für Schneeflocke, 157, 158
Zeitlupe, 69, 71, 78
Zeitmessung, 71
Zeitraffer, 69, 71
Zeitsteuerung, 79
Zentralprojektion, 115
zentriert, 49
Zerrspiegel, 110
ZUSE, KONRAD, 31
zweidimensional, 107